21世纪普通高校会计学系列精品教材

会计信息系统
（第二版）

杨定泉　王进朝 ◎ 主　编

清华大学出版社
北　京

内 容 简 介

本书以计算思维为前提，以财务会计和管理会计理论为基础，以信息系统分析与设计原理为建模方法，以流程管理为核心思想，旨在使学生通过对销售与收款循环、生产循环、采购与付款循环的分析与设计，掌握各系统及整体的数据处理原理和业务流程，从而使学生更好地应用不同的财务软件。

本书分为 11 章，具体包括会计信息系统概论、会计信息系统建模技术、总账系统分析和设计、销售与应收款管理系统分析和设计、采购与应付款管理系统分析和设计、库存与存货核算系统分析和设计、薪酬管理系统分析和设计、固定资产管理系统分析和设计、成本管理系统分析和设计、报表管理系统分析和设计、数据架构与商业智能。

本书适用于高等院校会计学、财务管理、审计学本科专业的教学，也可作为其他人员学习会计信息化知识的辅助资料。

本书封面贴有清华大学出版社防伪标签，无标签者不得销售。
版权所有，侵权必究。举报：010-62782989，beiqinquan@tup.tsinghua.edu.cn。

图书在版编目（CIP）数据

会计信息系统/杨定泉，王进朝主编．—2 版．—北京：清华大学出版社，2020.6（2024.2 重印）
21 世纪普通高校会计学系列精品教材
ISBN 978-7-302-55306-9

Ⅰ．①会… Ⅱ．①杨… ②王… Ⅲ．① 会计信息-财务管理系统-高等学校-教材 Ⅳ．①F232

中国版本图书馆 CIP 数据核字(2020)第 056223 号

责任编辑：杜　星
封面设计：李伯骥
责任校对：宋玉莲
责任印制：杨　艳

出版发行：清华大学出版社
网　　址：https://www.tup.com.cn, https://www.wqxuetang.com
地　　址：北京清华大学学研大厦 A 座　　　　邮　编：100084
社 总 机：010-83470000　　　　　　　　　　邮　购：010-62786544
投稿与读者服务：010-62776969，c-service@tup.tsinghua.edu.cn
质 量 反 馈：010-62772015，zhiliang@tup.tsinghua.edu.cn
课 件 下 载：https://www.tup.com.cn，010-83470332
印 装 者：涿州市般润文化传播有限公司
经　　销：全国新华书店
开　　本：185mm×260mm　　　印　张：18.25　　　字　数：414 千字
版　　次：2013 年 8 月第 1 版　2020 年 6 月第 2 版　印　次：2024 年 2 月第 3 次印刷
定　　价：49.80 元

产品编号：078099-02

21世纪普通高校会计学系列精品教材编委会

名誉主任： 李现宗

主　　任： 李晓东

副 主 任： 王秀芬　吴琳芳　张功富

委　　员：（以姓氏拼音为序）

　　　　　　李现宗　李晓东　刘　振　秦洪珍　阮　滢　苏喜兰

　　　　　　索建宏　王进朝　王会兰　王留根　王　玫　王秀芬

　　　　　　吴琳芳　谢海洋　颜　敏　杨定泉　叶忠明　张功富

　　　　　　张永国

第一版总序

郑州航空工业管理学院是新中国成立以来较早开设会计学专业的院校,其师资力量雄厚,教学严谨,认真负责,已在会计教育方面积累了丰富的经验,在教材建设方面奠定了基础。改革开放后,为适应社会主义市场经济建设的要求和会计改革在制度与理论、实务方面发生的变化,自 20 世纪 90 年代,郑州航空工业管理学院已组织骨干教师编撰出版了多部会计专业教材,使教材建设得到显著推进。从 2010 年起,郑州航空工业管理学院又着手"21 世纪普通高校会计学系列精品教材"编撰工作。经过精心策划与组织研究,以及在全院教学骨干努力撰稿与反复修订之后,目前已全部完稿,将与清华大学出版社合作出版这套系列精品教材。这套最新系列教材在总结以往教材使用经验的基础上,全面地、具有创新性地改革了教材结构与内容,在改革中推陈出新,形成了完善的会计专业教材体系。精品教材体系涵盖了会计本科教学的全部主干课程,它由 16 本教材组成,包括《基础会计学》《财务会计学》《成本会计学》《管理会计学》《高级财务会计学》《会计学》《审计学》《会计信息系统》《财务管理学》《税务会计学》《政府与非营利组织会计》《银行会计学》《财务报表分析》《会计基础实验教程》《会计综合实验教程》《会计信息系统实验教程》。从整体上研究,这套精品教材的基本特色在于:

第一,教材体系框架设计完整,内容衔接、布局合理,体现了专业知识的全面性、系统性和层次性。精品系列教材不仅为开展会计本科专业教学提供了具有教学引导力度与科学研究深度的内容,而且还为非财会类专业学生学习提供了具有针对性、切实性的教科书。在会计专业本科教学方面,这套教材体现了三个层次的结合:一是初级、中级和高级专业课程教材的结合,如初级层次的《基础会计学》,中级层次的《成本会计学》和《管理会计学》等,和高级层次《高级财务会计学》的结合;二是体现了会计一般业务和特殊业务的结合,如讲授会计一般业务的《财务会计学》和讲授特殊业务的《政府与非营利组织会计》的结合等;三是体现了会计理论和实践教学的结合,如这套教材中包含的三本实验教程,做到了以实践实证理论,以理论指导、提高实践。

第二,教材编写定位清晰,注重于培养综合能力,契合了会计专业本科培养目标。随着市场经济改革的深入,政府与实务界对会计人才培养提出了更高的要求和期望,面向未来的会计专业学生培养不能仅仅依靠传统会计类课程的教学,而且还必须融入更多相关学科和跨学科领域知识的结合与储备,以实现学生专业能力的整合提升与兼容。这套教材以培育财经复合型实用人才为目标,注重培养学生的综合能力,采用统一、规范的教材编写体例,通过大量案例、习题和启发性思考题,为学生综合专业素质的提升进行了有益的尝试,

会计信息系统(第二版)

体现了学科之间的交叉、渗透与融合,破除了就会计讲会计与研究会计问题的传统做法。

第三,教材内容丰富新颖,写作深入浅出,突出了课程的实用性和可操作性。如在引导学生研究新问题方面,基于实体经济和虚拟经济协调发展对会计学教育提出的更高要求,以及随着市场经济的深入发展,虚拟经济在市场经济中显示出来的不可忽视的重要作用,在教材中通过对虚拟经济环境下会计新问题的研究,引导学生正确认识实体经济与虚拟经济之间的关系,以此提高学生的知识面和研究新问题的能力。近些年来国际会计准则的改革和发展明显地反映与体现了虚拟经济对实体经济的影响与冲击,在这一背景下,会计作为协调经济社会发展的重要支撑力量,必须直面这些变化和趋势,做出相应调整。这套教材较好地处理了新经济问题对经济社会发展带来的影响,积极引入实务中出现的最新经济业务实例,尤其是引入了具有典型虚拟经济特征的案例与业务,正确而通俗易懂地对其进行研讨性讲解,并在教学案例和课后习题的编写上体现了这一特点。

第四,教材之间的内容组织得当,避免了重复和方便了教学。这套教材在内容设计上有合理分工,如《财务会计学》不涉及税务处理的内容,而集中在《税务会计学》中系统进行阐述;再如《会计基础实验教程》设计的实验内容侧重培养学生基本的分析和解决专业问题的能力,而《会计综合实验教程》设计的实验内容则侧重培养学生综合的分析能力,使学生熟练掌握会计核算的全部工作流程。

第五,内容新颖,兼顾稳定性与前瞻性,显示了教材的先进性。精品教材在全面、系统地介绍各门课程基础知识的同时,注重吸收国内外的最新理念,体现会计学科的发展趋势。如《基础会计学》吸收了国际财务报告准则的最新改革成果,将《财务报告概念框架:报告主体》《财务报告概念框架第一章:通用目的财务报告的目标》等内容反映其中,其他相关教材均以我国 2007 年执行的会计准则体系为指导撰写,并融入我国会计改革和发展的最新成果,使学生在系统掌握相关知识结构的基础上,能够及时了解学科发展的前沿动态。

会计教材建设是会计教育改革的重要基础性环节,没有优秀教材便不能培养出优秀的学生。我向读者推荐这套具有一定创新力度的精品教材,并衷心期望郑州航空工业管理学院今后能不断总结教材在实际教学应用中的经验,推出更多更好的专业教材,为会计教育事业的发展作出贡献!是为序。

2012 年 8 月于武昌南湖

前　言

随着信息技术和企业管理的创新与发展,信息技术在企业管理领域得到了广泛的应用,也给传统的会计信息系统理论和实务带来了机遇与挑战。对会计学、财务管理、审计学等专业的学生而言,既要学习工业时代的传统会计学理论,更需要获取信息时代符合企业信息化管理的专业知识和技能。本书是一本将信息技术与会计理论的学习充分结合的教材,通过本书的学习,读者能了解信息技术在企业管理中的地位,充分理解会计信息系统的数据处理原理和业务流程。

会计信息系统既是一门多学科交叉的课程,又是一门专业理论、方法、实践并重的课程。本书抛开多数同类教材侧重系统应用过程的思路,将信息系统的开发应用与会计学的理论融为一体,紧紧围绕信息化环境下会计信息系统的体系结构和基本原理,以阐述会计信息系统的分析、设计为核心,而不依附具体财务软件介绍操作应用,旨在使学生通过对企业销售与收款循环、生产循环、采购与付款循环的分析和设计,掌握各系统及整体的数据处理原理和业务流程,从而使读者更好地应用不同的财务软件,促进企业管理信息化的建设。

本书基于 ERP 系统集成应用和流程管理的理念,突出业务、财务、管控一体化,具体描述了信息化环境下会计信息系统的分析与设计。本书结构安排如下:第一章基于计算思维,主要阐述了会计信息系统的理论框架,包括基本概念、目标、要素、特征、作用、结构、原理等;第二章介绍了会计信息系统建模技术,包括企业组织结构分析、功能结构分析、业务流程分析、系统逻辑模型构建、系统物理模型设计等;第三章至第十章具体描述了总账、销售与应收款管理、采购与应付款管理、库存与存货核算、薪酬管理、固定资产管理、成本管理、报表管理等系统的数据流程、功能结构和应用案例;第十一章介绍了企业架构分析、数据架构设计、商业智能核心技术、管理驾驶舱架构设计等商业智能的基础原理。

本书由杨定泉在《会计信息系统》(清华大学出版社,2013)的基础上,负责确定修订思路、总体结构、内容大纲和总纂定稿,参加编写的教师还有:郭丹丹、宋洁、王进朝、王玫、杨华领、詹亮。其中:杨定泉负责编写了第一章、第二章、第三章、第十章和第十一章;郭丹丹负责编写了第四章;王进朝负责编写了第五章;詹亮负责编写了第六章;

王玫负责编写了第七章;宋洁负责编写了第八章;杨华领负责编写了第九章。

  本书在每一章的后面,增加了大量的自测题,供老师和同学使用。

  本书在修订过程中,参考了相关教材和文献资料,分析借鉴了用友 ERP 系统流程,在此谨向作者和软件版权所有者表示诚挚的谢意。

  由于信息化环境下的会计信息系统是一个发展较为迅速的学科领域,其理论框架和应用方法处于不断完善与优化的过程中,因此,限于学识与水平,本书的内容和观点难免有不足之处,敬请读者批评指正。

编　者

2019 年 11 月

目 录

第一章 会计信息系统概论 ·· 1
    第一节 计算思维 ·· 1
    第二节 会计信息系统的内涵 ·· 6
    第三节 会计信息系统的结构 ·· 15
    第四节 会计信息系统的原理 ·· 27

第二章 会计信息系统建模技术 ·· 35
    第一节 系统详细调查与数据流程分析 ······························ 35
    第二节 模块结构设计 ·· 46
    第三节 数据库设计 ··· 51
    第四节 代码设计 ·· 54

第三章 总账系统分析和设计 ··· 58
    第一节 总账系统文档和模型 ·· 58
    第二节 总账系统流程描述 ··· 62
    第三节 总账系统功能设计 ··· 67
    第四节 总账系统应用案例 ··· 82

第四章 销售与应收款管理系统分析和设计 ··························· 88
    第一节 销售与应收款管理系统文档和模型 ························ 88
    第二节 销售与应收款管理系统流程描述 ··························· 91
    第三节 销售与应收款管理系统功能设计 ··························· 98
    第四节 销售与应收款管理系统应用案例 ·························· 107

第五章 采购与应付款管理系统分析和设计 ·························· 112
    第一节 采购与应付款管理系统文档和模型 ······················· 112
    第二节 采购与应付款管理系统流程描述 ·························· 115
    第三节 采购与应付款管理系统功能设计 ·························· 121
    第四节 采购与应付款管理系统应用案例 ·························· 129

第六章 库存与存货核算系统分析和设计 ... 134
第一节 库存与存货核算系统文档和模型 ... 134
第二节 库存与存货核算系统流程描述 ... 139
第三节 库存与存货核算系统功能设计 ... 145
第四节 库存与存货核算系统应用案例 ... 151

第七章 薪酬管理系统分析和设计 ... 157
第一节 薪酬管理系统文档和模型 ... 157
第二节 薪酬管理系统流程描述 ... 161
第三节 薪酬管理系统功能设计 ... 166
第四节 薪酬管理系统应用案例 ... 173

第八章 固定资产管理系统分析和设计 ... 179
第一节 固定资产管理系统文档和模型 ... 179
第二节 固定资产管理系统流程描述 ... 182
第三节 固定资产管理系统功能设计 ... 186
第四节 固定资产管理系统应用案例 ... 192

第九章 成本管理系统分析和设计 ... 197
第一节 成本管理系统文档和模型 ... 197
第二节 成本管理系统流程描述 ... 200
第三节 成本管理系统功能设计 ... 208
第四节 成本管理系统应用案例 ... 214

第十章 报表管理系统分析和设计 ... 217
第一节 报表管理系统文档及其编制 ... 217
第二节 报表管理系统流程描述 ... 222
第三节 报表管理系统功能设计 ... 231
第四节 报表管理系统应用案例 ... 237

第十一章 数据架构与商业智能 ... 242
第一节 企业架构 ... 242
第二节 数据架构 ... 247
第三节 商业智能 ... 260
第四节 管理驾驶舱 ... 274

参考文献 ... 280

第一章 会计信息系统概论

> **本章学习提示**
>
> 本章重点：计算思维；会计信息系统的定义、目标、要素、特征；会计信息系统的业务处理过程；会计信息系统的功能结构和应用结构；事件驱动信息系统的特征、原理。
>
> 本章难点：会计信息系统的应用结构；事件驱动信息系统的原理。

第一节 计 算 思 维

一、思维

（一）思维的含义

思维是指人用头脑进行逻辑推导的属性、能力和过程，是人脑借助于语言对客观现实进行概括的、间接的反应过程，它可以揭示事物的本质属性和内部规律。思维的概括性表现在它对一类事物非本质属性的摒弃和对其共同本质特征的反映。思维的间接性表现在它通过其他媒介作用认识客观事物，及借助于已有的知识和经验、已知的条件推测未知的事物。

经过思维加工，人就能够更深刻、更完全、更完整地认识客观事物。一切科学概念、定理、法则、法规都是通过思维概括出来的，思维是一种复杂的高级认识活动。

（二）思维的种类

人类认识世界和改造世界的思维包括形象思维、逻辑思维和计算思维三种类型。

1. 形象思维

形象思维又称实验思维，以观察和总结自然规律为特征，以物理学科为代表。形象思维以具体的实际证据支持自己的论点，是认识世界的基础。形象思维结论要符合三点：可以解释以往的实验现象，逻辑上自洽，能够预见新的现象。

2. 逻辑思维

逻辑思维又称理论思维，以推理和演绎为特征，以数学学科为代表。逻辑思维是指人们在认识过程中借助于概念、判断、推理等思维形式能动地反映客观现实的理性认识过程。定义是逻辑思维的灵魂，定理和证明是逻辑思维的精髓，公理化方法是最重要的逻辑思维方法。

3. 计算思维

计算思维又称构造思维，以设计和构造为特征，以计算机科学为代表。计算思维是运用计算机科学的基础概念，通过约简、嵌入、转化和仿真的方法，把一个看起来困难的问题重新阐述成一个知道怎样解的问题。计算思维结论要符合以下原则：运用计算机科学的基础概念进行问题求解和系统设计；涵盖计算机科学一系列思维活动。

（三）思维的过程

思维是通过一系列比较复杂的操作来实现的。人们运用存储在长时记忆中的知识经验，对外界输入的信息进行分析、综合、比较、抽象和概括的过程就是思维过程或思维操作。思维过程主要包括以下环节。

1. 分析与综合

分析与综合是最基本的思维活动。分析是指在头脑中把事物的整体分解为各个部分或各个属性，事物分析往往是从分析事物的特征和属性开始的。综合是指在头脑中把事物的各个部分、各种特征、各类属性通过它们之间的联系结合起来，形成一个整体。综合是思维的重要特征，通过综合能够把握事物及其联系，抓住事物的本质。

2. 比较与分类

比较是在头脑中确定对象之间差异点和共同点的思维过程；分类是根据对象的共同点和差异点，把它们区分为不同类别的思维方式。比较是分类的基础，在认识客观事物中具有重要的意义，只有通过比较才能确认事物的主要和次要特征，共同点和不同点，进而把事物分门别类，揭示出事物之间的从属关系，使知识系统化。

3. 抽象与概括

抽象是在头脑中抽取同类事物或现象的共同的、本质的属性或特征，并舍弃个别的、非本质特征的思维过程。概括是在头脑中把抽象出来的事物或现象的共同的、本质的属性或特征综合起来并推广到同类事物或现象中去的思维过程，通过概括，人们可以认识同类事物的本质特征。

二、计算思维概述

（一）计算与计算科学

广义的计算包括数学计算、逻辑计算、数理统计、问题求解、图形图像变换、网络安全、代数系统理论、上下文表示、感知与推理、智能空间等，甚至包括程序设计、机器人设计、建筑设计等设计问题。其采用的技术经历了远古时代的原始计算方法（如结绳计数法、算筹计算工具、算盘、计算尺等）、机械式计算机（如帕斯卡的加法器、莱布尼茨的乘法器）、机电式计算技术、电子计算技术、并行与分布式计算、云计算与海计算。

计算科学，又称为科学计算，是一个与数学模型构建、定量分析方法及利用计算机来分析和解决科学问题相关的研究领域。在实际应用中，计算科学主要应用于对各学科中的问题进行计算机模拟和其他形式的计算。

计算科学常被认为是科学的第三种方法，是实验/观察和理论方法的补充与扩展。计算科学的本质是数值算法和计算数学。

（二）计算思维的含义

1972 年，图灵奖得主 Edsger Dijkstra 认为："我们所使用的工具影响着我们的思维方式和思维习惯，从而也将深刻地影响着我们的思维能力。"计算工具的发展、计算环境的演变、计算科学的形成、计算文明的迭代中到处蕴含着思维的火花。这种思维活动在这个发展、演化、形成的过程中不断闪现，在人类科学思维中早已存在，并非一个全新的概念。

例如，原始的算筹计算是受到了人们将复杂运算转换为简单计算的思维启发，也就是把乘法变为加法来计算。图灵提出用机器来模拟人们用纸笔进行数学运算的过程，把该过程看成两个简单的动作：一是在纸上写出或擦除某个符号；二是把注意力从纸的一个位置移动到另一个位置。图灵构造出这台假想的、被人称为"图灵机"的机器，可用十分简单的装置模拟人类所能进行的任何计算过程。

计算思维的提出，最早可回溯到美国麻省理工学院（MIT）的西蒙·帕佩特（Seymour Papert）教授，美国卡内基梅隆大学的周以真（Jeannette M. Wing）教授则对其进行了系统阐述和推广。2006 年 3 月，周以真教授在美国计算机权威期刊 *Communications of the ACM* 上发表了 *Computational Thinking*，将计算思维定义为"计算思维是运用计算机科学的基础概念进行问题求解、系统设计以及人类行为理解等涵盖计算机科学之广度的一系列思维活动"。并进一步将计算思维描述为：

（1）计算思维是通过约简、嵌入、转化和仿真等方法，把一个看起来困难的问题重新阐释成一个知道问题怎样解决的思维方法。

（2）计算思维是一种递归思维，是一种并行处理，是一种把代码译成数据又能把数据译成代码的方法，是一种多维分析推广的类型检查方法。

（3）计算思维是一种采用抽象和分解来控制庞杂的任务或进行巨大复杂系统设计的方法，是基于关注点分离（separation of concerns）的方法。

（4）计算思维是一种选择合适的方式去陈述一个问题，或对一个问题的相关方面建模，使其易于处理的思维方法。

（5）计算思维是按照预防、保护及通过冗余、容错、纠错的方式，并从最坏情况进行系统恢复的一种思维方法。

（6）计算思维是利用启发式推理寻求解答，也即在不确定情况下的规划、学习和调度的思维方法。

（7）计算思维是利用海量数据来加快计算，在时间和空间之间、在处理能力和存储容量之间进行折中的思维方法。

计算思维吸取了问题解决所采用的一般数学思维方法，现实世界中巨大复杂系统的设计与评估的一般工程思维方法，以及复杂性、智能、心理、人类行为的理解等一般科学思维方法。

计算思维建立在计算过程的能力和限制之上，由机器或人执行，计算方法和模型使我们敢于去处理那些原本无法由个人独立完成的问题求解和系统设计。

计算思维最根本的内容，即其本质（essence）是抽象（abstraction）和自动化（automation）。它反映了计算的根本问题，即什么能被有效地自动执行。计算是抽象的自动执行，自动化需要某种计算机去解释抽象。从操作层面上讲，计算就是如何寻找一台计算机去求解问题，隐含地说就是要确定合适的抽象，选择合适的计算机去解释并执行该抽象，后者就是自动化。计算思维中的抽象完全超越物理的时空观，并用符号来表示，其中数字抽象只是一类特例。

与数学和物理科学相比，计算思维中的抽象显得更为丰富，也更为复杂。数学抽象的最大特点是抛开现实事物的物理、化学和生物学等特性，而仅保留其量的关系和空间的形式，而计算思维中的抽象却不仅仅如此。

计算思维中的抽象最终要是能够机械地一步一步自动执行。为了确保机械的自动化，就需要在抽象的过程中进行精确和严格的符号标记与建模，同时也要求计算机系统或软件系统生产厂家能够向公众提供各种不同抽象层次之间的翻译工具。

（三）计算思维的特征

计算思维具有以下六大特征。

（1）计算思维是概念化思维，不是程序化思维。计算机科学不等于计算机编程，计算思维应该像计算机科学家那样去思考，远远不止是为计算机编写程序，能够在抽象的多个层次上思维问题。计算机科学不只是关于计算机，就像通信科学不只是关于手机，音乐产业不只是关于麦克风一样。

（2）计算思维是基础技能，不是机械技能。计算思维是一种基础技能，是每一个人为了在现代社会中发挥职能所必须掌握的。生搬硬套的机械技能意味着机械地重复，计算思维不是一种简单、机械的重复。

（3）计算思维是人的思维，不是计算机的思维。计算思维是人类求解问题的一条途径，但决非试图使人类像计算机那样地思考，计算机枯燥且沉闷，人类聪颖且富有想象力。计算思维是人类基于计算或为了计算的问题求解的方法论，而计算机思维是刻板的、教条的、枯燥的、沉闷的。以语言和程序为例，必须严格按照语言的语法编写程序，程序流程毫无灵活性可言。配置了计算设备，就能用自己的智慧去解决那些计算时代之前不敢尝试的问题，实现"只有想不到，没有做不到"的境界，就能建造那些功能仅仅受制于想象力的系统。

（4）计算思维是数学和工程互补融合的思维，不是数学性思维。计算机科学在本质上源自数学思维，因为像所有的科学一样，它的形式化基础建筑于数学之上。计算机科学又从本质上源自工程，因为建造的是能够与实际世界互动的系统。基本计算设备的限制迫使计算机科学家必须计算性地思考，不能只是数学性地思考，构建虚拟世界的自由使我们能够超越物理世界的各种系统。数学和工程思维的互补与融合很好地体现在抽象、理论和设计三个学科形态（或过程）上。

（5）计算思维是思想，不是人造品。不只是生产的软件、硬件等人造品以物理形式到处呈现，并时时刻刻触及我们的生活，更重要的是计算的概念，这种概念被人们用于问题求解、日常生活的管理以及与他人交流和互动。

（6）计算思维面向所有人和所有领域。计算思维是面向所有人的思维，而不只是计算机科学家的思维。当计算思维真正融入人类活动的整体以致不再表现为一种显式之哲学的时候，它就将成为现实。它作为一个问题解决的有效工具，人人都应当掌握，处处都会被使用。

计算思维虽然具有计算机的许多特征，但是计算思维本身并不是计算机的专属。实际上，即使没有计算机，计算思维也会逐步发展，甚至有些内容与计算机没有关系。但是，正是计算机的出现，给计算思维的发展带来了根本性的变化。这些变化不仅推进了计算机的发展，还推进了计算思维本身的发展。在这个过程中，一些属于计算思维的特征被逐步揭示出来，计算思维与逻辑思维、形象思维的差别越来越清晰化。

计算思维的几乎所有特征和内容在计算机科学里面得到充分体现，并且随着计算机科学的发展而同步发展。

三、计算思维与创新

尽管计算思维在人类思维的早期就已经萌芽，并且一直是人类思维的重要组成部分。但是对于计算思维的研究却进展缓慢，在很长一段时间里，计算思维的研究是作为数学思维的一部分进行的，其主要的原因是计算思维考虑的是可构造性和可实现性，而相应的手段和工具的进展一直是缓慢的。尽管人们提出了很多对于各种自然现象的模拟和重现方法，设计了复杂系统的构造，但都因缺乏相应的实现手段而束之高阁。因此，对于计算思维本身的研究也就缺乏动力和目标。

计算机出现以后带来了计算思维研究根本性的改变，计算机对于信息和符号的快速处理能力，使得许多原本只有理论可以实现的过程变成了实际可以实现的过程。海量数据的处理、复杂系统的模拟、大型工程的组织，借助计算机实现了从想法到产品整个过程的自动化、精确化和可控化，大大拓展了人类认知世界和解决问题的能力与范围。

机器替代人类的部分智力活动激发了对于智力活动机械化的研究热潮，凸显了计算思维的重要性，推进了对计算思维的形式、内容和表述的深入探索。在这样的背景下，作为人类思维活动中以构造性、能行性、确定性为特征的计算思维被前所未有地重视，并且本身作为研究对象被广泛和仔细地研究。计算思维的概念、结构、格式等变得越来越明确，而且计算思维的内容也变得丰富了。

计算机的出现丰富了人类改造世界的手段，同时也强化了原本存在于人类思维中的计算思维的意义和作用。从思维的角度，计算机科学主要研究计算思维的概念、方法和内容，并发展成为解决问题的一种思维模式，这极大地推动了计算思维的发展。

计算思维在计算机学科及其他学科中有着越来越深刻的影响。计算生物学正在改变着生物学家的思考方式，计算博弈理论改变着经济学家的思考方式，纳米计算改变着化学家的思考方式，量子计算改变着物理学家的思考方式。科学家融合多学科方法，通过计算思维对计算概念、方法、模型、算法、工具与系统等的改进和创新，使科学与工程领域产生新理解、新模式，从而创造出革命性的研究成果。

计算思维代表着人们的一种普遍的认识和一类普适的能力，不仅是计算机科学家，而且是每个人都应该热心地学习和运用的。计算思维方法是思考和解决问题的先进方法。

财务人员应突出建构计算机科学家一样的思维，致力使计算思维成为常识，探索与创新企业商业模式、运营管理、财务管理。

第二节 会计信息系统的内涵

一、会计信息的含义

（一）会计数据

数据是人们用符号化的方法对现实世界的记录，是用可识别的符号记录下来的现实世界中客观实体的属性值。例如，"现金1 000元"这一数据，"现金"是属性名称，"1 000元"是属性值。数据可以是定量描述客观事物的数字，也可以是定性描述客观事物的字母、文字、图像或其他符号。

会计数据是用于描述企业经济业务属性的数据，是对企业经济业务发生情况的客观记录。作为会计加工处理对象的数据，主要包括生产经营过程中产生的引起会计要素增减变动的交易或事项数据。例如，企业转账支付房屋租金5 000元，会计人员需要在记账凭证借方记载管理费用5 000元、贷方记载银行存款5 000元。会计信息系统中的各种原始凭证、记账凭证、账簿、报表等，则是会计数据的载体。

（二）会计信息

由于研究目的和角度不同，对信息的理解也不尽相同。《辞海》认为：信息是收信者事先不知道的报道。控制论创始人维纳（Wiener）认为：信息是人们在适应外部世界并且将这种适应反作用于世界的过程中，同外部世界进行交换的内容名称。信息论创始人香农（Shannon）认为：信息是用以消除不确定性的东西。决策学代表人西蒙（Simon）则认为：信息是影响人改变对于决策方案的期待或评价的外界刺激。

在信息技术应用领域，一般认为，信息是经过加工、具有一定含义的、对决策有价值的数据。由此可以看出，信息的表达是以数据为基础的，信息必然是数据，数据则未必都是信息，只有经过加工整理且满足了使用者的需要的数据才被视为信息，即信息具有相对性，加工后的数据如果没有使用价值则仍然属于无用的数据而不能认为它是信息。信息本质上也是一种资源，其价值取决于信息的效用与成本的关系，信息的效用表现为可能为使用者提供新的资料，或是减少使用者的特定决策的不确定性；信息的成本包括交易资料的收集、输入、处理、存储、信息形成与传送过程中的全部耗费。另外，信息价值亦受到信息质量的影响，信息质量是指有用的信息所必须具备的基本品质特性。例如，可靠性、相关性、可理解性、可比性、实质重于形式、重要性、谨慎性等。

会计信息是指经过记录、计算、分类、汇总而形成的有用的会计数据，会计处理过程就是按照会计方法、规则和程序，收集会计数据，并对其进行记录、分类、汇总等加工处理，从而产生所需会计信息的一系列过程。如果说财务部门从外部单位及内部各部门所取得的原始凭证是会计数据的载体，那么经过分类登记而产生的明细账、总账，以及在此基础上编制的财务报表、财务计划等，则是会计信息的表现形式。

（三）会计信息的特点

1. 会计信息具有较强的综合性

会计信息与其他信息不同，是基于货币计量假设，综合反映企业经营活动各个方面价值的信息，反映的内容涉及企业供产销的每个环节、企业每个部门和每个职员，而其他管理信息则只反映企业生产经营活动的某一侧面。例如，生产管理信息侧重反映生产进度与生产组织情况，人力资源管理信息侧重反映职员流动及职工素质等方面的情况。会计信息由于主要使用价值计量单位，因而可以将劳动量信息、实物量信息转化为货币量信息并加以综合。

2. 会计信息具有复杂的关联性

会计信息主要包括资产、负债、所有者权益、收入、成本和利润六大要素信息，由于会计复式记账原理所决定，会计信息既相互联系，又相互区别；既有各自独立的经济意义，又有相互依存、互相制约的紧密关系。例如，资产、负债与所有者权益之间的平衡关系，成本、收入与利润的消长关系，总括信息和分类信息的核对与统驭关系，等等。正因为会计信息之间有一套特有的勾稽关系，所以会计信息结构比企业其他任何信息都具有系统性和整体性。

3. 会计信息具有加工处理的周期性

基于会计分期假设，企业会计业务每个周期的处理方法基本上是相同的。例如，日常凭证处理、月末结账、月末分配薪酬费用、月末计提固定资产折旧费用、月末财务报表的编制等，都是可重复的循环。

4. 会计信息具有较强的规范性

会计信息要满足管理部门、投资者、债权人、政府及有关部门、社会公众的需要，就必须使会计信息的确认、计量、核算和披露等数据处理环节严格依据会计准则和会计制度，以保证会计数据和信息的合法、完整、准确、客观、真实与可靠。

5. 会计信息具有明显的层次性

会计信息的层次性是由使用者的层次性决定的。会计信息的使用者有企业外部的，也有企业内部的；有企业高层管理者，也有一般管理人员。不同的使用者使用会计信息的目的和要求不同，决定了会计信息系统的输出信息具有一定的层次性。

（四）会计数据和会计信息的关系

会计数据和会计信息是既有紧密联系、又有本质区别的两个概念。会计信息是通过对会计数据的处理而产生的，会计数据也只有按照一定的要求或需要进行加工或处理，变成会计信息后才能满足使用者的需要。但会计数据与会计信息并没有分明的界限，有的会计数据对一些管理人员来说是会计信息，但对另一些管理人员来说，则需在此基础上进一步加工处理，才能成为会计信息。例如，某车间某月某部件的成本资料，对车间管理人员来说是会计信息，但对企业管理者来说，需要的是产品的成本资料，因此该部件的车间成本资料仅是会计数据，还需做进一步的处理，才能变成企业管理者需要的会计信息。

尽管会计数据和会计信息存在一定差别，但在一个会计信息系统中，数据和信息既互相变换，又不断地流动，数据流不断变为信息流，信息流又不断变为数据流。所以，在实际工作中，会计数据与会计信息并不做严格的区分，统称为会计信息。

二、会计信息系统的含义

（一）系统

系统是为了实现某种目的，由相互作用和相互依赖的若干组成部分按照一定的规则或结构组合成的，具有特定功能的有机整体。系统由输入、处理、输出、反馈和控制五个基本要素组成，输入是指为了输出而给出处理所需的内容和条件；处理是指根据一定条件对输入的内容进行的各种加工；输出是指处理后得到的结果；反馈是指将输出的一部分内容返回到输入供后续处理使用；控制是对上述四个基本要素进行的调度和指挥。系统的概念不仅是实际的组织结构和概念结构，如神经系统、生态平衡系统、天体系统等，而且能反映出它们之间的活动、行为以及为达到特定目标而相互产生的作用和制约。

一般而言，系统的主要特性表现为：

（1）目的性。任何系统都有其要达到的目的和应完成的任务或功能，系统的目的决定着系统的功能和各要素的组成与结构。

（2）整体性。系统是一个完整的体系，系统内各子系统之间相互关系、各自独立又有机地组成一个整体，有整体思想、整体协调、整体最优、整体可行等。

（3）关联性。系统中各要素间相互依存、相互作用和联系，要素间的这种关联性决定了整个系统的机制。这种关联在一定时期内处于相对稳定状态，但随着系统目标的调整或环境的变化，要素的组成和关联也会发生变更。

（4）层次性。任何系统都可以分解为一系列的子系统，这种分解实质上是系统目标的分解，也是系统任务与功能的分解，而各子系统又可以分解为更细一层的子系统。因此，系统是具有层次的树形结构。

（二）信息系统

信息系统是以信息基础设施为基本运行环境，由人、信息技术设备、运行规程组成的，通过信息处理，辅助企业进行各项决策的系统。其中，人不仅是信息系统中的组成要素之一，而且是站在系统之外对信息系统进行管理，并利用信息系统提供的信息进行决策的使用者；信息技术设备是按照一定的结构集成后，提供企业信息系统运行的物理环境；运行规程规定了信息系统本身的运作规则，并用以明确人与信息技术设备之间的关系，如系统的控制和使用规则、安全性措施、系统访问权限等，特别是所有信息系统的使用者应共同遵守的规则。信息系统的目标是向使用者提供决策有用的信息。

信息系统的主要功能是进行信息处理，具体包括信息采集、信息加工、信息存储、信息传输、信息检索等功能。信息采集解决信息的识别和信息的收集以及如何将收集到的信息表达为信息系统可以处理的方式等问题；信息加工完成原始数据到可利用信息的转化，具体包括分类、计算、统计、分析等基本处理活动；信息存储是将信息保存起来以备后续使用，强调存储目的、存储方式、存储介质等问题；信息传输是为了让使用者能够方便地使用信息，而迅速准确地将信息传送到各个使用部门；信息检索是指按照使用者的需求查找信息。由于使用者需求是多种多样的，有时还需要对信息进一步的加工处理，即信息分析，一般需要利用一些模型和方法，如预测模型、决策模型、模拟模型、知识推理模型等，从而得到针对性较强的、满足使用者的决策信息。

信息系统随着计算机技术和网络技术等信息技术的发展而不断发展，出现了许多不同类型的信息系统。例如，企业资源计划系统、产品生命周期管理系统、客户关系管理系统、电子商务系统等。

(三) 会计信息系统

会计是经济管理工作的一个重要组成部分，是以货币为主要计量单位，运用自身所特有的一套方法，如凭证、复式记账、账簿、财务报表等，从价值角度对企业生产经营活动的原始交易数据进行收集、存储、加工和传输，并提供经营管理者所需要的财务信息，用以反映过去的经济活动，控制目前的经济活动，并预测未来的经济活动。

会计信息系统（Accounting information system，AIS）是企业管理信息系统中一个面向价值信息的系统，是对企业经营活动的会计资料及会计信息进行收集、分类、存储、传送和报告，以辅助企业经营决策和管理控制的管理系统。任何企业在发生经济业务时，都应首先填制和审核凭证，然后用复式簿记的方法登记账簿，定期或不定期进行财产清查；会计期末需要编制财务报表，平时需要对经济活动进行分析考核，并运用会计信息进行管理。所有这些活动都是紧密相连、相互依存、环环紧扣的，是一个有序的数据处理和信息生成的过程。会计程序的每一过程又可分为若干部分，每一部分都有各自的信息处理任务；但所有部分又相互联系、配合，服从于一个统一的目标，形成一个会计活动的有机整体，这个有机整体就称为会计信息系统。因此，可以认为会计信息系统是利用信息处理技术对会计信息进行采集、存贮、处理和传送，完成会计核算任务，并能提供为进行会计管理、分析、决策所用的辅助信息的系统。会计信息系统的业务处理内容及其过程如图 1-1 所示。

会计包括财务会计和管理会计两大分支，通过图 1-1 所示可以看出，会计信息系统可以划分为财务会计信息系统和管理会计信息系统。

财务会计信息系统是以总账及报表业务处理为主体的，侧重于通用目的会计资料的处理，必须遵循规定的会计准则或法规，其输出的财务会计信息主要是针对企业的外部使用者，亦可以为企业内部管理者使用。在财务会计系统中，从交易或事项资料到会计信息的转化，必须经过下述各项主要会计处理步骤：确认、计量和记录经营交易或事项的相关原始资料（原始记录）；把交易或事项的原始记录依据既定的会计科目表予以分类或编码归类；对已分类或编码的交易资料编制会计分录，登记日记账；根据预定的会计科目表，把会计分录过入明细账和总账；汇总与整理分类账户的记录，形成特定格式的价值信息输出，如资产负债表、利润表和现金流量表等。上述会计处理步骤在各个会计期间内周而复始，因此也可以视为一个财务会计循环。

管理会计信息系统是以销售、采购、成本、薪酬、固定资产、现金收付等业务处理为主体的，主要是服务于企业内部的经营管理，着重为管理部门的经营决策提供有用的信息。管理会计系统与财务会计系统有一定的重叠，如在交易资料的收集、初始处理与记录储存等方面。管理会计既可以提供价值信息输出，如产品成本报告、作业成本报告等，也可以提供非价值的资料，如销售变动趋势、生产增长率、作业效率等。管理会计信息可以按照两种途径输出与传导：一是定期输出供经营规划和管理控制使用的各种报表；二是依据管理者的特定决策模式产生与传导相关的信息，同时满足管理部门制定战略性和技术性决策的信息需求。

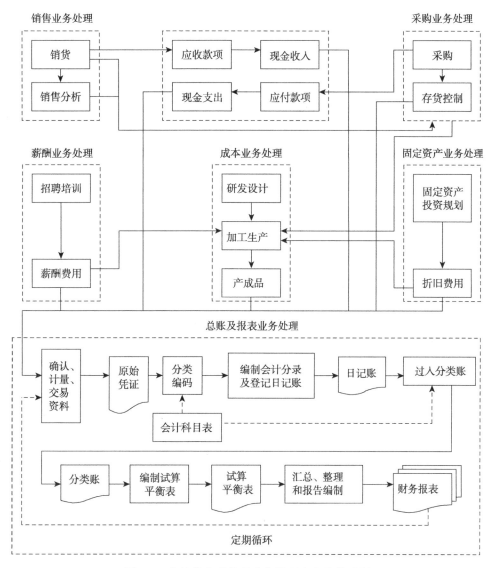

图 1-1 会计信息系统的业务处理内容及其过程

三、会计信息系统的目标

会计信息系统是为企业服务的，是企业会计工作中必不可少的组成部分，因此，会计信息系统的目标应服从于企业、信息系统、会计三者的目标。企业的目标是通过为客户提供满意的产品、服务来构建美好社区、社会；信息系统的目标是向信息系统的使用者提供决策有用的信息；会计的目标是要提高企业的经济效益和社会效益。因此，会计信息系统的目标可以确定为向企业内外部的决策者提供需要的会计信息及对会计信息利用有重要影响的其他非会计信息。会计信息系统的具体目标表现在以下三个方面。

（一）记录日常经营业务

在企业的经营活动中，与外部交换并且有着经济价值的交易或事项，必须由会计信息系统获取、记录及处理。某些经营业务虽然不属于会计交易，如材料验收入库等，但是可能导致会计交易的产生，如存货的增加，因此也需要在会计信息系统中采集处理。一般而言，交易或事项的确认与记录是经营活动正常运作的保障，在会计信息系统中，可以根据特定企业的交易循环划分若干相对应的交易处理系统，如收入循环、支出循环、生产循环、薪酬循环等，分别记录与处理经营交易或事项所产生的资料。

（二）支持经营管理决策

会计信息系统的主要目的是为企业内部的各级管理人员提供有用的信息。经营决策与企业经营活动的计划和控制直接相关，因此，会计信息系统将被用于制订各种经营计划和预算，进行绩效衡量和反馈控制。通过对交易或事项所产生资料的会计处理，会计信息系统可以为各级管理人员的经营决策提供多种相关和有用的信息。

（三）履行受托经管责任

企业是一个责任主体，必须对投资者承担有效使用受托资产的经营管理责任，即履行受托经管责任。此外，企业还必须依照政府有关法规对外提供一定的会计信息。例如，上市公司或有限责任公司，必须根据有关证券上市和交易的法规强制性地披露企业的会计等信息和其他资料。一般而言，企业有义务向外部利益相关者，如投资者、债权人、政府机构、社会公众，披露多种法定信息，其中包含许多会计信息，如法定财务报表、重大融资或投资交易、主要经济契约或承诺、董事会报酬等。因此，会计信息系统必须及时处理和如实地对外报告所需的各种会计资料，履行企业受托经管责任和法定的信息披露责任。

四、会计信息系统的要素

会计信息系统是一个人机相结合的系统，其基本构成包括人力资源、硬件资源、软件资源和信息资源等要素，其核心部分则是功能完备的财务软件资源。

（一）人力资源

会计人员是会计信息系统的主体，包括会计数据录入人员、审核人员、操作人员、系统管理人员、系统维护人员等。一方面，会计信息系统应该服务于会计人员，帮助会计人员更为有效地处理数据，并向使用者提供满足需要的高质量的会计信息；另一方面，会计人员又是会计信息系统的管理者，只有高水平、高素质的会计人员和系统管理人员，才能保证信息系统的正常运行。

（二）硬件资源

硬件资源是指进行会计数据输入、处理、存贮、传输和输出的各种电子设备。其中，输入设备有键盘、光电自动扫描输入装置、二维码扫描装置等；数据处理设备是计算机主机等；存贮设备有磁盘机、光盘机等；传输设备有集线器、中继器、路由器等；输出设备有打印机、显示器等。要使会计信息系统能够运行，必须根据系统的标准配置硬件资源，构建相应的硬件平台。

（三）软件资源

软件资源是会计信息系统运行的核心和灵魂，包括系统软件和财务软件。系统软件包括操作系统、数据库管理系统等；财务软件是专门用于会计数据处理的应用软件。在会计信息系统中，财务软件是最主要的组成要素。有关财务软件实施的一些文档资料，如系统分析说明书、系统设计说明书、用户操作手册等，也是软件资源的组成部分。

（四）信息资源

信息资源是会计信息系统正常运行的保障，包括数据文件和会计规范。数据文件是用来存贮会计信息系统数据的磁性文件。例如，基础数据文件（会计科目体系、职员档案、存货档案、客户档案、供应商档案）、历史数据文件（科目余额及发生额文件、凭证文件）等。会计规范是指保证会计信息系统正常运行的各种制度和控制程序。例如，硬件管理制度、数据管理制度、操作人员的运行权限和岗位责任制度、保密制度等。

五、会计信息系统的特征

（一）集成性

为了提高经营效率，在市场竞争中取得优势，企业逐步对其信息系统进行重构，实现会计信息系统和各业务管理系统的集成，通过一个集成的框架实现会计信息和非会计信息的实时采集与处理，以满足不同使用者的信息需求。概括而言，会计信息系统的集成表现在：集成业务信息和财务信息；在会计信息系统中嵌入业务处理规则；实现信息的实时采集、处理、存储和传输；集成存储业务事件的原始数据，支持多种信息输出。在会计信息系统中，大部分交易或事项数据都以原始的、未经处理的方式存放，主要数据处理是记录业务事件的个体特征和属性，分类、汇总和余额计算处理等都由报告查询功能完成，然后按照使用者的需求参数准确地输出信息。简单地说，会计信息系统是基于集成的理念，采取业务事件驱动的信息系统。

（二）自动性

由于会计信息系统的数据处理是基于事件驱动原理，系统的主要任务是采集原始交易或事项数据，数据处理完全由计算机自动完成。一方面，计算机自动完成从会计凭证到财务报表全过程的信息处理，人工干预大大减少，客观上消除了手工方式下信息处理过程的诸多环节，如平行登记、过账、对账、试算平衡等；另一方面，计算机自动完成会计业务核算，如薪酬费用的汇总分配、折旧费用的汇总分配、存货计价、成本计算等，并自动派生记账凭证传送到记账凭证数据库。

（三）实时性

会计信息的实时性是指会计信息处理与业务处理保持同步，具体表现在数据采集、数据维护和信息披露的实时性。数据采集的实时性是指在业务活动发生时就按照业务处理规则和信息处理规则记录与处理有关的数据；数据维护的实时性是指在企业经营环境和业务活动变化之后能够迅速、灵活地改变有关系统基础数据；信息披露的实时性是指在数据采集和处理的支持下，能够为使用者随时提供最新的企业经营状况和管理信息。

（四）复杂性

会计信息系统由许多业务系统组成，如总账系统、应收款管理系统、应付款管理系统、薪酬管理系统、固定资产管理系统、成本管理系统、存货核算系统、财务分析系统等，内部结构较为复杂，各业务系统在运行过程中进行数据的采集、加工、传送、使用，联结成一个有机整体。另外，由于会计信息系统全面地反映企业各个环节的信息，它将从其他业务信息系统和系统外界获取数据，也将处理结果提供给有关系统，使得外部数据接口比较复杂。

（五）开放性

基于互联网的会计信息系统，其大量的数据是通过网络从企业内外有关系统直接采集的，如证券监管部门、银行部门、企业生产部门、企业人事部门等。特别是企业外部的各个机构或部门，如会计师事务所、财政部门、税务部门、银行、证券监管部门等，可根据授权在线访问，通过互联网进入企业内部，直接调阅会计信息。实时沟通使会计信息系统由封闭走向开放，由数据的微观处理逐步转变为宏观数据运作。

六、会计信息系统的作用

（一）会计信息化促进了会计工作效率的提高

在会计数据处理过程中运用计算机技术，可以使会计人员从繁重的手工操作中解脱出来，把主要精力用于会计预测、决策和控制。会计工作实现计算机处理后，会计人员只需要将会计交易数据录入计算机，大量会计数据的分类、归集、计算、存储、分析等工作，就都由计算机自动完成，即会计人员摆脱了登记日记账、明细账、总账和编制财务报表等工作，使会计人员从原有的记账、算账、报账工作中解脱出来，从而大大提高了会计工作的效率。

（二）会计信息化促进了会计工作质量的提高

运用计算机处理会计数据，必然会对会计数据来源提出一系列规范要求，这在很大程度上解决了手工操作中不规范、易出错的问题，提高了会计信息的准确性。计算机能够自动、高速地进行数据处理，可以跟踪企业的经济活动，满足实时控制的需要，从而提高会计信息的时效性。同一会计数据的处理有多种方法可供选择，由于受工作量的限制，手工会计只能选择简单的方法。例如，固定资产折旧费用的计提采用综合折旧率或分类折旧率，存货计价方法选择加权平均法，等等。会计信息化可以充分利用计算机强大的运算能力和存储能力，为日常管理提供更为详细、更加精确的信息，大大提高了会计信息的可靠性和相关性。

（三）会计信息化促进了会计工作效益的提高

会计工作的效率和质量的提高，为及时准确地提供管理信息创造了良好的条件。计算机强大的数据处理能力为经营管理采用数学分析方法提供了条件，增强了财务部门提供各种管理以及预测、决策信息的能力，为企业进行科学的预测、决策分析提供了现实可靠的基础，从而促进企业经营管理效益的提升。

（四）会计信息化促进了会计人员素质的提高

在手工会计中的会计人员均是会计专业人员，而在信息化环境下，其工作人员应由会计专业人员和计算机软硬件操作人员组成。会计人员除了要掌握会计专业知识之外，还必须掌握计算机技术的相关知识，充分认识计算机技术在改造传统会计过程中可能带来的风险。因此，在会计信息化环境下，对会计从业人员的素质要求大大提高了。

（五）会计信息化促进了会计理论的发展

任何理论都有其赖以生存的客观环境条件，会计理论也不例外。传统会计是从工业时代发展起来的，与工业时代的会计环境是紧密相连的，而随着人类由工业时代向信息时代的迈进，会计所面临的环境发生了很大的变化，会计对象、确认、计量、职能、报告等将发生较大的变化。未来会计学科的发展将越来越体现出由系统工程论、计算机和网络技术、数据库理论、运筹学、会计原理等多学科交叉的边缘学科的性质。

第三节 会计信息系统的结构

会计信息系统的构成从不同的角度来认识，便产生了不同的结构。例如，概念结构、层次结构、功能结构、应用结构、物理结构等。概念结构是任一信息系统的基本构成，层次结构是按信息需求确定的构成,功能结构是对层次结构的细化和分解,应用结构是不同程度应用功能的融合,物理结构是信息系统软硬件资源的配置模式。

一、会计信息系统的概念结构

会计信息系统的概念结构是指会计信息系统所具备的一般结构,主要由数据源、数据输入、数据处理、数据管理、信息输出、信息用户和信息反馈等元素组成。会计信息系统的概念结构如图1-2所示。

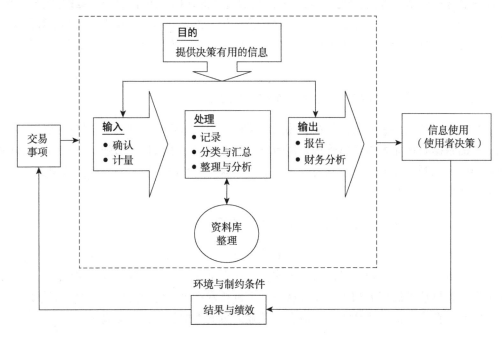

图1-2 会计信息系统的概念结构

(一)数据输入

数据输入着重于确认企业经营过程中所发生的内、外部交易或事项资料,确认能够进入会计信息系统处理的相关资料,并且根据既定的会计准则和会计制度予以定量化记录反映。换言之,会计信息系统并非要处理经营交易或事项所产生的全部资料,而是需要通过确认与计量,选择可以输入系统处理的资料。

(二)数据处理

输入会计信息系统的资料必须经过一系列的会计处理。例如,记录、分类、汇总、整理、分析等。如采购交易的相关资料将被分别记录于存货、应付账款、现金支付等明细账,并过入有关的总账;又如,对企业在既定期间发生的各种费用支出必须根据相关的费用账户分别记录、汇总、整理和分析后,将输入系统的资料转化为满足特定管理或其他使用需要的有用信息。

(三)信息输出

信息输出是指根据既定的财务报表格式与时间要求,将已经处理的资料传送给特定的使用者。如在各个会计期末,向企业内、外部使用者提供反映企业期末财务状况的资产负债表、反映企业经营成果的损益表、反映企业资金状况的现金流量表等。或根据企业内部管理者的需要,随时提供关于产品的生产与销售、存货变动、费用支出的预算标准和实际绩效的各种报表,为各级管理者规划和控制企业的营运活动提供必要的依据。

二、会计信息系统的层次结构

会计信息系统包括财务会计信息系统和管理会计信息系统。财务会计侧重于事后会计业务的确认、计量、核算和披露;管理会计以会计核算数据、市场数据、管理数据为基础,侧重于事前的决策和事中的控制,所以,会计信息处理具有明显的层次性。因此,会计信息系统按服务层次的不同可以划分为会计核算信息系统(accounting data processing system, ADPS)、会计管理信息系统(accounting management information system, AMIS)、会计决策支持系统(accounting decision support system, ADSS)。会计信息系统的层次结构如图1-3所示。

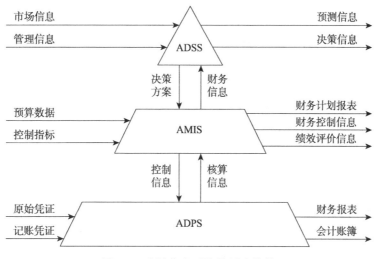

图1-3 会计信息系统的层次结构

(一)会计核算信息系统

会计核算信息系统是一种面对业务数据处理的信息系统,其主要功能是对业务原始凭证和记账凭证进行输入、编辑、存储，按规定输出各种会计账簿和财务报表。由于 ADPS 以财务会计理论和核算方法为基础，必须严格按照会计准则和会计制度的要求进行会计业务数据处理，因此，其数据来源比较固定，结构化程度较高，侧重于对经济业务的事后记录和反映，完成会计的核算职能，其目标是用计算机代替手工数据处理，强调会计业务数据处理的效率。

（二）会计管理信息系统

会计管理信息系统是为实现辅助管理功能而设计的一种信息系统。AMIS 以各种控制指标、预算数据、ADPS 数据为数据基础，通过相应的数学模型进行数据处理，输出各种财务分析、财务预算、财务控制报表和绩效评价报告。AMIS 以管理会计和财务管理的理论与方法为基础，遵循全球管理会计原则和中国管理会计指引，侧重于对资金、费用、收入、利润的事中管理，完成会计的控制职能，以提高企业的管理效益为目标。

（三）会计决策支持系统

会计决策支持系统以管理科学、计算机科学、行为科学和控制论为基础，以计算机技术、人工智能技术、经济数学方法和信息技术为手段，解决半结构化和非结构化的问题，是支持中、高层决策者的会计决策活动的一种人机交互系统。ADSS 是在 ADPS 和 AMIS 的基础上逐渐发展形成的，以财务信息、市场信息、管理信息为数据基础，经过加工处理，输出预测信息和决策信息。ADSS 侧重于辅助企业决策者制定科学的经营决策，完成会计的决策职能，以提高决策的效益为目标。

三、会计信息系统的功能结构

会计信息系统依据管控流程，分为决策层、业务层、财务层、信息层。决策层的主题在于企业的战略规划与预算；业务层的主题在于企业的运营管理；财务层的主题在于确认与计量影响会计要素变动的交易或事项；信息层的主题在于对外财务信息披露和对内管理数据供给。会计信息系统的功能结构如图 1-4 所示。

（一）决策层

决策层是由战略规划、经营计划、预算管理、绩效管理等构成的 PDCA（计划、执行、检查、处理）管控多层闭环。决策层的目标在于根据已确定的战略目标，编制和执行产品研发、供应、销售、生产、服务、财务、技术改造、设备投资、对外投资等方面的年度计划和预算，并对执行情况进行过程跟踪、沟通反馈和考核评价。

（1）战略规划。战略规划是经营计划和年度预算的前提，可清晰地描述企业未来 5~10 年的发展方向以及实现的关键成功要素（CSF）。战略规划主要通过战略分析［SWOT（优势、劣势、机会、威胁）］、战略选择、战略规划、战略控制等管理方法，与企业文化相结

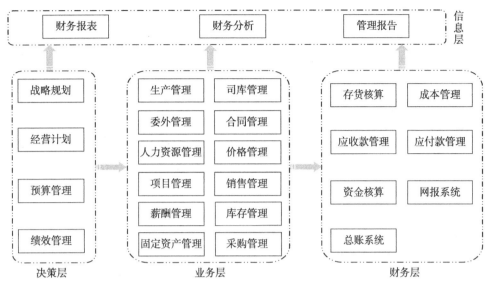

图 1-4 会计信息系统的功能结构

合,选择独特的发展方向,包括中长期发展规划、中长期资本支出计划、中长期研发计划、中长期人力资源计划、中长期薪酬计划、中长期绩效计划、战略物资储备计划等。

(2)经营计划。年度经营计划定义企业的短期经营目标,是战略规划的具体化和细化,是一种战术行为的选择。年度经营计划的编制起点是企业战略规划,通过在年度经营计划中滚动评估和落实安排战略指标,并相应匹配上战略目标赖以实现的 CSF,实现年度经营计划与战略规划在管理体系上的无缝连接,包括资本支出计划、研发计划、市场营销计划、生产计划、采购计划、成本费用计划、人力资源计划、融资计划等。

(3)预算管理。预算管理秉承"四维一体"的思想,即将企业决策层的战略规划、经营部门的年度经营计划、财务部门的财务预算与人力资源部门的绩效评价整合为一体,在企业内部统一搭建以价值管理为核心,以"企业战略→经营计划→预算编制→执行控制→业绩分析→绩效考评"为内容的全过程数字化管理体系,包括经营活动预算、科研活动预算、投资活动预算、财务活动预算等。

(4)绩效管理。绩效管理是通过对企业战略目标的建立、目标分解、绩效评价,将考核结果用于企业日常管理活动中,以激励员工持续改进并最终实现企业战略以及目标的管理活动,包括企业 BSC(平衡计分卡)、部门 BSC、团队 BSC 等。

(二)业务层

业务层是由生产管理、委外管理、人力资源管理、项目管理、司库管理、合同管理、价格管理、销售管理、库存管理、采购管理、薪酬管理、固定资产管理等构成的企业人、物、供、产、销运营管理的业务信息系统。业务层的目标在于连接战略和财务,业务目标控制结果决定财务目标的实现。

（1）生产管理。该功能通过物料清单、主生产计划、需求规划、产能管理、订单管理、车间管理、设备管理等功能，面向产品研发设计，提供物料清单管理、产品配置管理、工艺路线管理、替代物料处理等生产基础数据。

（2）委外管理。该功能对委外加工中的委外计划、订货、发料、到货、检验、入库、核销、发票、付款、结算等整套委外业务进行全程管理，为计划、委外、仓储和财务等部门提供准确及时的委外件管理信息。

（3）人力资源管理。该功能主要记录和管理人员的各种信息以及相关的信息变动情况，并提供多角度的统计分析功能，建立职员的培训信息、考勤信息、职位信息、业绩管理信息等，包括福利管理、考勤管理、人事管理等功能。

（4）项目管理。该功能以项目为中心为企业提供科研课题、专项工程、在建工程、订单等各项目的成本、费用、收入等汇总与明细情况以及项目计划执行报告等，提供项目总账、明细账及项目统计表的查询功能。

（5）司库管理。该功能为企业提供全面、灵活、实用、准确的资金预测功能，通过资金预测，实时掌握企业未来的资金流向、流量和盈缺情况；同时提供资金风险预警功能、筹投资规划和筹投资管理。

（6）合同管理。该功能主要处理企业的日常、采购、销售、应收、应付以及其他类型的合同，保证企业业务按照合同执行，完成对合同的管理、查询，可用于企业查询各合同当前的执行情况，为企业的决策提供有效的数据。

（7）价格管理。该功能结合当前的成本价格管理方法及军方审价要求，建立涵盖产品转移价格、服务转移价格、军品成本价格、委外成本价格的企业内部成本价格管理系统。

（8）销售管理。该功能以企业的销售计划或销售订单为原始数据，完成销售发票和销售出库单的输入，实现销售业务全程管理，实现对销售收入、销售费用、销售税金、销售利润的核算。

（9）库存管理。该功能以企业的存货入库单和出库单为原始数据，对各种出入库单进行读取和审核，反映各种存货的入库、出库及库存情况。

（10）采购管理。该功能以企业的采购计划和采购订单为原始数据，完成采购发票和采购入库单的输入，实现采购业务全程管理，为采购部门和财务部门提供准确及时的信息。

（11）薪酬管理。该功能以职员档案和薪酬数据为原始数据，完成职员薪酬的计算、薪酬费用的汇总和分配、个人所得税的计算、劳动统筹等各种代扣款项和预提费用的查询、统计。

（12）固定资产管理。该功能以固定资产卡片为原始数据，通过对固定资产卡片的增加、删除、修改、统计与汇总等处理，进行固定资产的变动核算，更新固定资产卡片；完成折旧费用的计提和汇总分配。

（三）财务层

财务层是由存货核算、成本管理、应收款管理、应付款管理、资金核算、网报系统、总账系统等构成的价值信息系统。财务层的目标在于根据业务层的业务数据，按照是否影响会计要素变动进行会计确认与计量，即根据业务数据自动派生记账凭证。

（1）存货核算。该功能以已审核的入库单、出库单为原始数据，对企业存货的收、发、存业务进行核算，掌握存货的库存、耗用情况，及时、准确地把各类存货成本归集到各成本项目和成本对象上，为企业的成本管理提供基础数据。

（2）成本管理。该功能通过读取料、工、费数据，完成成本数据的卷积核算工作；通过成本数据上报、接收及成本数据汇总实现上下级单位之间的成本数据传送，满足各事业部成本核算。

（3）应收款管理。该功能以销售发票和收款单为起点原始数据，完成各种应收款的登记、核销工作，动态反映客户信息及应收款信息，并进行账龄分析和坏账估计，提供详细的客户档案及其统计分析。

（4）应付款管理。该功能以采购发票和付款单为原始数据，完成各种应付款的登记、核销以及应付款的分析预测工作，及时分析各种应付款的数额及偿还应付款所需的资金等，提供详细的供应商档案及其统计分析。

（5）资金核算。该功能以银行单据、企业内部单据、资金往来凭证等为依据，记录资金业务以及其他涉及资金方面的业务，处理对内、对外的收、付款等业务，提供逐笔计息和积数计息处理功能。

（6）网报系统。职员可以在任何时间、从任何地点提交财务报销申请，领导可用数字签名的方式在任何时间、任何地点进行业务审批，财务部门对原始凭证审核无误后，通过网上银行进行支付。

（7）总账系统。该功能以记账凭证为原始数据，通过输入或读取凭证、凭证审核，完成记账和结账、银行对账、账簿查询等基本功能，以及个人往来核算与管理、部门核算与管理、项目核算与管理、现金银行管理等辅助功能。

（四）信息层

信息层是由财务报表、财务分析、管理报告等构成的信息供给系统。信息层的目标在于从决策层、业务层、财务层中析取控制数据、业务数据、财务数据，通过管理驾驶舱或画像系统，生成管理者所需要的信息。

（1）财务报表。该功能以各系统会计核算和管理的信息为原始数据，结合会计制度的要求和企业管理的实际需求，完成各种财务报表的定义、编制和汇总工作，生成各种内部报表、外部报表以及汇总报表等。

（2）财务分析。该功能运用各种专门的分析方法，对财务数据进一步加工，从中获取有用的信息，为决策提供可靠、相关的数据，包括指标分析、杜邦分析、帕利普分析、因子分析、灰色关联分析等功能。

（3）管理报告。该功能对企业的资本经营、资金经营、资产经营、产品经营和生产经营等业务，通过各种常见的图表（速度表、音量柱、预警雷达、雷达球）形象标示企业运行的关键绩效指标,直观地监测企业运营情况,并对异常关键指标预警和挖掘分析。

四、会计信息系统的应用结构

会计信息系统的应用融合依据管控需求和发展规划,可逐步推进会计信息系统的基本业财融合、全面业财融合、管控业财融合。

(一)基本业财融合

基本业财融合是以总账系统为核心,首先集成与总账最紧密的业务系统,即依据业务自动派生记账凭证传送到总账系统的业务系统,包括销售管理、采购管理、库存管理、存货核算、应收款管理、应付款管理、薪酬管理、固定资产管理、成本管理、资金核算、网报系统。基本业财融合的数据流程如图1-5所示。

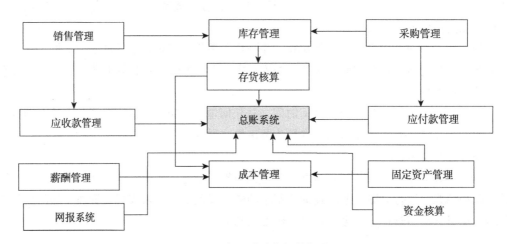

图1-5 基本业财融合的数据流程

基本业财融合是以总账系统为核心的,其他各系统的数据处理都能支持总账系统。相关系统与总账系统的主要数据关系如下。

(1)薪酬管理与总账系统的融合。在薪酬管理中进行薪酬业务处理完毕后,各项薪酬费用的分配及其相关费用的代扣、计提,自动派生记账凭证传送到总账系统。

(2)固定资产管理与总账系统的融合。固定资产管理的日常业务处理中所产生的业务数据,如固定资产增加、固定资产减少、折旧费用计提与分配,可以自动派生记账凭证传送到总账系统。

(3)采购管理、库存管理、存货核算、应付款管理与总账系统的融合。采购管理中输入采购订单、到货单和采购发票,到货单经过库存管理的审核,生成采购入库单,传送到存货核算中汇总记账,存货核算将入库材料或商品的汇总数据自动派生记账凭证传送到总账系统。采购发票经过应付款管理审核,进行采购结算,自动派生记账凭证传送到总账系统。

（4）销售管理、库存管理、存货核算、应收款管理与总账系统的融合。销售管理中输入销售订单、发货单和销售发票，发货单经过库存管理的审核，生成销售出库单，传送到存货核算中汇总记账，存货核算将出库汇总数据自动派生记账凭证传送到总账系统。销售发票经过应收款管理审核，进行销售结算，自动派生记账凭证传送到总账系统。

（5）成本管理与总账系统的融合。各产品的主要成本核算数据均来自相关系统。例如，直接人工费来自薪酬管理；直接材料费来自存货核算；制造费用来自固定资产管理、总账系统、存货核算；成本管理的料工费处理数据自动派生记账凭证传送到总账系统。

（6）网报系统与总账系统的融合。其主要完成费用等相关报销单据的录入、审核、审批处理，在预算控制下管理各核算部门的支出业务，并自动派生记账凭证传送到总账系统。

（7）资金核算与总账系统的融合。其主要完成各种不同类型的存款、贷款的往来及起计息业务处理。日常的单位之间的往来结算自动派生记账凭证，计息的结果自动派生记账凭证，并传送到总账系统。

（二）全面业财融合

全面业财融合是在基本业财融合的基础上，进一步拓展延伸到基本业务的前端业务并集成，包括生产管理、委外管理、项目管理、人力资源管理、合同管理、司库管理、价格管理等。全面业财融合的数据流程如图1-6所示。

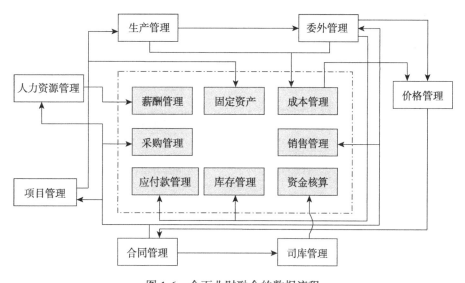

图1-6 全面业财融合的数据流程

全面业财融合是对基本业财融合的延伸性扩展，相关系统与基本业财融合系统的主要数据关系如下：

（1）合同管理与相关系统的融合。其主要为司库管理、采购管理、销售管理、项目管理、委外管理、人力资源管理等系统提供订单或合约电子数据。

（2）司库管理与相关系统的融合。其主要为资金核算提供数据，完成各种不同类型的存款、贷款的往来及起计息业务处理。

（3）项目管理与相关系统的融合。其主要为科研生产管理、基建固定资产管理提供数据，完成各种不同类型的科研项目、固定资产建设项目的业务处理。

（4）人力资源管理与相关系统的融合。其主要为薪酬管理提供数据，完成各种不同类型职员的薪酬设计和业务处理。

（5）生产管理与相关系统的融合。其主要为成本管理提供产品或劳务对象、工时、产量等统计数据，完成各产品或劳务的料、工、费、工装、包装物、废品等业务处理。

（6）委外管理与相关系统的融合。其主要为成本管理、库存管理、应付款管理、价格管理提供数据，完成委外半成品的料、入库、结算业务处理。

（7）价格管理与相关系统的融合。其主要为合同管理提供数据，通过销售管理、委外管理，完成产品或劳务的定价业务处理。

（三）管控业财融合

管控业财融合是以预算管理为核心，在全面业财融合的基础上进一步嵌入管控工具和管理驾驶舱。管控系统均为覆盖所有业务的事前、事中、事后的 PDCA 闭环系统，包括战略规划、年度经营计划、全面预算管理、绩效管理等与全面业财融合、基本业财融合密切关联的系统集成。管控业财融合的数据流程如图 1-7 所示。

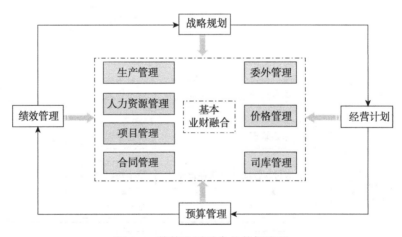

图 1-7　管控业财融合的数据流程

管控业财融合是对全面业财融合和基本业财融合的放射性扩展，按期间长短扩展到实际业务和财务发生之前的预测性业务和财务。相关系统与业务系统的主要数据关系如下：

（1）战略规划与业务系统的融合。战略规划与企业实际的供、产、销活动链接，通过战略情报沙盘动态地显示同行与企业的各类情况，决策者可以根据管理的需要个性地选择情报的查询，沙盘能让企业高层更直观地了解企业运营情况、政策、异动情况、宏观经济，提升整体竞争力，包括基础信息查询、关键参数动态预警、沙盘推演、信息情报库、企业资源表等功能。

（2）经营计划与业务系统的融合。经营计划与企业实际的供、产、销活动链接，依据已确定的战略目标编制，包括产品研发、供应、销售、生产、服务、财务、技术改造和设备投资等计划的编制、执行、分析、评价等功能，作为企业日常监管和年度绩效考核的依据。

（3）预算管理与业务系统的融合。预算管理与企业实际的供、产、销活动链接，依据年度经营计划，利用预算对企业内部各部门和各事业部的财务及非财务资源进行有效配置，实现企业科研、经营、投资、财务等活动的预算编制、控制、分析、评价等功能。

（4）绩效管理与业务系统的融合。绩效管理与企业实际的供、产、销活动链接，完成绩效目标制订、过程跟踪、沟通反馈、考核评估、结果审核、强制分布、结果确认、结果应用等，以实现企业绩效考核和分析功能。

五、会计信息系统的物理结构

会计信息系统的物理结构是指硬件资源、软件资源、数据文件等集成后在空间上的分布情况。目前，网络系统的物理结构主要有客户/服务器（client/server，C/S）结构和浏览器/服务器（browser/server，B/S）结构。一般来说，在局域网环境下，网络系统的物理结构可选择 C/S 结构；在互联网环境下，网络系统的物理结构可选择 B/S 结构。C/S 结构在企业应用较多，但是，由于 B/S 结构具有更多的优点，因而已经成为主流。

（一）客户/服务器结构

客户/服务器结构是一种分布式网络模式。C/S 结构的基本原则是将计算机应用任务分解成多个子任务，由多台计算机分工完成，即采用"功能分布"原则。客户端完成数据处理；服务器端完成 DBMS（数据库管理系统）的核心功能。这种客户请求服务、服务器提供服务的处理方式即为 C/S 模式。在服务器上不仅存放了共享信息资源及其数据库管理系统 DBMS，而且将会计信息系统中有关对共享数据的基本操作和管理，包括对数据库的增加、删除、修改、查询、统计、多用户并发管理、数据一致性控制等应用操作全部在服务器端完成，然后再将处理结果传送到工作站，进行显示、打印或对结果数据进一步处理。在客户终端只存放应用系统中除对共享数据操作以外的其他操作，包括应用系统的输入、输出界面等。

C/S 结构的优点是对共享数据进行集中管理，提高了系统的安全性、可靠性和稳定性，同时在网络通信上仅传送请求服务和结果数据的信息，大大减轻了通信线路的负荷，提高了系统的运行效率。其缺点是在实施二层 C/S 结构时，不便于客户终端和服务器之间合理分工以提高整体性能，灵活性、扩展性差，应用局限性大。

（二）浏览器/服务器结构

浏览器/服务器结构是一种以 Web 技术为基础的信息系统应用模式。B/S 将传统 C/S 模式中的服务器分解为一个数据服务器和一个或多个应用服务器、Web 服务器，从而构成三层 C/S 结构的系统，即客户端、Web 服务器/应用服务器、数据服务器三个层次。客户端是用户与整个会计信息系统交互的接口，客户的会计信息系统精简为一个通用的浏览器软件，浏览器将 HTML（超文本标记语言）代码转化成图文并茂的网页，网页还具备一定的交互功能，允许用户在网页提供的申请表上输入信息提交给 Web 服务器，并提出处理请求。Web 服务器/应用服务器负责对客户端应用的集中管理，会计信息系统服务器将启动相应的进程来响应客户端请求，并动态生成一串 HTML 代码，主要负责会计信息系统的逻辑结构和数据关系。数据服务器主要管理数据的存储和组织、分布式管理、备份和同步等。B/S 结构工作原理如图 1-8 所示。

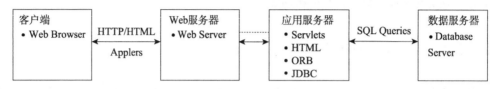

图 1-8　B/S 结构工作原理

假设某企业财务部门凭证审核、记账人员异地进行审核、记账、结账及账簿输出操作，首先在异地登录网络，通过客户终端发出请求，进行凭证审核；Web 服务器/应用服务器通过对数据服务器中的凭证进行读取、更新，完成凭证的审核、记账、结账处理。其基于 B/S 结构的凭证审核、记账处理关系如图 1-9 所示。

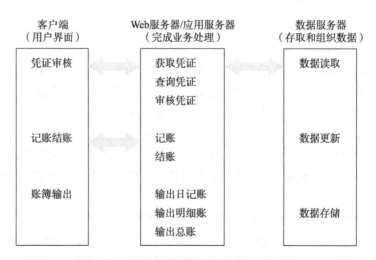

图 1-9　B/S 结构凭证审核、记账处理关系

B/S 结构与 C/S 相比，其优势表现在：首先，B/S 简化了客户端，无须像 C/S 结构那样在不同的客户端安装不同的会计信息系统，而只需安装通用的浏览器软件，不仅可以节省客户端的存贮空间，而且使安装过程更加简便灵活。其次，B/S 简化了会计信息系统的开发和维护，系统的开发者无须再为不同级别的用户开发不同的会计信息系统，只需将所有

的功能都实现在 Web 服务器上,并就不同的功能为各个组别的用户设置权限即可。各个用户通过因特网,请求在权限范围内调用 Web 服务器上不同的处理程序,从而完成对数据的查询或修改。再次,B/S 使用户的操作变得更简单,在 C/S 结构中,客户应用程序有自己特定的规格,使用者需要接受专门培训。而采用 B/S 结构时,客户端只是一个简单易用的浏览器软件。最后,B/S 特别适用于网上信息发布,扩展了系统的功能。

第四节　会计信息系统的原理

会计信息系统的原理是指系统在处理会计数据时所采用的信息分类方式。会计信息系统从业务处理过程角度理解,经历了两个阶段:传统自动化信息系统和事件驱动信息系统。传统自动化信息系统是对手工会计信息系统的模拟和仿真,是以最终输出为导向的信息系统,因此,手工会计信息系统和传统自动化信息系统都是一种视图驱动信息系统。

一、视图驱动信息系统的本质和特征

视图驱动信息系统是基于 1494 年卢卡·帕乔利(Luca Pacioli)的会计思想,以会计科目表作为会计数据分类标准,结合复式记账原理,通过会计账簿和财务报表揭示会计信息的系统。会计信息系统采集和存储的数据是整个业务过程数据的一个子集,即与输出视图有关的内容。例如,会计信息系统仅采集满足会计事项定义的业务交易数据,即只采集和存储那些改变企业资产、负债和所有者权益的事件数据。财务报表是典型的视图之一,会计人员通过判断经济业务是否影响财务报表来确定该交易或事项是否应通过总账记入会计信息系统。对于其他视图输出,则需要通过其他业务系统进行汇集。因此,视图驱动信息系统是以会计科目表为分类标准的总账体系结构。

视图驱动信息系统的核心思想是价值法。价值法假定使用者的信息需求是确知且具体的,会计将满足"大多数使用者的共同需要",会计目标在于提供以价值信息反映的符合公认会计原则的通用报表。视图驱动信息系统的具体特征表现为:

(一)非会计事项的业务活动未被列入系统

一项业务活动往往涉及多个职能部门,各部门的信息需求又各不相同。例如,销售订货事件,销售部门需要通过销售订单进行客户管理,生产部门需要通过销售订单安排生产进度,仓储部门需要通过销售订单组织出库,财务部门需要通过销售订单进行结算,人事部门需要通过销售订单确定业务人员的薪酬,等等。各个部门有各自的分类方法,它们各自从同一业务事件中选择、记录该业务数据的一个子集。会计信息系统仅采集影响视图的数据,而将其他非会计事项排斥在系统之外,使用者无法获得有关企业业务活动的完整信息。

（二）非会计信息未被全部采集

会计信息系统采集业务活动中影响视图的交易或事项后，形成会计的原始凭证。会计交易或事项的原始凭证，一般包括了该业务活动的详细数据。然而输入会计信息系统的数据却是对原始凭证中数据项目进一步筛选后的记账凭证，原始凭证中的详细信息未被录入。会计信息的处理过程就是依据记账凭证，进行分类、汇总，形成账簿、报表视图的顺序化过程，高度概括的报表视图难以反映业务的本来面目。例如，管理者通过应收账款明细账视图，除了知道客户、金额外，很难知道是哪个业务员经办的、是销售什么产品形成的、销售折扣是多少。

（三）会计信息的时效性差

视图驱动信息系统的一个重大缺陷就是账户余额从来不是当前时点的余额，原因在于会计数据通常不是在业务发生时采集的，而且财务报表的生成必须经过若干步骤，如审核、记账、对账和结账等，会计信息并非实时处理。企业用于管理、决策的会计信息总是滞后的，弱化了会计信息的决策有用性目标。

二、事件驱动信息系统的理论基础

1969年，美国会计学教授乔治·H.索特（George H. Sorter）在美国《会计评论》发表了题为《基本会计理论研究的事件法》一文，第一次明确表述了事件会计研究的新观点。"事件"是指可以观察到的，亦可用会计数据表现其特性的具体活动、交易或事项。事件法作为会计理论研究的一种方法或一个角度，强调按照具体经济事项来报告企业经济活动，以便更好地满足使用者的需求，实现会计信息"决策有用性"目标。因此，事件法也叫"使用者需要法"。该方法认为财务会计最主要的任务应是向使用者报告企业发生的具体经济事项，让使用者选择有用的信息，而无须编制通用的财务报表。

自索特提出事件会计之后，一些研究者开始对事件会计产生研究兴趣。奥雷斯·约翰逊（Orace Johnson）对会计理论使用的术语分类问题进行了研究，继而对事件的含义、事件特征的描述、会计的汇总、会计的预测方法的选择以及会计数据的运用等方面进行了理论探讨，较好地评价了价值会计与事件会计的差异，为理解事件会计提供了概念性的解释，所提出的一些具体问题对事件会计的研究起到了抛砖引玉的作用。克兰东尼（Colantoni）、立伯曼（Lieberman）、海赛曼（Haseman）以及伊沃莱斯特（Everest）等人探讨了事件基础会计模型和计算机数据库实施方案。而伊扎克·本巴赛（Izak Benbasat）与阿伯特·S.代克斯特（Albert S. Dexter）则以实证的方法比较事项会计与价值会计的优劣，他们将产生信息的事件会计和价值会计放在同一实验当中进行配对比较，其结论说明事件法对具有某种心理特征的用户决策具有更大的效用。20世纪80年代以后，基于事件管理的计算机数据库技术得到迅猛发展，人们认识到事件会计是能够最大限度地与计算机数据库相适应并协调发展的先进会计思想，开始尝试将事件法付诸实践，如1985年比尔·哈特（Bill Harper）探讨了如何在会计领域运用事件管理的数据库技术，1988年麦芬姆（Mepham）以事件管理思想构建了矩阵事件会计模型。

事件法和价值法的目标都是向使用者提供决策相关信息。但价值法按公认会计原则汇总的数据，一方面无法满足所有使用者的多样化信息需求；另一方面经过会计人员主观筛选后的数据，对所有使用者并非都相关和可靠。而事件法认为不同使用者以及使用者的不同决策模型所需信息各不相同，会计目标在于提供与各种可能决策模型相关的经济事项，由使用者自己根据模型需要选择适用信息。由于事件法的目标在于提供经济事项，因此货币并非其唯一的计量手段。对同一事项，不同使用者或同一使用者从不同角度会有不同的含义，因此，同一事件可能有多个计量属性。

三、事件驱动信息系统的特征

随着数据库技术的发展，主动数据库逐步替代被动数据库。被动数据库只能根据用户或应用程序的直接请求（命令）而被动地为用户提供数据服务，是一种没有根据数据库的内部状态等情况建立主动进行相应操作和处理的数据库系统。主动数据库系统除具备被动数据库的被动服务功能外，还以一些预先设置规则的机制来实现各种主动性需求，如果发现某事件已经发生，则主动执行预先由用户或应用程序设定的相应动作。显然，执行操作和处理的主动性完全来源于事件的触发，即事件驱动机制。

将计算机的事件驱动引入会计信息系统，无疑更能从技术上支持会计事项法的实现，同时，它也进一步开拓了会计数据处理的思路。事件驱动模式遵循的是事件法思想和事件驱动机制。在该模式下，事件驱动信息系统将记录描述每一事件的全面、多维数据，并控制整个业务过程中的业务风险和信息风险。与视图驱动信息系统的价值法、顺序化处理相比，事件驱动信息系统是集成的、面向数据的、着眼于过程的信息系统，其核心思想在于集成，即系统集成、信息集成和处理集成。视图驱动信息系统与事件驱动信息系统的差异如表1-1所示。

表1-1 视图驱动信息系统与事件驱动信息系统的差异

系统	录入数据	处理过程	数据存储	输出信息
视图驱动信息系统	记账凭证	会计循环	日记账和总账	生成财务报表
事件驱动信息系统	业务活动数据	记录、维护、报告业务活动数据	业务活动数据集成存储	支持使用者的预测、决策、控制和评价

以销售过程为例，销售过程发生的业务事件包括：营销和销售访问事件、获取客户订单事件、仓储事件、装运商品事件、收款事件，如图1-10所示。事件驱动信息系统将记录描述销售过程每一事件的全部数据，并对整个销售业务过程进行控制。而视图驱动信息系统对销售过程的业务处理一般是在收入确认和收到货款时控制与采集数据，然后再处理采

集在记账凭证中的有限数据,而其他业务数据被排斥在系统之外。

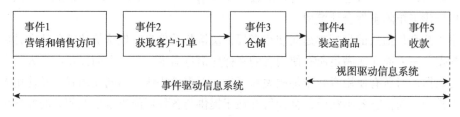

图 1-10　销售过程业务处理

事件驱动信息系统有如下特征。

1. 集成了业务信息

视图驱动信息系统中的每个职能部门均自成系统,关键数据常常存储在不同系统中,这种模式导致业务处理职责的隔阂和重复,而且使信息处理与业务过程相脱离,不利于过程管理。事件驱动信息系统是以业务过程而非视图为导向的集成信息系统,该系统专注于处理各种视图的基础——业务事件,自然会促成企业各职能部门的融合,也会使财务数据和非财务数据融为一体。事件驱动信息系统采集全部业务过程相关细节,抓住了业务事件的基本特征,从而能为生成各种视图提供可能。在此环境中,会计信息系统不再是独立封闭的信息孤岛。

2. 揭示了业务信息的全部

事件驱动信息系统在业务活动发生时记录业务事件的详细数据,为所有信息输出提供了数据基础,从而扩大了有用信息的范围。事件驱动信息系统存储业务活动的数据范围及数据类型更广,收集描述业务活动的数据更多维,数据重复和物理文件的数量更少。系统能更好地尊重使用者的个人偏好,满足其个性化的信息需求;能提供多重计量属性,更真实、客观地反映企业的经济活动;能实现数据共享,更好地解决不同会计信息"同源分流"的问题。

3. 实时处理

视图驱动信息系统的数据被分割成财务数据和非财务数据,或按照其他标准被分割成几部分时,所需的处理过程会迅速增加。使用者不仅需要多套记录、维护和报告过程,还需要调节多个独立系统的处理过程。事件驱动信息系统通过将信息技术应用嵌入业务过程中,以便在每个业务事件发生时以实时方式采集和存储有关业务过程的细节数据并履行业务事件/过程规则。事件驱动信息系统,除了取消传统环境下的中间处理步骤从而降低了数据处理量和缩短了处理时间外,还加强了对业务过程中每个控制点的实时控制。换句话说,事件驱动信息系统通过消除事件数据的重复记录和核对机制,并提供实时访问当前信息的查询工具,促使会计人员将工作重点从大量的事务性工作,如调整、过账、结账等,转向更具增值价值的过程控制与事前决策。

四、事件驱动信息系统的结构

事件驱动信息系统是以事件为中心、以事件数据库和事件驱动程序为结构的一种系统组织形式，它不同于以价值为中心、以会计科目表和总账为主要内容的视图驱动信息系统。一项经济活动可分解为若干事件，每个事件又可再次分解为若干特征。事件驱动信息系统就是以事件为最小单位的数据库和以事件驱动程序调动各事件的信息系统。事件驱动信息系统的结构如图 1-11 所示。

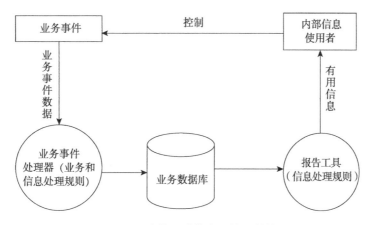

图 1-11　事件驱动信息系统的结构

从事件驱动信息系统的结构，可以看出，事件驱动信息系统主要包括两个组件：记录和维护数据；处理和控制指令。事件驱动信息系统正是通过数据库实现信息集成，通过事件驱动程序实现处理和控制集成的系统。

（一）事件数据库

事件驱动信息系统并不事先限定最终视图，而是通过提供各种视图的基础——事件，满足信息用户的多样化需求。因此，从数据处理角度看，在事件驱动信息系统中，事件是数据库的最小单位，核心是管理数据而不是处理数据。

1. 事件数据的组织

在事件驱动信息系统中，数据库是全部事件的信息仓库，是所有操作的数据平台，其核心思想是数据集成。事件驱动信息系统中的数据库，先在逻辑上被划分为各类事件表，然后以事件为最小存储单位，存储与事件直接相关的、以字段表示的每一实体属性。这种逻辑结构，对组织数据库来说是必不可少的，事件驱动信息系统就是将企业所有与业务相关的数据集中到这样一个逻辑数据库中，从而实现所有业务数据的集成。这与生成特定使用者视图所需数据分散、重复存储的传统功能驱动信息系统不同，事件驱动系统中一个存储详细、一致、可靠业务描述数据的集成数据库就足以支持所有的用户视图，并消除数据隔阂、重复、矛盾等现象。

2. 事件数据的记录

该过程收集描述业务事件的详细数据，并将数据存储于数据库中。从控制角度看，该过程的重点是确保事件信息以及时、完整和准确的方式取得并保存在数据库相应的事件表中。一方面，当业务事件发生时，所有原始数据以事件为单位、以属性为内容，被适当加工成标准编码的源数据，集成于一个逻辑数据库中。该数据库不仅记录符合会计事项定义的业务事件，而且记录管理者想要计划、控制和评价的所有业务事件；不仅记录生成财务报表所需的会计信息，而且存储与业务事件相关的多方面细节信息。另一方面，在业务发生时采集业务数据本身就是对业务事件的实时控制，因为在校验数据的准确性和完整性的同时，就是在执行业务规则和控制。

3. 事件数据的维护

该过程及时更新业务事件数据，以最新属性替代原始状态。在事件驱动信息系统中，各节点根据本环节职责权限以最新发生的经济事项及时更新数据库，如替代现有记录中的数据字段、添加新的记录或删除旧的记录。维护过程就是以数据库记录组织业务活动并使事件数据保持最新状态的过程。

4. 事件数据的报告

该过程利用数据库生成使用者所需的报表，为其计划、控制和评估企业活动提供依据。从事件的角度看，报表的生成过程就是从数据库中提取相关事件信息并执行适当程序生成视图的过程。具体来讲，就是先从有关事件表中直接存取详细数据，然后将其汇总并另存为一个单独文件，并以此文件支持进一步处理，如此循环往复直至生成最终视图。这种自助式报表生成方式，意味着任何使用者都可以结合数据库的数据和不同类型的决策模型来定义与获取所需的有用信息，即使用者可以自主选择会计政策并生成实时报表。

（二）事件驱动程序

为有效管理复杂的业务活动和适应多变的业务环境，信息系统的分析与设计应全面引入事件驱动机制。事件驱动信息系统的指导思想就是将事件驱动的业务规则作为贯穿建模过程的主线，所建立的应用程序应维护与企业经营活动有关的详细业务数据并能够生成任意视图。

业务过程是为了完成特定的功能或任务，人与系统在业务领域的交互和协作。企业的运转正是通过其内部和外部的众多业务过程来实现的，典型的业务过程包括采购循环、生产循环、销售循环等。业务过程分解产生的子过程形成事件，过程的执行就是事件的触发和连接。在事件驱动信息系统中,建立事件驱动程序就是为每个业务过程中的事件建立相应的业务规则,即对业务过程的事件触发机制进行建模。业务规则是对业务过程运作机制的形式化描述和直观反映,可以用来与最终用户进行交流。同时,业务规则也可揭示过程中事件和事件之间的串行与并行、选择与分支、时刻与周期、迟延与间隔等深层次的动态关系,为系统的设计提供坚实的分析基础。

总之,随着信息技术的迅速发展,传统的视图驱动信息系统正在被突破,一些著名的软件公司将事件驱动作为企业信息化解决方案的一个未来发展趋势,充分采用了事件驱动的对象技术,包括事件驱动的编程和基于对象的业务规则。相对于传统的过程化编程,事件驱动编程方法将应用系统的控制权掌握在使用者手中,而不是让使用者跟着预先设置的应用模式走;而基于对象的业务规则灵活性好,同时又具备再用性高和可开发性强的优点。

练习题 1

1. 目的

会计信息系统的数据关系分析

2. 资料

某公司为商业企业,主营 2 000 多种规格的门锁类建材销售,2019 年 1 月 1 日刘会计开始在公司使用某财务软件进行会计业务处理,2019 年 1 月 1 日已完成财务软件的初始化设置。2019 年 1 月 1 日应收账款余额为 300 万元,应付账款余额为 500 万元。

日常业务处理主要通过采购管理、销售管理录入进销单据,由系统自动派生记账凭证,并进行应收应付款结算、核销处理。

2019 年 9 月刘会计发现:系统自动生成的资产负债表中的应收账款余额、应付账款余额与明细账的余额合计数不平衡,追溯查找后发现 2019 年 1 月 1 日至今的应收应付款发生额、年初余额正确，但各月均不平衡。

3．要求

（1）请你为刘会计分析相关账簿数据有何异常特征。

（2）请你给刘会计进一步说明形成该数据特征的原因。

练 习 题 2

1．目的

事件驱动信息系统的原理分析

2．资料

为完成一样事，既可以采用流程驱动式，也可以采用事件驱动式，在生活中有很多的例子。

（1）与客户打交道，推销员主动打电话或登门拜访，他们的工作是流程驱动的；接线员坐等电话，他们的工作是事件驱动的。

（2）同样是交通工具，公共汽车主要是流程驱动的，其行驶路线已预先设定；出租车主要是事件驱动的，其行驶路线基本上由随机搭载的乘客所决定。

（3）Windows 下的许多工作既可以在 DOS 下用批处理程序来实现，也可以在图形界面下完成。前者不需人工干预，显然是流程驱动的；后者毫无疑问是事件驱动的。

3．要求

（1）根据上述描述，概括事件驱动的原理。

（2）结合会计工作中的某一具体业务处理过程，描述事件驱动信息系统的原理。

第二章 会计信息系统建模技术

> **本章学习提示**
>
> 本章重点：企业组织结构分析、功能结构分析、业务流程分析；系统逻辑模型构建；系统物理模型设计；代码设计。
>
> 本章难点：数据流程图、数据字典和数据处理逻辑描述；以变换为中心的设计；以事务为中心的设计；E-R 设计。

第一节 系统详细调查与数据流程分析

不论采用何种系统开发方法，系统分析都是必要且十分重要的环节。系统分析要解决系统"做什么"的问题，系统分析人员必须与用户密切协商，认真调查和分析用户需求，通过详细的调查分析，抽象出新系统的概念模型，将系统目标具体化为用户需求，再将用户需求转换为系统的逻辑模型。

一、系统详细调查

（一）详细调查的内容

详细调查是在系统规划初步调查的基础上，对现行系统的进一步了解和分析。详细调查的对象是现行系统，目的在于完整地掌握现行系统的状况，发现问题和薄弱环节，为下一步的系统分析和确定新系统的逻辑模型做好准备。详细调查的方法很多，常用的有座谈调查、表格调查、抽样调查和实地调查。详细调查的内容可以归纳为以下几个方面。

1. 现行系统的环境和运行状况

其包括现行系统的发展历史、规模、经营状况、发展战略、业务范围、与外界的联系等。这些信息有助于确定系统的边界、外部环境及其接口、目前的管理水平等。

2. 组织结构和功能结构

掌握现行系统的组织机构、领导关系、人员分工的信息有助于了解财务部门组织的构成、业务分工以及人力资源的开发利用情况。各个组织的经济业务量不同，会计机构人员多少不同，内部组织分工也各有差异，但每人所担负的具体工作是相对固定的。例如，一般企业财务部门的机构设置与分工为存货组、成本组、资金组、价格组、稽核组、账务组等。

3. 业务流程

不同的系统具有不同的业务处理过程，系统分析员要全面、细致地了解财务部门各组成机构的业务内容、信息流的流转情况。除此之外，还要对有关业务的各种输入、输出、处理过程、处理速度、数据量、业务代码等进行详细了解。

首先应向财务部门的负责人做总的了解，其次向账务处理人员（特别是负责总账的人员）了解账务处理流程，再次向成本核算人员了解成本计算方法，最后向出纳人员做调查。调查的重点应当放在账务处理流程、存货核算、成本核算、销售核算等环节上。

4. 各种预算和报表的处理

各种预算和报表都是信息的载体。在详细调查中，凡是与业务有关的所有系统和手工保存及传送的信息载体都要全面收集，了解其产生和使用的部门、发生周期、用途、所包含的数据项及各数据项的类型、长度、含义等，为系统分析和设计所用。

5. 资源情况

系统资源包括人力、物力、资金、设备、建筑资源以及各种资源的分布。如果已经配置了计算机，还要详细调查计算机的型号、功能、容量、配置、操作系统、数据库、目前使用的情况以及存在的问题等。

6. 约束条件

其包括现行系统在人员、资金、设备、业务处理方式、时间、地点、国家的有关政策、信息系统建设的有关政策等方面的规定和限制条件。例如，现行的财务会计制度和簿记规则等。

7. 薄弱环节

在调查中要特别注意收集用户的各种意见和要求，找出现行系统中存在的问题，并分析其产生的原因。现行系统的各个薄弱环节正是目标系统中要解决和改进的主要问题，也是其目标的重要组成部分。

（二）组织结构分析

组织结构分析是将需求分析中得到的关于企业组织的文档资料进行整理之后，得到一张反映企业内部各组织部门之间隶属关系的树状结构图,即组织结构图。组织结构分析就是弄清组织内部的部门划分,以及各部门之间的领导与被领导关系、信息资料的传递关系、物资流动关系与资金流动关系,并了解各部门的工作内容与职责,此外还要了解各级组织存在的问题以及对新系统的要求。

组织结构图就是把组织分成若干部分,首先标明行政隶属关系,然后逐步补充其他各种关系。某企业组织结构图如图 2-1 所示。

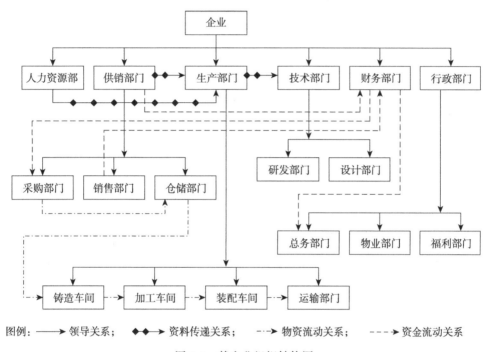

图 2-1　某企业组织结构图

在画组织结构图中,应注意以下几点。

(1)不能只画组织上的从属关系,即领导与被领导的行政隶属关系。当然,这是一种关系,而且也伴随着信息流动,如上级下达指标,下级报告工作。但是,这远不是全部的信息流,事实上,凡是有物质交换、资金流动、资料流动的地方,几乎都伴随着信息的流动。为了以后分析流程时不遗漏,应该把可能伴随有信息流的具体业务流都画出来。

(2)组织中现行的行政机构的名称有时并不能正确反映该部门实际做的工作。所以,在画组织结构图时不是简单地抄一张部门名称表,而是要切实地了解每一部门究竟实际在做什么,根据具体情况画出组织结构图。

(3)实际工作情况往往非常复杂,不管多么完善的系统,也不可能把系统的所有信息都管起来。所以应带着一定的系统目标来调查研究问题,集中考虑与系统目标有关的各种业务流。

企业财务部门的工作几乎要涉及企业的各个部门,它们有着密切的业务往来。会计信息系统是整个企业管理信息系统的有机组成部分，它与其他管理信息系统之间有着信息交换关系。了解企业组织结构，有助于了解会计信息系统与其他信息系统的数据和信息交换，有助于从企业全局角度分析和考虑问题。

（三）功能结构分析

为了实现系统的目标，系统必须具有各种功能。功能是完成某项工作的能力，功能要以组织结构为背景来识别和调查，因为每个组织都是一个功能机构，都有各自不同的功能。调查时要按部门的层次关系进行，然后用归纳法找出其功能，形成各层次的功能结构。

功能结构描述的工具是业务功能结构图。业务功能结构图通过图示或表单的形式把组织内部各项管理业务功能列示出来，它是今后进行功能与数据间关系分析、确定新系统拟实现的功能和分析建立管理数据指标体系的基础，同时也为后续划分系统功能层次结构提供参考依据。

业务功能结构图是一个完全以业务功能为主体的树形结构，其目的在于描述组织内部各部门的业务和功能。例如，总账系统的功能包括凭证处理、辅助核算、银行对账、期末结账等，总账系统的功能结构图如图 2-2 所示。

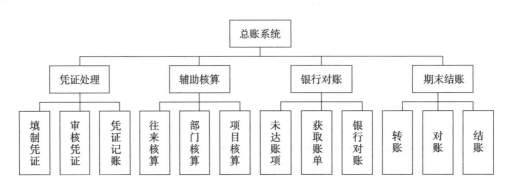

图 2-2　总账系统的功能结构图

组织结构图反映了组织内部的上下级关系，但是对于组织内部各部门之间的联系程度、组织各部门的主要业务职能和它们在业务过程中所承担的工作等却不能反映出来，它仅仅是企业内部管理活动的纵向关系的反映，这将会给后续的业务流程分析、数据流程分析等带来困难。为了弥补这方面的不足，理清横向关系，还必须进行组织结构与功能结构之间的联系分析，绘制组织结构与功能结构联系表，来反映组织各部门在承担业务时的关系。在表 2-1 中用横向表示各组织部门名称，纵向表示业务功能名称，中间栏填写组织在执行业务过程中的作用。

（四）业务流程分析

业务流程分析是在组织结构和业务关系分析的基础上，对每项业务进行流程分析，以及各业务之间信息流动的分析，即按照原有信息流动过程，逐个调查分析所有环节的处理业务、处理内容、处理顺序和对处理时间的要求，弄清各个环节需要的信息、信息来源、流经去向、处理方法、计算方法、提供信息的时间和方式。

表 2-1　企业组织结构与功能结构的联系

功能＼组织	计划部	供应部	财务部	销售部	调度部	技术部	仓储部	……
物资采购计划制订	×	*					√	
产品销售计划制订	×			*				
物资采购计入库	√	*	×		√		*	
生产组织	√	×			*	√		
……								

注：*表示业务的承担部门，该部门是相应业务的执行部门；×表示业务的辅助部门，该部门是相应业务的辅助执行部门；√表示业务的相关部门，该业务的执行需要用到相应管理部门的信息。

业务流程分析包括：分析原有的各处理过程是否具有存在的价值，其中哪些过程可以删除或合并；原有业务流程中哪些过程不尽合理，可以进行改进或优化；现行业务流程中哪些过程存在冗余信息处理，可以按计算机信息处理的要求进行优化，流程的优化可以带来什么好处；画出新系统的业务流程图（transaction flow diagram，TFD），新的业务流程中人与计算机的分工，即哪些工作可由计算机自动完成，哪些必须有人的参与。

业务流程分析可以用业务流程图来描述。业务流程图是业务流程分析所使用的图形工具，它使用一些规定的符号来表达某个具体业务处理过程。业务流程图是一种描述系统内各部门、人员之间业务关系、作业顺序和管理信息流动的流程图，它可以帮助分析人员找出业务流程中的不合理问题，优化业务工作流程；同时业务流程图也是进行数据流程分析的依据。

绘制业务流程图的基本符号有业务处理单位、业务处理描述、文档、数据或实物、信息流或物流（输入与输出），基本图形符号所代表的内容与业务系统最基本的功能一一对应。业务流程图的基本符号如图 2-3 所示。

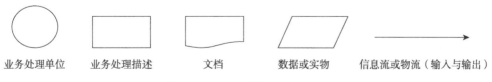

图 2-3　业务流程图的基本符号

业务处理单位符号表达了某项业务参与的人或组织；业务处理描述符号表明了业务处理功能，一般用一个简单的动词＋名词表示；文档符号表明了一种数据载体，这些数据是需要作为档案保存的；数据或实物符号表达的也是一种载体，通常数据表单联系着业务处理和数据文档，而实物联系着业务处理和业务处理单位；信息流或物流符号表达了业务处理过程中数据或实物的流动方向。业务流程图基本上是按照业务的实际处理过程和步骤来描绘的。

二、数据流程分析

数据是信息的载体，也是会计信息系统要处理的主要对象。因此，必须对现行系统调查中所收集到的数据以及处理数据的过程进行分析和整理，建立系统的逻辑模型，作为系统模块设计和数据库设计的基础。描述系统数据流程的工具是数据流程图（data flow diagram，DFD）及其附带的数据字典（data dictionary，DD）和数据处理逻辑描述。

（一）数据流程图

1. 数据流程分析的内容和方法

详细调查过程中所绘制的业务流程图虽然形象地表达了实际工作中信息的流动和存储过程，但仍然没有完全脱离物质要素。为了用计算机进行信息管理，必须进一步舍去物质要素，收集有关数据资料，绘制出数据流程图，为下一步分析做好准备。

数据流程分析是把数据在组织内部的流动情况抽象地独立出来，舍去了具体的组织机构、工作场所、物质流等，单从数据流动过程来考察实际业务的数据处理模式。数据流程分析主要包括对数据的流动、传送、处理、存储等的分析，其目的就是要发现和解决数据流转中的问题，这些问题包括数据流程不畅、前后数据不匹配、数据处理过程不合理等。这些问题，有些属于数据处理流程的问题，有些属于现有系统管理混乱的问题，一个通畅的数据流程是目标系统实现业务处理过程的基础。

数据流程分析的内容包括：

（1）收集现行系统全部输入单据和报表、输出单据和报表及数据存储介质（账本、清单等）的典型格式。

（2）明确各个处理过程的处理方法和计算方法。

（3）调查、确定上述各种单据、报表、账本、清单的典型样品，以及制作单位、报送单位、存储单位、发生频率、发生的高峰时间和高峰量等。

（4）明确单据、账本上的各项数据的类型、长度、取值范围等。

数据流程分析的过程是按业务流程图理出业务顺序，分析数据的流动、传送、处理、存储等情况，核对相应的数据和报表模型，绘制出完整的数据流程图。

2. 数据流程图的基本符号

数据流程图是描述系统逻辑模型的主要工具，它用少量几种符号在逻辑上综合地描述出信息在系统中的流动、处理和存储情况，摆脱了其物理内容，同时也便于用户的理解。

数据流程图具有抽象性和概括性的特点。数据流程图的抽象性是指它完全舍去了具体的物理因素，只保留了抽象的反映数据的流动、加工、处理和存储的内容，从信息处理的角度将一个复杂的实际系统抽象成一个逻辑模型;数据流程图的概括性是指它可以把系统中对各种不同业务处理的过程联系起来,形成一个整体。无论是手工信息处理还是计算机信息处理,都可以用数据流程图描述出来。

数据流程图由外部实体、数据处理、数据流和数据存储四个基本符号组成。在实际使用中,数据流程图存在着多种符号体系,比较常用的有 Gane and Sarson 符号体系、SSADM(结构化系统分析及设计方法)符号体系、Yourdon 符号体系,数据流程图的基本符号如图 2-4 所示。

图 2-4　数据流程图的基本符号

(1)外部实体。外部实体是系统之外的、又与系统有联系的人员或组织,也可以是另外一个信息系统。外部实体表示数据源点和终点,是系统数据的来源和去处,与系统有着信息传送关系。外部实体用矩形框表示。在矩形框内部可以标注该外部实体的名称。在数据流程图中,为了减少线条的交叉,同一个外部实体可在一张数据流程图中出现多次。

(2)数据处理。数据处理是对数据的逻辑处理,也就是数据的变换过程,它把流入的数据流转换为流出的数据流。每个数据处理都应取一个名称表示它的含义,并指定一个编号用来标识该数据处理在层次分解中的位置。名称一般采用动词+名词,如统计生产量、计算薪酬等。

(3)数据流。数据流表示流动着的数据,是数据处理的输入和输出。数据流可以是一项数据,也可以是一组数据(如订货单),它可以用来表示对数据文件的存储操作。通常用一个带箭头的线段来表示数据流,对每一个数据流要加以简单的描述,通常在数据流符号的上方标注数据流的名称。一些含义十分明确的数据流,也可以不加说明。

(4)数据存储。数据存储指通过数据文件存储数据。数据存储名称应与其内容一致,标注在开口长条内。从数据存储流入或流出数据流时,数据流方向是很重要的。如果是读文件,则数据流的方向应从数据存储流出;写文件时则相反;如果是又读又写,则数据流是双向的。在修改文件时,虽然必须首先读文件,但其本质是写文件,因此数据流应流向文件,而不是双向的。

3. 绘制数据流程图的步骤

数据流程分析的根本目的是抽象出合理的信息流动、处理、存储的过程,这一过程的主要目的是详细了解用户最终想从系统中获得什么样的信息。数据流程图通常采用自顶向下的方法来绘制,其基本思想是:先将系统看成一个整体,作为一个大的数据处理功能,明确系统的输入和输出;系统为了实现这个整体功能,内部必然有信息的处理、传递和存储;这些处理又可以分别看作一个个小的功能,其内部又有数据的处理、传送和存储的过程。如此下去,自顶向下,逐层分解、剖析,直到所有的处理步骤都具体到可以较容易地实现为止。绘制数据流程图的步骤如下:

(1)识别系统的输入和输出,画出顶层图,即确定系统的边界。在系统分析初期,系统的功能需求等还不很明确,为了防止遗漏,可以先将范围定得大一些。系统边界确定后,越过边界的数据流就是系统的输入或输出,将输入和输出用数据处理符号连接起来,并加上输入数据来源和输出数据去向,就形成了顶层图。

(2)画系统内部的数据流、数据处理与数据存储,画出一级细化图。从系统输入端到输出端(反之亦可),逐步用数据流和数据处理符号连接起来,当数据流的组成或值发生变化时,就在该处画一个数据处理符号。

画数据流程图时还应同时画出数据存储,以反映各种数据的存储,并表明数据流是流入还是流出数据存储。最后,再回过头来检查系统的边界,补上遗漏但有用的输入输出数据流,删去那些没有被系统使用的数据流。

(3)数据处理的进一步分解,画出二级细化图。同样运用由外向里方式对每个数据处理进行分析,如果在该数据处理内部还有数据流,则可将该数据处理分成若干个子数据处理,并用一些数据流把子数据处理连接起来,即画出二级细化图。可在一级细化图的基础上画出二级细化图,也可单独画出该数据处理的二级细化图,二级细化图又称为该数据处理的子图。

绘制数据流程图的过程是系统分析的主要过程,同时也是一个多次迭代的过程,数据流程图往往需要经过多次修改和讨论,才能最终确定。

最后,对于一些较大和较复杂的系统,如果第二层数据流程图当中的数据处理内容仍然比较多或比较庞杂,则还需要做进一步的分解细化,得到第三层数据流程图,直到图中数据处理的内容较清晰、简洁为止。

4. 绘制数据流程图的注意事项

(1)对数据处理逐层合理编号。分层数据流程图的顶层称为0层图,称它是第1层图的母图,而第1层图既是0层图的子图,又是第2层图的母图,以此类推。为了便于管理,应对数据流程图中的数据处理过程编号。子图中的编号为母图号和子数据处理的编号组成,为简单起见,假定第1层图的母图号为0,编号只写数据处理编号1、2、3…,下面各层由母图号1、1.1等加上子数据处理的编号1、2、3…组成。按上述规则,图的编号既能反映出它所属的层次以及它的母图编号的信息,还能反映子数据处理的信息。例如,1表示第1层图的1号加工处理,1.1、1.2、1.3…表示1号数据处理的子数据处理,1.3.1、1.3.2、1.3.3…表示1.3数据处理的子数据处理。

(2)注意子图与母图的平衡。子图与母图的数据流必须平衡,这是分层数据流的重要性质。这里的平衡指的是子图的输入、输出数据流必须与母图中对应数据处理的输入、输出数据流相同。但下列两种情况是允许的：一是子图的输入、输出流比母图中相应数据处理的输入、输出流表达得更细。在实际分析过程中，检查该类情况的平衡，需借助于数据字典进行。二是考虑平衡时，可以忽略枝节性的数据流。

（3）分解程度的控制。对于规模较大的系统的分层数据流程图，如果一下子把数据处理直接分解成基本数据处理单元，一张图上画出过多的数据处理将使人难以理解，也增加了分解的复杂度。然而，如果每次分解产生的子数据处理太少，会使分解层次过多而增加绘图的工作量，阅读也不方便。经验表明，一般来说，一个数据处理每次分解量不要超过7个为宜。

（二）数据字典

数据流程图描述了系统的总体框架，即系统由哪几部分组成、各部分之间有什么联系等，但对于数据的详细内容却无法在数据流程图中反映。而只有当数据流程图中所出现的每一个成分都给出了明确的定义之后，才能完整、准确地描述一个系统。因此，还需要其他的工具对数据流程图进行补充说明。

数据字典就是在系统数据流程图的基础上，进一步定义和描述所有的数据项、数据存储、数据处理和外部实体的详细逻辑内容与特征的工具。数据流程图和数据字典等工具相互配合，就可以从图形和文字两个方面对系统的逻辑模型进行完整的描述。

数据字典由不同的条目构成，通常数据字典中有数据项、数据流、数据存储、数据处理和外部实体五类条目。

1. 数据项

数据项又称数据元素，是数据的最小组成单位。例如，职工编码、姓名、奖金等。对数据项的描述，应当包括以下属性。

（1）数据项名称。名称要尽量反映该数据项含义，以便于理解和记忆。

（2）别名。一个数据项可能有多个名称，应该在"别名"中加以说明。

（3）数据项类型。其说明数据项取值是字符型、数值型、日期型、逻辑型等。

（4）数据项长度。其指组成该数据项的数字或字母的位数。

（5）数据项取值范围和取值的含义。其指数据项可能取什么值和每个值所代表的含义。

（6）简要说明。其指对数据项内容的简单描述。

2. 数据流

数据流由一个或一组固定的数据项组成。在数据字典中关于数据流的描述除了数据流名称、数据流编号、简要说明外，还应该包括以下属性。

（1）数据流来源。数据流可以来自某个外部实体、数据存储或某个数据处理。

（2）数据流去向。如果数据流的去向不止一个，则要分别说明。

（3）数据流组成。其指数据流所包含的数据项，即数据结构。

（4）数据流通量。其指单位时间内的传输次数，包括高峰时期或低谷时期的流通量。

3. 数据存储

数据存储是数据结构保存的场所，它在数据字典中只描述数据的逻辑存储结构，而不涉及它的物理组织。数据存储的描述除了数据存储名称、数据存储编号、简要说明之外，还应该包括以下属性：

（1）数据存储组成。其指构成数据存储的数据项内容。

（2）数据组织方式。其指数据是按顺序组织还是按索引组织，若是按索引组织，还需指明索引关键字。

（3）数据关联处理。其指与该数据存储有关的数据处理。

4. 数据处理

数据处理条目是对数据流程图中最底层的数据处理加以说明。除了数据处理的名称、编号、简要说明外，还要说明数据处理的输入数据流和输出数据流以及对处理过程的描述，目的在于建成一个比较明确的概念，了解每一个数据处理的主要过程和功能。详细的处理逻辑则要借助其他的工具进一步描述。

5. 外部实体

外部实体是信息系统数据的来源和去向。对外部实体的描述应该包括外部实体名称、编号、简要说明，以及外部实体产生的数据流和系统传送给该外部实体的数据流。

编写数据字典是系统分析的一项重要的基础工作。一旦建立，并按编号排序之后，就是一本可供查阅的关于数据的字典，从系统分析一直到系统设计和实施都要使用它。在数据字典的建立、修正和补充过程中，始终注意要保证数据的一致性和完整性。

（三）数据处理逻辑描述

在数据流程图中比较简单的数据处理逻辑可以在数据字典中通过数据处理条目直接作出定义，但还有不少逻辑上比较复杂的处理，有必要运用一些描述处理逻辑的工具来加以说明。常用的描述工具有判断树（decision tree）、判断表（decision table）和结构化语言（structured language）。

1. 判断树

判断树是用树形分叉图来表示逻辑判断问题的一种图形工具。判断树用"树"来表达不同条件下的不同处理，比较直观，容易理解。判断树的左侧（称为树根）为数据处理名称，中间是各种条件，所有的处理行动都列示在最右侧。

例如，某批发企业本着薄利多销的原则制定了折扣政策，规定在与客户成交时，可根据不同情况对客户应收销货款给予一定折扣。

（1）当年交易额在20万元以下，则不给予折扣。

（2）当年交易额在20万元或20万元以上时：如果最近3个月无欠款，则折扣为15%；如果最近3个月有欠款，而且与本企业的交易关系在10年及以上，则折扣为10%；如果最近 3 个月有欠款,而且与本企业的交易关系在 10 年以下,则折扣为 5%。

该批发企业折扣政策用判断树描述,如图 2-5 所示。

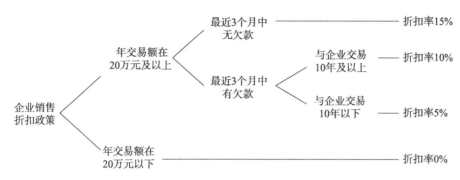

图 2-5 销售折扣判断树

2. 判断表

判断表是采用表格方式来描述数据处理逻辑的一种工具。表格分为四个部分:左上角为条件说明,左下角为行动说明,右上角为各种条件的组合说明,右下角为各种条件组合下相应的行动。判断表可以清晰地表达条件、决策规则和应采取的行动之间的逻辑关系,容易为管理人员和系统分析人员所接受。上述批发企业的销售折扣判断表如表 2-2 所示。

表 2-2 批发企业的销售折扣判断表

	不同条件组合条件和行动	1	2	3	4	5	6	7	8
条件	C1:年交易额在 20 万元及以上	Y	Y	Y	Y	N	N	N	N
	C2:最近 3 个月没有欠款	Y	Y	N	N	Y	Y	N	N
	C3:与企业交易 10 年及以上	Y	N	Y	N	Y	N	Y	N
行动	A1:折扣率 15%	X	X						
	A2:折扣率 10%			X					
	A3:折扣率 5%				X				
	A4:折扣率 0%					X	X	X	X

3. 结构化语言

自然语言容易理解,但是不精确,可能有多义性;程序设计语言严格精确,但规定太死板,使用不方便。结构化语言则是介于自然语言和程序设计语言之间的语言,它是带有一定结构的自然语言,通常使用"IF""THEN""ELSE"等词。上述批发企业的销售折扣结构化语言描述如下:

IF 交易额≥20 万元
　　THEN IF 最近 3 个月无欠款
　　　　THEN 折扣率 = 15%

ELSE
  IF 交易时间≥10 年
    THEN 折扣率 = 10%
    ELSE 折扣率 = 5%
ELSE 折扣率 = 0%

第二节 模块结构设计

系统分析阶段解决的中心问题是系统"做什么",即明确系统功能,其成果是系统逻辑模型。系统设计阶段要回答的中心问题是系统"怎么做",即确定系统的实施方案,其成果是系统的物理模型。系统设计的主要工作包括总体结构设计、物理结构设计、数据存储设计、代码设计、输入设计、输出设计等。

总体结构设计是根据系统分析阶段得出的新系统的逻辑模型,将整个系统分解为若干子系统,并确定各子系统的内部模块结构及模块间的相互关系,形成系统的总体功能结构图。系统总体结构常用的设计方法是结构化设计(structured design,SD)。

一、结构化设计的基本概念

结构化设计方法是将一个信息系统的结构,分解成由许多按层次结构联系起来的功能结构图,即模块结构图(modular structure chart)。SD 方法提出一种用于设计模块结构图的方法,还有一组对模块结构进行评价的标准及进行优化的方法。SD 方法可与分析阶段的结构化分析(SA)方法与实施阶段的结构化程序设计(SP)方法前后衔接应用。

(一)模块

按照 SD 方法,系统的物理实体是模块(module)。模块是可以组合、分解和更换的单元,是组成系统、易于处理的基本单位,系统中的任何一个处理功能都可以看作一个模块。一个模块应具备以下 4 个要素。

1. 输入和输出

模块的输入来源和输出去向都是同一个调用者,即一个模块从调用者取得输入,进行加工后再把输出返回调用者。

2. 处理功能

其指把输入转换成输出所做的工作。

3. 内部数据

其指仅供该模块本身引用的数据。

4. 程序代码

其指用来实现模块功能的程序。

一个模块从调用者获得输入,并把产生的结果再传递给调用者。模块的逻辑功能是指能做什么事,是如何把输入转换成输出的。由于系统的各个模块功能明确,且具有一定的独立性,因此模块可以独立设计和修改。当把一个模块添加到系统中或从系统中删除时,只是使系统增加或减少了该模块所具有的功能,而对其他模块没有影响或影响较少。正是模块的这种独立性,才能确保系统具有较好的可修改性和可维护性。

(二)模块结构图

经过自上而下的逐层分解,可以把一个复杂系统分解成几个大模块(或子系统),每个大模块又可以分解为多个更小的模块,这样就得到具有层次结构的模块结构,称为模块结构图。模块结构图反映了系统的组成及其相互关系。

模块结构图是结构化设计中描述系统模块结构的图形工具。作为一种文档,它必须严格地定义模块的名称、功能和接口,同时还应当在模块结构图上反映出结构化设计的思想。模块结构图的基本符号如图2-6所示。

图2-6 模块结构图的基本符号

(1)模块。在模块结构图中,用长方框表示一个模块,长方框中间标上能反映模块处理功能的模块名称。模块名称通常由一个动词和一个作为宾语的名词组成。

(2)调用。在模块结构图中,用连接两个模块的箭头表示调用,箭头总是由调用模块指向被调用模块,但是应该理解成被调用模块执行后又返回到调用模块。

如果一个模块是否调用一个从属模块,决定于调用模块内部的判断条件,则该调用称为模块间的条件调用,用菱形符号表示。如果一个模块通过其内部的循环功能来循环调用一个或多个从属模块,则该调用称为循环调用,用弧形箭头表示。直接调用、条件调用和循环调用的表示方法如图2-7所示。

(3)数据流。当一个模块调用另一个模块时,调用模块可以把数据传送到被调用模块处理,而被调用模块又可以将处理的结果数据送回到调用模块。在模块之间传送的数据,使用与调用箭头平行的带空心圆的箭头表示,并在旁边标上数据流名称。例如,在图2-7中,模块B调用模块B1时,模块B将数据x传递给模块B1,经过模块B1处理后,将数据y返回给模块B。

(4)控制流。控制流用于决定程序的执行,模块间有时必须传送某些控制信息,如数据输入完成后给出的结束标志、数据库文件读到末尾所产生的文件结束标志等。控制流与数据流的主要区别是前者只反映数据的某种状态，不必进行处理。在模块结构图中，用带实心圆点的箭头表示控制流。例如，在图 2-7 中，模块 C 调用模块 C3 时，将控制信息 z 返回给模块 C。

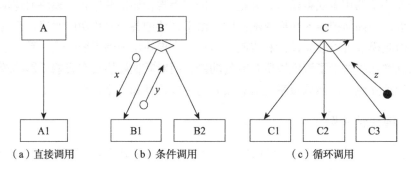

图 2-7　直接调用、条件调用和循环调用的表示方法

（三）模块化

模块化就是把系统划分为若干个模块，每个模块完成一个特定的功能，然后将这些模块汇集起来组成一个整体（系统），用以完成指定功能的一种方法。

结构化设计的整个思想，就是把系统设计成由相互独立、功能单一的模块组成的层次结构。为了衡量模块的相对独立性，提出了模块间的耦合（coupling）与模块的内聚（coheson）两个概念。这两个概念从不同侧面反映了模块的独立性。耦合反映模块之间连接的紧密程度，而内聚指一个模块内各元素彼此结合的紧密程度。如果所有模块的内聚都很强，模块之间的耦合自然就低，模块的独立性就强。

（四）模块的耦合

模块之间的耦合是指模块间的联系。耦合是影响系统复杂程度的一个重要因素，模块耦合程度的高低直接影响了系统的可修改性和可维护性。在一般情况下，耦合程度越低，说明系统各组成模块间联系越简单，则每个模块的独立性就越强，就越容易独立地进行设计、修改和维护。

模块之间的耦合形式决定了模块之间的联系程度，通常两个模块间的耦合形式有数据耦合、控制耦合、公共耦合和内容耦合。

（1）数据耦合。若两个模块间传递的信息仅作为数据用，即一个模块提供的输出数据作为另一个模块的输入数据，那么这种耦合称为数据耦合。

（2）控制耦合。如果两个模块间传递的信息做控制用，这种耦合称为控制耦合。

（3）公共耦合。如果两个模块彼此之间通过一个公共的数据区域传递信息，则称为公共耦合或公共数据域耦合。一个模块直接存取另一个模块的某些信息，如全程变量等，属于公共耦合。

（4）内容耦合。如果一个模块需要涉及另一个模块的内部信息，则这种联系称为内容耦合。

很明显，模块间传递的信息量越大，它们之间的耦合程度越高，因为正是这种传递关系造成了模块间的联系。一个模块最好只了解它确实需要使用的数据，而完全不知道其他数据的存在。因此，结构化设计要求模块间尽可能减少公共耦合，规避内容耦合。

（五）模块的内聚

模块的内聚反映模块内部联系的紧密程度。如果模块内部相关性很高，而且都是为了同一个功能，那么内聚程度就高。一个内聚程度高的模块应当仅完成软件过程中的一个单一任务，而不与程序的其他部分的过程发生联系。也就是说，一个内聚性高的模块，应当只做一件事。一般模块的内聚分为7种类型。

（1）偶然内聚。如果把若干毫无联系的成分（语句或语句组）硬性拼贴在一起，组成一个模块，则称为偶然内聚模块。

（2）逻辑内聚。如果一个模块内部的各个组成部分在逻辑上具有相似的处理动作，但功能、用途却彼此无关，则称为逻辑内聚模块。

（3）时间内聚。若干功能因其执行时间相同而集合在一起构成一个模块，称为时间内聚模块。

（4）过程内聚。若干项功能因逻辑上需要顺序执行而集合在一起构成的模块，称为过程内聚模块。

（5）通信内聚。如果一个模块内部的各个组成部分所完成的动作都使用了同一个输入数据或产生同一个输出数据，则称为通信内聚模块。

（6）顺序内聚。模块中一个成分的输出是另一个成分的输入。这种模块中加工的执行是有序的，各成分之间的关系也较紧密，它非常接近于问题的结构，其内聚程度较高。

（7）功能内聚。一个模块仅包含单一功能，即所包含的所有成分都是为完成某一个具体任务的，这样的模块称为功能内聚模块。

按照模块内聚程度由低到高排列，依次为偶然内聚、逻辑内聚、时间内聚、过程内聚、通信内聚、顺序内聚、功能内聚。

二、模块结构图的导出

在系统分析阶段，采用结构化分析方法得到了由数据流程图、数据字典等组成的系统逻辑模型。现在，可按照规则从数据流程图导出系统初始的模块结构图。

（一）数据流程图的基本结构

数据流程图通常也可分为两种典型的结构：变换型结构和事务型结构。变换型结构的数据流程图呈线状，如图 2-8 所示，它所描述的工作可表示为输入、处理及输出。事务型结构的数据流程图则呈束状，如图 2-9 所示，即一束数据流平行流入或流出，可能同时有几个事务请求处理。

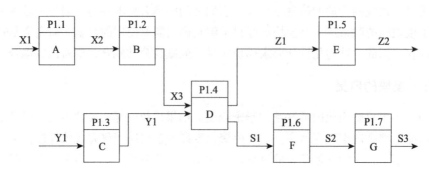

图 2-8　变换型结构的数据流程图

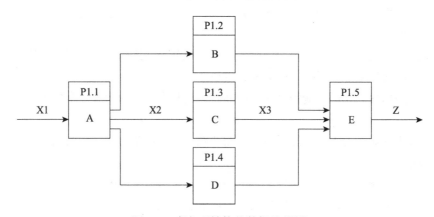

图 2-9　事务型结构的数据流程图

这两种典型的结构分别可通过变换分析和事务分析技术，导出变换型和事务型的初始模块结构图。这两种方法的思想是首先设计顶层模块，然后自顶向下，逐步细化，最后得到一个满足数据流程图所表示的用户要求的系统模块结构图，即系统的物理模型。

（二）以变换为中心的设计

该方法的基本思想是以数据流程图为基础，首先找出变换中心，确定模块结构图的顶层模块，然后，按照自顶向下的设计原则逐步细化，最后得到一个满足数据流程图所表达用户要求的模块结构。整个过程可分为以下三步。

（1）找出变换中心，确定出主加工。

（2）设计模块结构图的顶层和第一层。为主加工的每一个输入（逻辑输入）设计一个输入模块，其功能是向主模块提供数据。为主加工的每一个输出（逻辑输出）设计一个输出模块，其功能是从主模块接收数据并为下层模块提供数据输出。为主加工设计一个变换模块，其功能是将逻辑输入变换成逻辑输出。

（3）设计下层模块。从第一层模块开始，自顶向下，逐步细化来完成，主要包括输入模块的细化、输出模块的细化及变换模块的细化。

运用上述方法，就可获得与数据流程图相对应的初始模块结构图，由图 2-8 导出的初始模块结构图如图 2-10 所示。

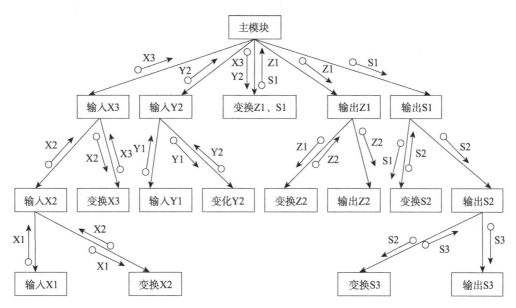

图 2-10　由图 2-8 导出的初始模块结构图

（三）以事务为中心的设计

在事务型结构中，某个加工将它的输入分离成一串平行的数据流，分别执行后面的某些加工。对于这种类型的数据流程图，可以通过事务分析得到相应的结构图。就步骤而言，该方法与变换分析方法大部分类似，主要差别在于由数据流程图到模块结构图的映射方式不同。

进行事务分析时，通常采用以下 4 步。

（1）确定以事务为中心的结构，包括找出事务中心和事务来源。

（2）按功能划分事务，将具备相同功能的事务分为同一类，建立事务模块。

（3）为每个事务处理模块建立全部的操作层模块。其建立方法与变换分析方法类似，但事务处理模块可以共享某些操作模块。

（4）若有必要，则为操作层模块定义相应的细节模块，并尽可能使细节模块被多个操作模块共享。

第三节　数据库设计

数据库设计是指根据用户需求分析研制数据库结构的过程，具体地说，是指对于一个给定的应用环境,构造最优的数据库模式,建立数据库及其应用系统,使之能有效地存储数据,满足用户的信息要求和处理要求;也就是把现实世界中的数据,根据各种应用处理的要求,利用已有的数据库管理系统(DBMS)来建立能够实现系统目标的数据库。

一、数据库设计的步骤

数据库设计常用的方法有:基于E-R(实体—联系)模型的数据库设计方法、基于3NF(第三范式)的数据库设计方法、对象定义语言方法。在结构化系统开发过程中,数据库设计步骤包括:用户需求分析、概念结构设计、逻辑结构设计和物理结构设计。

(一)用户需求分析

数据库的用户需求分析是整个数据库设计过程中比较费时、比较复杂的一步,也是最重要的一步,是在系统分析的详细调查阶段完成的。这个阶段的主要任务是从数据库设计的角度出发,对现实世界要处理的对象进行详细调查,在了解原系统的概况、确定新系统功能的过程中,收集支持系统目标的基础数据及其处理。在分析用户要求时,要确保用户目标的一致性。

(二)概念结构设计

数据库概念结构设计是在系统分析阶段进行的,该阶段的任务是根据用户需求设计数据库的概念模型。概念模型直接面向现实世界,是独立于具体DBMS的。概念模型常用E-R图表示。

(三)逻辑结构设计

数据库的逻辑结构设计是将概念结构设计阶段完成的概念模型转换为能被选定的DBMS所支持的数据模型。数据模型是对客观事物及其联系的数据化描述。数据模型可以由实体联系模型转换而来,也可以用基于第三范式的方法进行设计。

(四)物理结构设计

对于给定的逻辑数据模型,选取一个最适合应用环境的物理结构的过程,称为数据库物理结构设计。物理结构设计的任务是为了有效地实现逻辑模式,确定所采取的存储策略。此阶段是以逻辑结构设计的结果作为输入,结合具体DBMS的特点与存储设备特性进行设计,选定数据库在物理设备上的存储结构和存取方法。

二、概念模型

概念模型最常用的表示方法是E-R图,反映的是现实世界中的事物及事物间的联系。

E-R 图由实体、联系、属性三个基本成分组成。实体、联系、属性的图示符号如图 2-11 所示。

（一）实体

实体是现实世界中存在的客观事物，也就是要描述的对象。在会计信息系统中，凭证、账簿、报表等都是实体。在 E-R 图中，实体用方框表示，实体名标注在方框内。

图 2-11　实体、联系、属性的图示符号

（二）联系

实体之间存在联系，在 E-R 图中，联系用菱形框表示，在框内标注联系名。联系与实体之间用线段连接，并用箭头表示联系的类型。联系的类型有：一对一联系（1∶1），如车间—车间主任；一对多联系（1∶N），如车间—工人；多对多联系（M∶N），如工人—产品。

（三）属性

实体或联系的性质，即为属性。例如，记账凭证有日期、凭证编号、摘要、科目、借方金额、贷方金额、附件张数等属性。E-R 图中用椭圆及连线表示属性，属性名标注在椭圆内。有的属性是多值属性，如记账凭证中的摘要、科目、借方金额、贷方金额等。在 E-R 图中，实体与属性的连线边上标记 N 表示多值属性。

由于人们通常都用实体、联系、属性来理解现实问题，因此 E-R 模型非常接近于人的思维过程，E-R 模型采用简单的图形表达人们对现实世界的理解，即使是不熟悉计算机的用户也能容易理解与接受。因此 E-R 方法是沟通用户与系统开发者的桥梁。例如，学生选课管理的 E-R 图如图 2-12 所示。

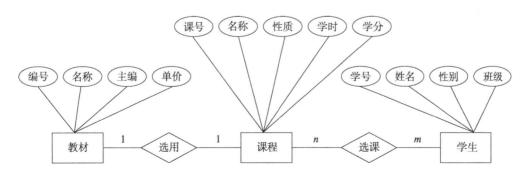

图 2-12　学生选课管理的 E-R 图

第四节 代码设计

代码是用来表示客观事物实体类别和属性的一个能被计算机识别和处理的有序的特定符号或记号,可以是字符、数字、某些特殊符号或它们的组合。代码是进行信息分类、校对、统计和检索的依据。

一、代码设计的原则

代码结构是否合理是决定信息处理系统有无生命力的重要因素之一,代码设计应遵循以下基本原则。

(一)唯一性

每个代码都仅代表唯一的实体或属性,即代码与代码对象一一对应。

(二)规范性

代码结构要合理,应遵循一定的规则,包括代码的位数、代码的级数、每级的类型和含义。例如,会计科目代码结构"4-2-2-1",表示代码分为4级,其中一级科目4位,二级科目2位,三级科目2位,四级科目1位。

(三)系统性

系统所用代码要尽量标准化,尽量参照国家或行业标准,以便信息交换和共享。

(四)扩展性

代码应能适应环境的变化,要预留足够的扩充余地。

二、代码的种类

代码的种类很多,常见的编码方式如下。

(一)顺序码

顺序码可分为数字顺序码和字母顺序码,它用连续数字或字母代表编码对象。其优点是简短,但在信息系统的设计工作中,纯粹的顺序码是很少被使用的,通常顺序码作为其他码分类的一种补充手段。

（二）区间码

区间码即层次码，它将代码的各数字位分成若干个区间，每一区间都规定不同的含义。因此，代码中数字和位置都代表一定的含义。例如，我国居民身份证代码的编码规则，共18位，全部数字编码，各位数字的基本含义如图2-13所示。

1	2	3	4	5	6	7	8	9	10	11	12	13	14	15	16	17	18
所在省市		所在地区		所在县区		出生年				出生月		出生日		顺序码			校验码

图2-13　我国居民身份证代码示例

（三）助记码

助记码是指将编码对象的名称、规格等作为代码的一部分，以帮助记忆。例如，"LCD21"表示21英寸的液晶显示器。助记码适用于代码的需要量较少的情况。

三、代码的校验

代码作为计算机的重要输入数据之一，其正确性直接影响计算机处理的质量，因此，需要对输入计算机中的代码进行校验。为了保证输入的正确性，应有意识地在原有代码的基础上，加一位校验码，使其变成代码的一个组成部分。校验位通过事先规定的数学方法计算出来。输入时，计算机用同样的方法计算出校验位，并与输入的校验位比较，以检验输入的正确性。

校验位可以发现的错误有识别错误（如S录入为2等）、易位错误（如1234录入为1324等）、双易位错误（如12345录入为13254等）以及随机错误。

计算校验位的方法很多，下面列举几种。

1. 算术级数法

原代码　　　1　2　3　4　5
各乘以权　　6　5　4　3　2
乘积求和　　6 + 10 + 12 + 12 + 10 = 50

以11为模去除乘积之和，取余作为校验码：50/11=4余6，由此得出代码为：123456，其中6为校验码。

2. 几何级数法

原代码　　　1　2　3　4　5
各乘以权　　32　16　8　4　2
乘积求和　　32 + 32 + 24 + 16 + 10 = 114

以 11 为模去除乘积之和，取余作为校验码：114/11=10 余 4，由此得出代码为：123454。

（三）质数法

原代码　　　1　2　3　4　5
各乘以权　　17　13　7　5　3
乘积求和　　17 + 26 + 21 + 20 + 15 = 99

以 11 为模去除乘积之和，取余作为校验码：99/11=9 余 0，由此得出代码为：123450。

练习题 1

1. 目的

增值税核算的数据流程分析

2. 资料

（1）增值税是对商品生产、流通、劳务服务中多个环节的新增价值或商品的附加值征收的一种流转税。增值税的纳税人划分为一般纳税人和小规模纳税人。增值税税率分为四档：13%、9%、6%、0%；征收率分为两档：5%、3%；预征率分为三档：5%、3%、2%。

（2）增值税一般纳税人应在"应交税费"科目下设置"应交增值税""未交增值税""预交增值税""待抵扣进项税额""待认证进项税额""待转销项税额""增值税留抵税额""简易计税""转让金融商品应交增值税""代扣代交增值税"等明细科目。

（3）增值税一般纳税人应在"应交增值税"明细账内设置"进项税额""销项税额抵减""已交税金""转出未交增值税""减免税款""出口抵减内销产品应纳税额""销项税额""出口退税""进项税额转出""转出多交增值税"等专栏。

（4）小规模纳税人只需在"应交税费"科目下设置"应交增值税"明细科目，不需要设置上述专栏及除"转让金融商品应交增值税""代扣代交增值税"外的明细科目。

3. 要求

（1）根据上述资料，绘制增值税核算的数据流程图。

（2）根据上述资料，采用决策树方法描述增值税业务处理逻辑。

练 习 题 2

1. 目的

功能模块设计

2. 资料

总账系统的部分数据流程图如图 2-14 所示。

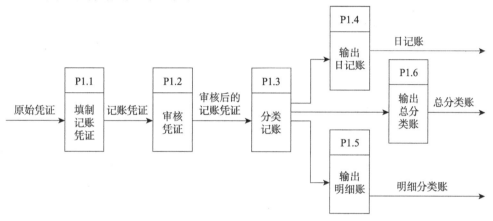

图 2-14　总账系统的部分数据流程图

3. 要求

（1）判断图 2-14 是什么类型的数据流程图，并描述其特征。

（2）根据图 2-14，转换出功能结构附图。

第三章 总账系统分析和设计

> **本章学习提示**
>
> 本章重点：总账系统的会计科目设置，期初余额设置，辅助核算设置；记账处理流程；自动转账凭证定义与生成，结账处理流程。
>
> 本章难点：总账系统的内部数据流程与外部数据关系，自动转账凭证定义与生成。

第一节 总账系统文档和模型

总账系统以会计账簿为导向，通过一系列的数据处理流程来反映和报告企业的财务状况和经营成果。其具体目标包括：及时准确地采集和输入记账凭证，保证进入总账系统的会计数据的及时、准确和完整；对记账凭证进行审核，登记日记账、明细分类账、辅助账和总分类账，并完成期末结账；输出记账凭证、账簿及统计分析表，及时提供会计核算信息；建立与其他业务系统的数据接口，实现会计数据的集成共享；在非集成应用情况下，完成银行对账、客户管理、供应商管理、个人往来管理、部门管理、项目管理等辅助核算。

一、总账系统文档

总账系统中使用的主要文档如表 3-1 所示。

表 3-1 总账系统中使用的主要文档

文档名称	基本目标	制作部门	接收部门
记账凭证	依据原始凭证或汇总原始凭证，编制会计分录	各核算科室	总账科室
日记账	依据收款凭证、付款凭证，逐日逐笔登记现金、银行存款日记账	出纳岗	总账科室
明细分类账	依据原始凭证或记账凭证，按照明细分类科目登记账簿	各核算科室	总账科室
科目汇总表	定期对全部记账凭证，按会计科目汇总借方、贷方发生额	总账科室	总账科室
总分类账	依据科目汇总表等，按照总分类科目登记账簿	总账科室	报表管理
银行存款余额调节表	对银行对账单余额与企业账面存款余额进行调节和验证	出纳岗	总账科室

（一）记账凭证

记账凭证是会计人员根据审核无误的原始凭证，按照交易或事项的内容加以归类，并据以确定会计分录后所填制的会计凭证。记账凭证是登记账簿的直接依据。在实际工作中，为了便于登记账簿，需要将来自不同的部门、种类繁多、数量庞大、格式大小不一的原始凭证加以归类、整理，填制统一格式的记账凭证，确定会计分录并将相关的原始凭证附在记账凭证后面。记账凭证如表3-2所示。

表3-2 记 账 凭 证

年　　月　　日　　　　　　字第　　号　　附件　　张

摘要	总账科目	明细科目	借方										过页	贷方									
			千	百	十	万	千	百	十	元	角	分		千	百	十	万	千	百	十	元	角	分
合计																							

会计主管：　　　　　　　　　　　　　　　　　　　　　　　　　　　　制单：

　　　　　　　　　　　　　　　　　　　　　　　复核：

　　　　　　　　　　　　　　　　　　　　　　　记账：

（二）日记账

日记账又称序时账，是按交易或事项发生时间的先后顺序，逐日逐笔登记的账簿。日记账可以是序时登记全部交易或事项的普通日记账，也可以是序时登记某类交易或事项的特种日记账，如"现金日记账""银行存款日记账"。现金日记账如表3-3所示。

表3-3 现金日记账

年		凭证		摘要	收入								支出								结余							
月	日	字	号		十	万	千	百	十	元	角	分	十	万	千	百	十	元	角	分	十	万	千	百	十	元	角	分

（三）明细分类账

明细分类账是根据明细分类科目开设账户而建立的账簿。明细分类账提供了有关交易或事项的详细资料，是对总分类账所提供总括核算资料的必要补充，同时也是编制财务报表的依据。明细分类账的账页格式主要有三栏式、多栏式和数量金额式。三栏式明细分类账如表3-4所示。

表 3-4　三栏式明细分类账

明细科目：

年		凭证		摘要	借方								贷方								借或贷	余额							
月	日	字	号		十	万	千	百	十	元	角	分	十	万	千	百	十	元	角	分		十	万	千	百	十	元	角	分

（四）科目汇总表

科目汇总表又称记账凭证汇总表，是定期对全部记账凭证进行汇总，按各个会计科目列示其借方发生额和贷方发生额的一种汇总凭证。依据复式记账法的基本原理，科目汇总表中各个会计科目的借方发生额合计与贷方发生额合计必须相等，因此，科目汇总表具有试算平衡的作用。科目汇总表是科目汇总表核算形式下总分类账登记的依据。科目汇总表如表 3-5 所示。

表 3-5　科目汇总表

编制单位：　　　　　　　　　　年　　月　　日　　　　　　　　附记账凭证　　张

会计科目	总页	借方金额										贷方金额									
		千	百	十	万	千	百	十	元	角	分	千	百	十	万	千	百	十	元	角	分
合计																					

复核：　　　　　　　　　　　　　　　　　　　　　　　　　　　　制单：

（五）总分类账

总分类账简称总账，是根据总分类科目开设账户，用来登记全部交易或事项，进行总分类核算，提供总括核算资料的分类账簿。总分类账所提供的核算资料，是编制财务报表的主要依据，任何企业都必须设置总分类账。总分类账的账页格式一般采用三栏式，也可采用多栏式或棋盘式。三栏式总分类账如表 3-6 所示。

表 3-6　三栏式总分类账

账户名称：

年		凭证		摘要	借方								贷方								借或贷	余额							
月	日	字	号		十	万	千	百	十	元	角	分	十	万	千	百	十	元	角	分		十	万	千	百	十	元	角	分

（六）银行存款余额调节表

企业银行存款账面余额与开户银行对账单余额通常采用余额调节法，即在银行对账单余额与企业账面存款余额的基础上，各自加上对方已收、本企业未收账项金额，减去对方已付、本企业未付账项金额，然后编制银行存款余额调节表，以验证经过调节后的双方账目余额是否相等。银行存款余额调节表如表 3-7 所示。

表 3-7　银行存款余额调节表

项目	金额	项目	金额
企业银行存款日记账余额		开户银行对账单余额	
加：银行已收、企业未收		加：企业已收、银行未收	
减：银行已付、企业未付		减：企业已付、银行未付	
调整后的存款余额		调整后的存款余额	

二、总账系统模型

总账系统为了全面、连续、系统、综合地反映和监督会计主体在某个会计期间的交易或事项，必须综合运用设置会计科目和账户、复式记账、填制和审核凭证、记账、对账、结账等一系列会计核算的专门方法。由于不同行业会计主体交易或事项的内容和繁简程度各不相同，同一行业企业规模和管理需求不同，每个会计主体对从取得会计凭证开始到完成总账为止的会计处理方法和步骤也存在不同要求。概括起来主要有四种处理程序：记账凭证处理程序、科目汇总表处理程序、汇总记账凭证处理程序和日记总账处理程序，不同的总账处理程序有不同的模型，其差别主要体现在登记总账的方法和依据不同。以科目汇总表处理模型为例，其总账处理模型如图 3-1 所示。

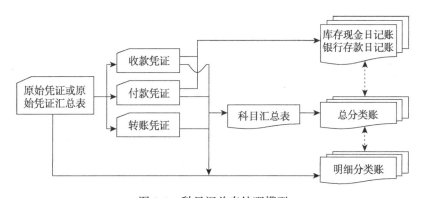

图 3-1　科目汇总表处理模型

科目汇总表处理模型的主要特点是根据科目汇总表编制总账，其主要流程如下。

（1）根据原始凭证或汇总原始凭证编制收款凭证、付款凭证和转账凭证等记账凭证。
（2）根据收款凭证和付款凭证登记现金日记账和银行存款日记账。
（3）根据汇总原始凭证或记账凭证登记各种明细账。
（4）根据记账凭证编制科目汇总表。
（5）根据科目汇总表登记总账。
（6）月末核对现金日记账、银行存款日记账及各明细账的本期发生额和余额是否与总账的对应账户账账相符。

各总账处理模型的主要差别在于第 5 步。记账凭证处理模型根据每一张记账凭证直接逐笔登记总账；汇总记账凭证处理模型根据收款凭证、付款凭证、转账凭证定期编制汇总收款凭证、汇总付款凭证和汇总转账凭证，然后根据汇总收款凭证、汇总付款凭证和汇总转账凭证登记总账；科目汇总表处理模型根据记账凭证定期编制科目汇总表，汇总当期总账科目的借贷方发生额，然后根据科目汇总表登记总账；日记总账处理模型根据记账凭证登记日记总账，该日记总账既是日记账，又是总账。

第二节　总账系统流程描述

会计信息系统所提供的财务信息，大多是由总账系统对企业所发生的交易或事项的数据进行加工处理之后所形成的，总账系统所处理的数据对象是记账凭证，是会计信息系统中最基本的数据之一。会计信息系统中其他业务系统的原始数据生成机制转账凭证后，传送到总账系统，所以，总账系统是整个会计信息系统的核心部分。

一、总账系统的流程重构

通过总账系统文档与模型可以看出，总账处理工作虽然都是围绕如何均衡分配工作量而进行的，但是这些处理形式存在明显的局限性。这些流程容易造成数据大量重复、信息提供不及时和数据的准确性难以保证等问题。利用信息技术可以消除其处理方式所固有的缺陷，计算机处理不仅处理速度有很大的提高，而且计算非常准确，数据存储能力也较强。因此，信息化环境下的总账流程不能照搬总账处理的模型，而应充分发挥信息技术的优势，突破传统处理的定式，设计出高效、合理的总账系统模型。

当计算机技术最初用于会计数据处理时，会计信息系统的基本体系结构并没有改变。总账系统只是简单地使传统会计信息系统自动化，自动化的总账系统中仍然包括原始凭证、日记账、分类账、试算平衡表。一些原始数据、分类账和日记账表现为计算机化的形式（光盘或磁盘），而不是记录在纸制账簿上。记账和数学运算由计算机自动处理，而不是由手工处理。虽然自动化的传统会计信息系统使得人工差错的数量、会计职员的数量和对纸制文档的依赖程度大大降低，但它并没有充分利用信息技术的优势。

现代会计信息系统是事件驱动的体系结构，这种体系结构是基于业务事件，而不是基于用户信息视图,把关注的焦点集中在业务事件上,改变了会计的工作范围。系统不仅仅是记录企业资产、负债和所有者权益的事件,而是记录所有管理人员想要计划、控制和评价的事件,系统中存储业务活动多方面的细节信息,从而能灵活地生成各种报告。专注于业务事件自然会促进企业中各职能部门的融合,也会使财务数据和非财务数据融为一体,会计人员就能提供更完整的、更有价值的信息。

目前,所使用的大多数会计软件仍是基于传统会计循环的,不能完全做到事件驱动模式。概括来说,在信息化环境下,总账系统主要有下列一些变化。

(一)总账处理需要有完善的编码体系

在手工方式下,编码只是为了满足管理上的需要,在业务处理中,一般不需要使用编码。而在信息化环境下,为了满足计算机处理的需要,必须建立一套完善的编码体系。例如,会计科目编码、凭证编号等。这些编码不仅是为了满足管理上的需要,而且在数据处理过程中,计算机可以以编码为关键字进行数据的检索、排序、汇总。

(二)数据处理过程更加规范

在手工方式下,除了必要的会计科目、账簿格式、会计核算方式必须严格按照规定外,其他内容可根据交易或事项发生时的实际情况随时处理,由于会计人员的执业能力差异和人工处理的准确性不高,数据处理很不规范。而在信息化环境下,通过基础设置,将科目代码、级别、名称、账页格式、核算方法和核算过程进行规范,还可以把常用凭证的内容事先定义好。在填制记账凭证时,可随时调用,以规范、快速地完成记账凭证的填制。

(三)记账的含义发生了变化

登记账簿实际上就是将记账凭证按不同的形式进行组织和汇总。在手工方式下,必须将记账凭证分类记录在相关的账簿上。但信息化后,记账包含两层意义:一是根据当月输入记账凭证临时文件中的记账凭证记录,对涉及的本期发生额、累计发生额和科目余额进行汇总、更新;二是将记账凭证临时文件中的记录转存到记账凭证文件中,使经过记账的凭证成为正式会计档案。在手工方式下,存在不同的记账程序,各企业要根据业务性质、管理方式、规模大小以及业务数量,相应地确定适合自己特点的总账处理程序。信息化环境下的总账处理程序一律采用记账凭证处理程序,记账仅仅是更新总账系统中的记账凭证文件、科目余额及发生额文件。手工方式下的记账是一个信息分类的过程,而信息化环境下的信息分类往往不在记账阶段,而是推迟到信息的输出,即需要输出时才临时对信息进行分类。

(四)账账、账证的牵制失去意义

在手工方式下,必须严格设置日记账、明细账、总账等相互制约的账簿体系;而在信息化环境下,不存在会计账簿体系,输出的日记账、明细账、总账都是根据记账凭证文件、科目余额及发生额文件,按用户约定的条件临时分类生成的。显然,在总账系统内不设置永久性的日记账、明细账、总账,已不存在账账核对的问题。由于日记账、明细账、总账中的数据都来源于记账凭证,只要会计信息系统是可靠的,日记账、明细账、总账的数据就不会出现不一致的错误,因此,也就没有账账、账证核对的必要。

二、总账系统的数据流程分析

(一) 总账系统的数据流程

通过对总账系统的文档与模型的分析,结合计算机数据处理的特点,可抽象出总账系统的顶层数据流程,如图 3-2 所示。

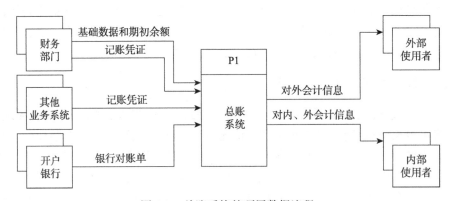

图 3-2　总账系统的顶层数据流程

总账系统的顶层数据流程概述了系统与外部实体的数据关系。财务部门根据企业核算和管理的需要,设置总账的基础信息和期初数据,包括会计科目、凭证类别、结算方式、期初数据等,录入记账凭证。其他业务系统自动生成记账凭证,并传送到总账系统的记账凭证临时文件。期末根据开户银行的对账单,进行对账并生成银行存款余额调节表。记账凭证经过总账系统处理,以日记账、明细账、科目余额及发生额表等形式向内外部信息使用者提供财务信息。

顶层数据流程揭示了总账系统的边界,明确了系统与外部实体的数据关系,对其进一步分解,便形成总账系统的详细数据流程,如图 3-3 所示。

总账系统的数据流程说明如下。

1. 填制记账凭证或接收机制凭证

填制记账凭证是指根据原始凭证或纸质记账凭证手工输入记账凭证的过程,此类记账凭证是系统中的主要凭证。机制凭证是指由系统自动派生的记账凭证。一种是对某些具有规律性,且每月都发生的期末结转业务,由总账系统根据定义的转账凭证模板,自动生成的记账凭证;另一种是由其他业务系统生成,传送到总账系统的记账凭证。输入的记账凭证或机制凭证首先存储在记账凭证临时文件中。

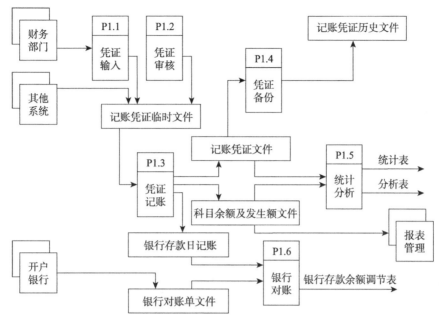

图 3-3 总账系统的数据流程

2. 对输入的记账凭证进行审核

无论是手工输入的记账凭证还是机制凭证,都需要经过审核,以确保其正确性。审核完成后,如果审核通过,则对记账凭证做审核标记;否则,将审核未通过的提示信息反馈给审核人员。

3. 自动完成记账处理

在信息化环境下,记账已不具有手工条件下将记账凭证分门别类记入账簿的含义,而是更新记账凭证文件、科目余额及发生额文件、部门、项目、往来等辅助文件,并删除记账凭证临时文件中的已记账的凭证。

4. 由计算机自动进行银行对账

银行对账是根据银行对账单文件和企业的银行日记账进行勾对,同时生成银行存款余额调节表及已达账和未达账。

5. 期末自动完成结账处理

当进行结账时,系统将自动进行科目余额及发生额与明细账的核对、科目余额及发生额与各种辅助账的核对,以及总账系统和其他业务系统的核对,同时结束当期会计业务的处理。

(二)总账系统的主要数据库结构

总账系统中的主要数据库文件包括记账凭证文件、科目余额及发生额文件。

1. 记账凭证文件

记账凭证文件存储记账凭证数据,是进行科目汇总和登记明细账、日记账的依据。记账凭证文件一般应包含以下主要数据项:日期、凭证类型、凭证号、摘要、科目代码、借方金额、贷方金额、附件张数、制单人、审核人、记账人等。记账凭证文件的基本结构如表3-8所示。

表3-8 记账凭证文件的基本结构

序号	字段名	类型	说明
1	日期	D	凭证制单日期,如 2013/05/01
2	凭证类型	C	3类或5类,如收、付、转
3	凭证号	C	按凭证前后顺序编号
4	摘要	C	凭证的交易或事项的文字描述
5	科目代码	C	与科目名称对应
6	借方金额	N	科目发生额
7	贷方金额	N	科目发生额
8	附件张数	N	原始凭证张数
9	制单人	C	自动读取制单操作员姓名并填列在记账凭证文件中
10	审核人	C	自动读取审核操作员姓名并填列在记账凭证文件中
11	记账人	C	自动读取记账操作员姓名并填列在记账凭证文件中

2. 科目余额及发生额文件

总账系统不是模仿手工对每一个会计科目设置一个账簿文件,而是把每个会计科目的代码、类型、余额、发生额独立出来,存放在同一文件中,称之为科目余额及发生额文件。其作用是:记账时,系统自动按科目进行汇总并将汇总结果存入该文件;输出账簿时,系统自动从该文件和记账凭证文件中提取数据,并进行加工生成所需要账簿。科目余额及发生额文件的基本结构如表3-9所示。

表3-9 科目余额及发生额文件的基本结构

序号	字段名	类型	说明
1	科目代码	C	与科目名称一一对应,如1001、1002
2	科目名称	C	输入汉字名称,如现金、银行存款
3	科目类型	C	如资产、负债、所有者权益、损益等
4	科目级别	N	科目的级次,如1、2、3、4、5级科目
5	父科目	C	上一级科目名称
6	余额方向	C	如"借""贷"
7	属性	C	如是否是银行、外币、数量、部门、客户往来、供应商往来、项目核算等
8	年初余额	N	上年结转
9	月初余额	N	上月结转

续表

序号	字段名	类型	说明
10	本月借方发生额	N	本月借方发生额合计
11	本月贷方发生额	N	本月贷方发生额合计
12	本年借方累计发生额	N	计算求得本年借方目前的金额累计数
13	本年贷方累计发生额	N	计算求得本年贷方目前的金额累计数
14	月末余额	N	计算求得余额
15	年末余额	N	计算求得余额

第三节　总账系统功能设计

根据总账系统的数据流程图和系统设计的要求，总账系统一般包括基础设置、凭证管理、出纳管理、辅助管理、统计分析和期末处理等功能。总账系统的功能结构如图3-4所示。

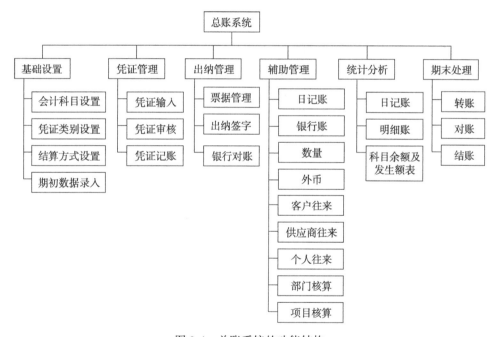

图3-4　总账系统的功能结构

一、基础设置

总账系统是一个通用性较强的系统，为了使其能够在各行各业应用，设计时重点考虑各企业会计核算和财务管理的一般特性。当具体企业使用时，就要根据本企业的业务属性进行具体设置，将通用的总账系统变成适合本企业实际需要的专用系统，这种设置工作称为基础设置或初始化。所以，会计人员通过基础设置为总账系统的运行提供了必要的财务应用环境。基础设置功能主要包括会计科目设置、凭证类别设置、结算方式设置、期初数据录入。

（一）会计科目设置

会计科目是按照交易或事项的内容和管理的需要对会计要素进行分类的依据，是复式记账和编制记账凭证的基础。会计科目设置是指将会计核算中使用的科目逐一按要求在系统中进行描述，并将科目设置的结果保存在科目余额及发生额文件中的过程。会计科目不仅是总账系统进行会计数据处理的依据，而且是总账系统与具体交易或事项相联系的纽带。因此，科目设置的合理与否对系统应用至关重要。一般情况下，会计人员可以根据本企业会计核算和管理的需要，设置适合自身业务特点的会计科目体系，同时也可以方便地增加、修改、删除会计科目。

会计科目设置的主要内容包括科目代码、科目名称、科目类型、科目性质、账页格式、辅助核算等。

1. 科目代码

科目代码是按科目代码结构对每一会计科目进行编码。会计科目是会计要素的细化，是对会计对象的具体内容进行分类核算的指标体系。会计科目是会计核算的前提，它可以分门别类地反映企业交易或事项核算资料，会计人员可以通过会计科目提供详细或总括的核算信息。

会计科目代码必须唯一，一般采用区间码，在编码时，首先确定科目代码结构，即代码由几位组成，从最高位开始，每一位或几位分别给予不同的含义。例如，科目代码结构4-2-2-2，表示科目代码长度为4级10位，一级科目4位，二级科目2位，三级科目2位，四级科目2位。设置科目编码首先应从一级科目开始，逐级向下设置明细科目；一级科目代码按会计制度规定的统一代码体系编码，明细科目代码根据科目级次和级长，结合会计核算和管理需要进行设置。

2. 科目名称

科目名称可以使用中文名称，也可以是英文字符，应与科目代码一一对应。一级科目名称应与会计制度规定的科目名称一致；明细科目的名称应与上一级科目保持一种归属关系，并做到规范化、标准化。

3. 科目类型

科目类型是指按会计科目性质对会计科目进行的分类，包括资产、负债、共同类、所有者权益、成本、损益六类。指定会计科目的类型是总账系统自动进行分类汇总的依据。会计制度规定的一级科目编码的第1位即科目大类代码为："1"表示资产类、"2"表示负债类、"3"表示共同类等，因此，在指定科目类型时必须将定义的类型与编码的第1位保持一致。在新增明细科目时，科目类型应自动与上级科目保持一致。

4. 科目性质

科目性质用以描述科目期初期末余额的计算方法与方向。科目性质通常与会计科目的类型相关，资产类、共同类、成本类科目的余额通常在借方，期末余额＝期初余额＋借方发生额－贷方发生额；负债类、所有者权益类科目的余额通常在贷方，期末余额＝期初余额－借方发生额＋贷方发生额；损益类科目无余额。

5. 账页格式

账页格式是根据会计核算的需要对会计账簿进行的格式定义，一般有金额式、外币金额式、数量金额式等。

6. 辅助核算

辅助核算是对总账处理的一种补充和拓展，是根据管理需要和交易或事项的特殊性设置的，一般通过设置核算项目来实现。核算项目是会计科目的延伸，对一个会计科目设置辅助核算项目后，相当于设置了科目按核算项目进行更为明细的核算。一个会计科目可以设置单一核算项目，也可选择多个核算项目。辅助核算项目包括日记账、银行账、数量、外币、客户往来、供应商往来、个人往来、部门核算、项目核算等。如果某一会计科目定义了辅助核算功能，那么在记账凭证录入中，只要录入的凭证出现了辅助核算的科目，系统就自动要求追加录入辅助核算的相关数据。

辅助核算的具体内容如下：

（1）日记账。日记账用于标识需要生成日记账形式账簿的会计科目。例如，现金、银行存款等。

（2）银行账。银行账用于标识需要进行银行对账的会计科目，一般指银行存款类会计科目，不需要对账或不能够对账的科目不能设为银行账。

（3）数量。对需要进行数量核算的科目，在设置会计科目时应当选择数量核算属性及其数量核算单位，系统应自动为该科目设立数量金额账。例如，存货类的会计科目以及主营业务收入、主营业务成本等科目。

（4）外币。涉及外币的账户，除记录记账本位币金额外，还需记录相应的外币金额。设置外币类的科目应当选择外币属性和相对应的外币币种。例如，银行存款、应收账款、应付账款等科目。

（5）客户往来。如果定义为客户往来辅助核算，则系统自动链接客户档案，选择往来客户，以便将该交易归集到某个客户。例如，应收账款、应收票据、预收账款等科目。

（6）供应商往来。如果定义为供应商往来辅助核算，则系统自动链接供应商档案，选择往来供应商，以便将该业务归集到某个供应商。例如，应付账款、应付票据、预付账款等科目。

（7）个人往来。如果定义为个人往来辅助核算，则系统自动链接职员档案，选择往来个人，以便将该业务归集到某个职员。例如，其他应收款、其他应付款等科目。

（8）部门核算。为了加强管理、提高经济效益，许多企业都实行了部门考核，考核标准主要包括收入和费用两项指标。因此，总账系统应提供部门核算辅助功能，即对收支类业务，除了需要按类别进行核算外，还需要按部门进行核算。例如，"管理费用"科目下，首先要按类别分成薪酬、办公费、差旅费、业务招待费等项目进行核算，然后还需要对每个费用项目在不同部门间进行核算。

（9）项目核算。项目核算是为了解决围绕一个专门的核算对象，将与该对象相关的所有收入、支出进行专项核算而设置的功能。例如，企业的基建工程通常要进行专项核算和管理，在总账系统中将该工程涉及的科目设为项目核算类；又如，制造业为了加强成本核算和控制，经常需要分产品计算其成本、收入和利润，也可以将每种产品看成一个项目，在系统中把有关的成本、收入以及库存等科目设成项目核算。

可以将具有相同特性的一类项目定义成一个项目大类，一个项目大类可以核算多个项目。为了便于管理，还可以对这些项目进行分类管理。定义项目档案的步骤如下：

①设置科目辅助核算。在会计科目设置中先设置相关科目的项目核算科目。例如，对生产成本及其下级科目（直接材料、直接人工、制造费用）设置项目核算的辅助账类。

②定义项目大类。定义项目大类即定义项目核算的分类类别。例如，增加生产成本项目大类。

③指定核算科目。指定核算科目即具体指定需按此类项目核算的科目。一个项目大类可以指定多个科目，一个科目只能指定一个项目大类。例如，将直接材料、直接人工和制造费用指定为按生产成本项目大类核算的辅助账类。

④定义项目分类。为了便于统计，可将同一项目大类下的项目进一步划分。例如，将生产成本项目大类进一步划分为自行开发项目和委托开发项目。

⑤定义项目目录。定义项目目录是将各个项目大类中的具体项目输入系统。

为便于企业现金管理和现金流量表的自动生成，通常在会计科目设置中需要指定会计科目，即选定现金、银行存款科目，供出纳管理使用。指定现金流量科目供定义现金流量表时取数函数使用，所以在录入凭证时，对指定的现金流量科目系统自动弹出窗口要求指定当前录入分录的现金流量项目。

在会计科目设置中，若增加会计科目，科目代码必须由上级至下级逐级增加。即必须首先增加上级科目代码，只有上级科目代码存在后，才能增加下级科目代码。若修改或删除会计科目，应遵循自下而上的原则，即先删除或修改下一级科目，然后再删除或修改本级科目；修改或删除已经输入余额的会计科目，必须先删除本级及下级科目的期初余额，才能修改或删除该科目。科目一经使用，如已经有余额、发生额，表示已有业务发生，则不允许修改或删除该科目，不允许做科目升级处理，此时，只能增加同级科目，而不能为该科目增设下级科目。

（二）凭证类别设置

为了便于管理或记账方便，一般对记账凭证进行分类编制，但各企业的分类方法不尽相同，可以根据本企业的管理需要对凭证进行分类。分类方式一般有 5 种：记账凭证；收款凭证、付款凭证、转账凭证；现金凭证、银行凭证、转账凭证；现金收款凭证、现金付款凭证、银行收款凭证、银行付款凭证、转账凭证；自定义凭证类别。系统应提供凭证类型设置功能，描述记账凭证的凭证字、类别和对应的限制条件。例如，若企业的记账凭证划分为收款凭证、付款凭证、转账凭证，则凭证类别设置如表3-10所示。

表3-10 收、付、转凭证的类别设置

凭证字	凭证类别	限制条件	限制科目
收	收款凭证	借方必有	1001，1002
付	付款凭证	贷方必有	1001，1002
转	转账凭证	凭证必无	1001，1002

凭证类别设置用于控制记账凭证的科目，通常系统有5种限制条件供选择。

（1）借方必有。填制记账凭证时，此类凭证借方至少有一个限制科目有发生额。

（2）贷方必有。填制记账凭证时，此类凭证贷方至少有一个限制科目有发生额。

（3）凭证必有。填制记账凭证时，此类凭证无论借方或贷方，至少有一个限制科目有发生额。

（4）凭证必无。填制记账凭证时，此类凭证无论是借方还是贷方，都不可有一个限制科目有发生额。

（5）无限制。填制记账凭证时，此类凭证可使用所有合法的科目。

（三）结算方式设置

结算方式是指企业经营过程中使用的收款、付款结算。会计业务需要经常与银行进行资金结算的业务对账，为了便于管理和提高银行自动对账的效率，需要对结算方式进行设置。结算方式设置是指用来建立和管理企业在经营活动中所涉及的结算方法，与财务结算方式一致。例如，现金结算、支票结算等。

结算方式设置的主要内容包括结算方式编码、结算方式名称、票据管理标志等。结算方式编码一般采用数字型代码，也可用字母型代码。结算方式名称是指汉字名称，例如，现金支票、转账支票、商业汇票、银行汇票等。票据管理标志是总账系统为辅助银行出纳对银行结算票据的管理而设置的功能，类似于手工方式下的支票登记簿管理。

（四）期初数据录入

期初数据录入是指将所有科目的年初余额和启用会计期间月份前几个月的发生额或累计发生额等数据输入系统中，以保持会计数据的连续性。期初数据主要是最底层明细科目的年初余额、系统启用前的借方累计发生额和贷方累计发生额、辅助核算数据，其上级科目的余额和发生额由系统自动进行汇总。

因启用总账系统的时间不同，期初数据录入的方式不同。如果在年初启用，期初数据录入仅输入科目的年初余额；如果在会计期中启用，则除了录入年初余额外，还要录入启用前各月的借方或贷方累计发生额。例如，某企业2019年6月开始启用总账系统，应该将各科目2019年的年初余额及1—5月的借方累计发生额、贷方累计发生额录入总账系统中。

如果某会计科目没有设置日记账、银行账、数量、外币、客户往来、供应商往来、个人往来、部门核算、项目核算等辅助核算，可以直接录入期初余额。如果某会计科目设置有辅助核算，系统应自动地为其开设辅助账页，与此相对应，在输入期初数据时，这类科目期初余额是由辅助账的期初明细数据汇总生成的，即不能直接输入科目期初余额。

期初余额录入完毕后，系统应提供试算平衡的功能，试算平衡的内容包括：资产＝负债＋所有者权益＋(收入－费用)，总账金额＝下属明细科目金额之和，借方金额合计＝贷方金额合计，科目期初数据＝其他业务系统期初数据，以保证期初余额的正确性。

在期初数据录入中，系统应当自动检查上、下级科目数据是否平衡，即上级科目金额等于下属明细科目金额之和，并校验总账会计科目借方金额之和是否等于贷方金额之和，以及资产是否等于负债＋所有者权益。期初余额试算不平衡，将不能记账，但可以填制凭证和审核凭证。已经记账，则不能再录入、修改期初数据，也不能执行结转上年余额的功能。

二、凭证管理

记账凭证管理是总账系统的核心功能，即总账系统以记账凭证数据为起点或原始的数据，包括手工直接录入的凭证和其他业务系统派生的机制凭证。记账凭证数据的合法性、真实性、正确性以及格式的合理性对总账系统的质量有着重要的影响。凭证管理包括凭证输入、凭证审核、凭证记账等功能。

（一）凭证输入

记账凭证输入功能不仅包括凭证填制，还包括对记账凭证的修改、冲销、作废、整理等功能。

1. 凭证填制

填制凭证是通过总账系统手工完成记账凭证的录入。记账凭证的输入格式是否合理、是否实用、是否具备交互友好性等，都会直接影响到总账系统的使用效果。总账系统中常见的记账凭证输入格式有借贷科目式、借贷标志式和借贷金额式，但一般设计为借贷金额式。借贷金额式记账凭证的输入格式如表3-11所示。

表3-11 借贷金额式记账凭证的输入格式

字	制单日期：			附单据数：
摘要		科目	借方金额	贷方金额

续表

摘要	科目	借方金额	贷方金额
票号 日期	数量 单价	合计	
备注	项目 客户	部门 业务员	个人

记账：　　　　　　　　　　　　　　　　　　　制单：

出纳：

审核：

记账凭证填制如同手工下填写纸制记账凭证一样，其目标是保证记账凭证数据完整和正确地录入总账系统的记账凭证临时文件，为总账处理提供数据加工对象。记账凭证填制的数据包括凭证类别、凭证编号、制单日期、附单据数、摘要、科目、金额等。如果输入的会计科目有辅助核算，则应输入辅助核算数据；如果一个科目同时兼有多种辅助核算，则要求同时输入各种辅助核算的各项数据。

（1）凭证类别。根据基础设置中的凭证类别选取。

（2）凭证编号。一般情况下，由系统按月和凭证类别自动序时编号。例如，凭证类别划分为收款凭证、付款凭证和转账凭证，代码结构为1～3，则收款凭证编号为1001～1999；付款凭证编号为2001～2999；转账凭证编号为3001～3999。不同类别的记账凭证按月从1开始序时连续编号，不能有重号和漏号。系统自动生成的凭证号，不能修改。

（3）制单日期。制单日期即填制记账凭证的日期。系统自动取登录总账系统前输入的业务日期为记账凭证填制的日期，也可进行修改或参照录入。填制记账凭证时，凭证日期只能由前往后填。凭证日期应大于总账系统启用日期，但不能超过业务日期。

（4）附单据数。输入当前记账凭证所附原始单据张数。

（5）摘要。输入当前记账凭证的交易或事项说明。可以预先定义一些常用的摘要，在输入凭证的过程中直接选取，以提高录入速度。

（6）科目。可以输入科目编码、中文科目名称、英文科目名称、助记码或参照选取，但在记账凭证临时文件中存放的是科目代码。科目输入的系统控制主要包括存在性控制和明细性控制，存在性控制即检查所录入凭证中的科目代码是否在科目余额及发生额文件中存在，也就是说会计人员是否在进行基础设置时设置了该科目代码；明细性控制即检查输入凭证中的科目是否为最底层明细科目，该科目不能是控制性科目或父科目。

（7）金额。输入该笔分录的借方或贷方的发生额，金额不能为零，但可以是红字，红字以负数形式输入。每张凭证的借贷发生额要平衡，即必须满足"有借必有贷，借贷必相等"原则。

（8）辅助信息。对于要进行辅助核算的科目，系统提示输入相应的辅助核算信息。其输入方法有 3 种：一是直接输入辅助核算信息名称；二是输入辅助核算信息代码；三是参照输入。不管采用哪种方法，都要求先设置相应的辅助核算档案。

2. 凭证修改

修改记账凭证是对记账前的机内错误记账凭证进行修改。在填制凭证中，通过翻页查找或输入查询条件，找到要修改的凭证，对需要修改的数据项进行修改。

3. 凭证冲销

如果发现有错误的已记账凭证，则需要先编制一张红字凭证冲销错误凭证，输入的红字冲销凭证将错误凭证冲销后，需要再补充编制正确的凭证。冲销凭证的编号为同类凭证的最后一张，凭证日期为系统日期，所有金额为原金额的负数，凭证的其他内容不变。红字冲销凭证视同正常凭证进行保存和管理，手工直接录入的凭证可以冲销，但其他业务系统派生的机制凭证不能冲销。

4. 作废凭证

当某张记账凭证不需要保留或出现不便修改的错误时，可将其作废。作废凭证只是在记账凭证临时文件中对该记账凭证增加一个删除标记，记账凭证上显示"作废"字样，但并未对其真正删除。若当前凭证已作废，也可应用恢复凭证功能，取消删除标记和"作废"字样，将当前凭证恢复为有效凭证。

5. 整理凭证

整理凭证就是从记账凭证临时文件中抹除所有作废凭证，并对未记账凭证重新序时编号。若本月已有凭证记账，本月最后一张已记账凭证之前的凭证将不能进行凭证整理，只能对其后面的未记账凭证进行凭证整理；若需要进行凭证整理，应先恢复到本月月初的记账前状态，再进行凭证整理。

修改或作废的记账凭证只能是未记账、未审核和未出纳签字的凭证。如果记账凭证已经记账、审核或出纳签字，必须对该凭证反记账、反审核、反出纳签字后才能修改或作废。

（二）凭证审核

记账凭证审核主要是完成记账凭证的复核和签章功能。记账凭证审核主要是审核记账凭证的真实性、准确性、合法性，对审核无误的凭证做标记以示审核通过。凭证既可逐张审核，也可成批审核。

为了保证总账系统起点数据的准确性和可靠性，审核工作变得越来越细。在审核凭证之前，对收款凭证、付款凭证应设置出纳签字功能；在审核凭证之后，还应设置主管签字功能。主管签字是由会计主管对已审核的记账凭证进行最终审核签字。

凭证审核应由具有审核权限的操作员进行，审核人和制单人不能是同一个操作员。记账凭证一经审核，就不能被修改、删除、标错、作废，只有被取消审核签字后才可以进行修改、删除、标错、作废。取消审核签字只能由审核人自己进行，审核人员不能对错误的记账凭证直接进行修改，只能由制单员修改。无论是直接录入的记账凭证还是机制凭证，都要经过审核人员的审核。

（三）凭证记账

凭证记账也称过账，是对已经审核过的记账凭证进行单张或批量记录的功能。记账就是系统把已审核的记账凭证从记账凭证临时文件中转移到记账凭证文件中，同时自动更新科目余额及发生额文件，生成最新的科目余额、发生额数据。从科目余额及发生额文件中取出历史数据，从记账凭证文件中取出当期数据，即可实时生成日记账、明细账和总账。

凭证记账的原理如下：输入的记账凭证首先存放在记账凭证临时文件中，凭证审核签章操作或取消签章操作实际上都是对这个临时文件记录的操作，因此，该数据库中的数据具有很大的不稳定性，不能作为系统各项输出的基础数据。通过凭证记账功能，系统自动将这个临时文件中的凭证数据（已经审核的）转移到另外一个稳定的记账凭证文件中，该文件中的数据是不能进行修改和删除的，由此可见，记账实际上起到了固化数据的作用。同时，系统为了方便地形成账簿、报表、辅助账、辅助管理信息资料等，在记账时还会自动运算形成其他一些稳定的数据文件。所以，在会计信息系统中，并不存在手工意义上的账簿，所有账簿所需的数据均以数据库文件方式存放于系统之中。从系统内部的处理过程来看，记账处理实际上是会计数据在不同数据文件之间的传送。

记账处理的一般流程如下：

（1）记账凭证的检验。第一次记账时，若期初余额试算不平衡，不能记账；对凭证的合法性和平衡进行检查；上月未记账本月不允许记账；未审核凭证不能记账，记账范围应小于等于已审核范围。

（2）备份记账前的数据。为保证记账的正确执行，系统在记账前对记账前的数据，如记账凭证文件、科目余额及发生额文件应自动做一次强制备份，如果记账不成功，系统可以自动恢复到记账前的数据状态，再重新记账。

（3）从记账凭证临时文件中取出一条已审核的凭证记录。

（4）将取出的记账凭证记录存入记账凭证文件。

（5）根据记账凭证记录中的科目代码，更新科目余额及发生额文件中相应科目的发生额和余额，并将此发生额和余额向对应的上级科目汇总。

（6）如果取出记录的科目性质为银行科目，则将该记录中的相应数据记入银行存款日记账文件。

（7）若企业出于管理需要，需生成其他性质的账户（如往来类科目），则可以在此时根据该属性将有关的凭证数据记入相应的数据文件。

（8）从记账凭证临时文件中删除该已记账的凭证记录。

（9）从记账凭证临时文件中取出下一条已审核的凭证记录。如果没有，则记账结束，否则转入执行第（4）步。

三、出纳管理

出纳管理主要由出纳员负责现金与银行存款的核算与管理工作。总账系统应为出纳员提供一个集成办公环境，包括票据管理、出纳签字、银行对账等功能，能够生成银行日记账、现金日记账、资金日报表和余额调节表等。

（一）票据管理

票据管理功能是对企业的现金支票、转账支票和普通支票进行管理，包括票据购置、领用、审核、报销、作废等功能。

总账系统提供票据登记簿功能，以供详细登记票据领用人、领用日期、票据用途、是否报销等情况。领用票据时，出纳员使用票据登记簿功能据实登记领用日期、领用部门、领用人、票据号、备注等，并将结果保存在相应的数据文件中。报销票据时，经办人持原始单据进行报销，会计人员据此填制记账凭证，在录入该凭证时，系统要求录入该票据的结算方式和票据号。在填制完成该凭证后，系统自动在票据登记簿中将该票据填列报销日期，该票据即为已报销。

（二）出纳签字

出纳签字是指由出纳员对借方科目或贷方科目涉及现金、银行存款科目的记账凭证进行检查核对。出纳员主要检查核对出纳科目金额是否正确，对错误及有异议凭证需交由制单员修改后再次核对。取消出纳签字只能由出纳员本人进行。

（三）银行对账

银行对账是指企业定期将企业的银行存款日记账和开户银行对账单进行核对，并编制银行存款余额调节表。银行对账是企业出纳最重要的工作之一，也是企业现金管理与核算的主要内容。企业除了通过银行存款日记账对企业银行存款收支业务进行序时核算外，还要定期将银行存款日记账与开户银行对账单进行核对，借以检查银行存款账实是否相符，以便及时发现和更正错账。在对账过程中，企业银行存款的账面余额经常与银行对账单上的存款余额不一致，主要原因在于在银行结算过程中，无论是银行还是企业，都有可能存在未达账项。

银行对账的一般过程包括期初对账单录入、银行对账单导入、银行对账、输出银行存款余额调节表等。

1. 期初对账单录入

期初对账单录入是对账的前提条件，其作用是将系统对账功能启用前的银行存款余额调节表输入系统，以保证数据的连续性和完整性。输入时，如果企业有多个银行账户需要对账，则首先选择需要对账科目（在会计科目设置中进行），录入期初余额。

2. 银行对账单导入

银行对账单导入是通过网银接收电子数据形式的对账单，将数据格式进行转换后，保存在"对账单"文件中，以实现实时银行对账。

3. 银行对账

银行对账是系统对某一对账科目的银行存款日记账和银行对账单每笔业务进行勾对，对于勾对上的业务，系统自动加注勾对标记，未勾对上的业务作为未达账，据以编制银行存款余额调节表。银行对账的目的是查找特定账户的银行存款日记账与银行对账单不符的原因，防止有意或无意的错误，并标示未达账项，输出银行存款余额调节表。

在总账系统中，银行对账方式通常分为自动对账和手工对账。自动对账的功能是由系统自动在银行存款日记账和银行对账单之间寻找完全相同的交易或事项进行逐笔勾对。所谓完全相同的交易或事项是指交易或事项发生的时间、内容、摘要、结算方式、票据号、金额等相同的业务。其中主要的对账依据是"结算方式＋结算号＋金额"即仅当银行存款日记账中某一笔业务与银行对账单中的某一笔业务的结算方式、结算号、金额以及发生方向完全匹配时，系统才对这两笔业务进行勾销。

手工对账一般作为自动对账的补充，由于交易或事项可能在银行存款日记账和银行对账单上做了不同口径的记录，存在一对多、多对一或多对多的情况，系统将无法自动勾对，而将其全部标记为未达账项，这时就需要用手工对账补充。出纳员可通过目测分析，根据其自身的判断在对账屏幕上将银行存款日记账和银行对账单上的已达业务进行手工勾对，并做勾对标记。

4. 输出银行存款余额调节表

在对银行账进行两清勾对后，计算机自动整理汇总未达账和已达账，生成银行存款余额调节表，以检查对账是否正确。该余额调节表为截止到对账截止日期的余额调节表，若无对账截止日期，则为最新余额调节表。

四、辅助管理

在记账凭证输入过程中，凡是涉及辅助核算属性的科目，在输入完会计科目后，系统自动根据该科目的属性提示并要求会计人员输入不同辅助管理的数据。

（一）日记账

日记账用于对涉及库存现金、银行存款等科目的记账凭证，在记账时自动将其发生额记入科目余额及发生额文件、明细账及相应的日记账。

（二）银行账

银行账科目在输入记账凭证时，系统将要求输入相应的结算方式和结算凭证号。记账时，系统自动将结算方式、结算号、金额、收付方向、业务日期等内容记入银行辅助账，以便与开户银行对账单勾对。

（三）数量

如果科目属性设为数量，在输入记账凭证时，系统将要求输入相应的数量和单价，系统自动按"数量×单价"计算出科目的金额，填入借方或贷方发生额栏。记账时，系统自动为该科目设立数量金额账和相应管理数据。

（四）外币

如果科目属性为外币，在输入记账凭证时，系统将要求输入外币金额和汇率，当使用固定汇率时，则系统应该自动取出当月月初汇率作为折算汇率；当使用当日汇率时，则系统将要求输入当日汇率作为折算汇率。会计人员输入外币金额和汇率并选择发生方向后，系统自动按外币金额和汇率计算出本位币金额，填入借方或贷方发生额栏。

（五）客户往来

如果科目属性为客户往来，在输入记账凭证时，将要求输入或选择相应的客户，以及该交易的部门、经手人等信息。记账时，系统将自动生成客户管理数据。客户往来管理可对应收账款从客户、部门、个人三个角度进行管理，提供客户的信用度、信用天数实时预警、全面的账龄分析。

（六）供应商往来

如果科目属性为供应商往来，在输入记账凭证时，将要求输入或选择相应的供应商，以及该交易的部门、经手人等信息。记账时，系统将自动生成供应商管理数据。供应商往来管理可对供应商往来款项的发生、清欠进行管理，及时掌握往来款项数据。

（七）个人往来

如果科目属性为个人往来，在输入记账凭证时，将要求输入或选择相应职员，以及该业务归集到某部门。记账时，系统将自动生成个人管理数据，并提供个人借款明细账、催款单、余额表、账龄分析报告及自动清理等功能。个人往来管理主要进行个人借款、还款管理工作，及时地控制个人借款，完成清欠工作。

（八）部门核算

如果科目属性为部门，如反映收支业务类的科目，在输入记账凭证时，系统自动链接部门档案文件，并要求输入或选择相应部门，以及该业务归集到某部门。记账时，系统将自动生成部门管理数据，并提供各级部门总账、明细账的查询，并对部门收入与费用进行部门收支分析等功能，为企业输出部门总账、部门明细账。通过系统检查核对部门核算明细账与部门核算总账是否相符、部门核算总账与科目余额及发生额表是否相符等，并输出核对结果。

（九）项目核算

如果科目属性为项目，在输入记账凭证时，系统将要求输入项目名称；记账时，系统将自动生成项目管理数据，提供项目总账、明细账及项目统计表的查询。核对项目账是系统提供的进行项目账自动对账的功能。

项目核算主要用于生产成本、在建工程等业务的管理，以项目为中心为企业提供各项目的成本、费用、收入等汇总与明细情况以及项目计划执行报告等，也可用于科研课题、专项工程、产成品成本、旅游团队、合同、订单等专项核算。

现金流量表编制的基础数据一般也采用项目核算。现金流量表编制的一般方法就是将与编制现金流量表有关的会计科目设为项目辅助核算科目，同时按现金流量表项目来定义项目辅助核算档案，填制凭证时涉及与现金流量表有关的会计科目时必须输入项目辅助账，报表定义取数公式直接从现金等科目的辅助账中取数，自动生成现金流量表。

五、统计分析

总账系统统计分析主要是输出企业交易或事项核算的结果并对其进行分析管理。对其结果信息进行统计分析的形式主要有日记账、明细账、科目余额及发生额表。

（一）日记账

日记账主要用于输出现金日记账、银行存款日记账，以及其他日记账。现金日记账和银行存款日记账的打印，由于受到打印机条件的限制，可采用计算机打印输出的活页账页装订成册。

（一）明细账

明细账是由各个明细账户所组成的分类账簿，其账页应根据不同交易或事项和不同的管理要求采用不同的格式，系统一般应提供普通三栏式、外币式、数量金额式和多栏式四种格式。多栏式明细账的格式是不固定的，系统必须提供对多栏式明细账格式的定义功能。

（三）科目余额及发生额表

科目余额及发生额表数据是根据指定的会计科目、日期等条件自动生成的，一般可以通过科目余额及发生额表查询各级科目的本月发生额、累计发生额和期末余额。

六、期末处理

期末会计业务处理是在每个会计期末都需要完成的一些特定的会计工作，主要包括期末账项调整和转账、对账、结账等。在会计信息系统中，转账、对账、结账业务有了质的变化，从人工转账、对账、结账转变为系统自动转账、对账、结账。

（一）转账

所有企业在月底结账之前都要处理几种固定、规律性的转账业务，并且这类转账业务在会计制度未改变的情况下，每月都要重复进行，编制的转账凭证中摘要、借方和贷方科目相同，金额的来源或计算方法基本不变，只是记账凭证中的发生额可能不同。在手工方式下，转账业务处理是期末由会计人员根据某些账户的余额或本期发生额填制转账凭证、登记有关账簿实现的。

在总账系统中，转账按照结转数据来源分为外部转账和内部转账两类：外部转账是指将其他业务系统生成的凭证转入总账系统中；内部转账是指在总账系统内部把某个或某几个会计科目中的余额或本期发生额结转到一个或多个会计科目中。

不论是哪一种转账业务，首先都必须定义转账凭证模板，然后由系统完成期末自动转账处理。因此，在总账系统中期末自动转账处理包括定义转账凭证、生成转账凭证。

1. 定义转账凭证

定义转账凭证是将每月都要处理的凭证的摘要、借方和贷方科目、金额的来源或计算方法以记录的形式预先存入系统，并用不同的"转账序号"标记命名。定义转账凭证主要包括自定义转账设置、对应结转设置、销售成本结转设置、汇兑损益结转设置、期间损益结转设置。

（1）自定义转账设置。自定义转账功能可以完成的转账业务主要有：费用分配的结转，如薪酬分配等；费用分摊的结转，如制造费用、无形资产的分摊等；提取各项费用的结转，如提取折旧费等。

（2）对应结转设置。对应结转设置不仅可以进行两个科目的一对一结转，还提供科目的一对多结转功能。对应结转的科目可为上级科目，但其下级科目的科目结构必须一致，如果有辅助核算，则两个科目的辅助账类也必须一一对应。对应结转只能结转期末余额，若结转发生额，需在自定义结转中设置。

（3）销售成本结转设置。销售成本结转设置主要用来辅助在没有启用供应链管理系统时，完成销售成本的计算和结转。

（4）汇兑损益结转设置。汇兑损益结转设置用于自动计算外币账户的汇兑损益，并在转账生成中自动生成汇兑损益转账凭证。汇兑损益只处理外汇存款账户，外币现金账户，外币结算的各项债权、债务；不包括所有者权益类账户、成本类账户和损益类账户。为了保证汇兑损益计算正确，填制某月的汇兑损益凭证时，账户必须先将本月的所有未记账凭证记账。

（5）期间损益结转设置。期间损益结转设置用于在一个会计期间终止时，将损益类科目的余额结转到"本年利润"科目中，从而及时反映企业利润的盈亏情况。期间损益结转主要是对主营业务成本、管理费用、销售费用、财务费用、主营业务收入等科目的结转。

2. 生成转账凭证

生成转账凭证是月末根据转账序号自动调入定义的自动转账凭证模板，并根据预先定义的金额来源或计算方法自动填制相应的发生额生成机制凭证，并存入总账系统记账凭证临时文件。

由于转账凭证中定义的公式基本上取自账簿数据，因此，在进行月末转账之前，必须将所有记账凭证全部记账，否则，生成的转账凭证中的数据可能不正确。特别是对于一组关联转账分录，必须按顺序依次进行转账生成、审核、记账。

（二）对账

对账是对账簿数据进行核对，以检查记账是否正确，以及账簿是否平衡，其目的是保证会计信息的正确性和可靠性。在手工方式下，对账主要包括账证、账账、账实核对。账证核对是核对账簿记录与原始凭证、记账凭证的时间、凭证字号、内容、金额是否一致，记账方向是否相符。账账核对是核对不同账簿是否相符，包括科目余额及发生额表与明细账、科目余额及发生额表与日记账、科目余额及发生额表与辅助账、财务部门的财产物资保管明细账与使用部门的有关明细账。账实核对是核对会计账簿记录与财产等实有数据是否相符。

在信息化环境下，由于实行计算机记账，平行登记账簿已经失去了意义，记账程序也发生了很大变化，因此，账账核对、账证的核对失去了原有的价值，只要记账凭证录入正确，计算机自动记账后的各种账簿都应是正确、平衡的。但在系统集成应用环境下，科目余额及发生额表由总账系统管理，明细账由其他业务系统分别管理，由于不同系统业务处理时间可能不一致，难免出现不符的情况，因此，为了保证账证相符、账账相符，可以使用对账功能由系统自动核对。

（三）结账

结账功能用于计算和结转各个会计科目的本期发生额和期末余额，同时结束本期的总账处理工作。结账是一个批处理过程，其处理内容是将本期所有的期末余额数据结转到下一期的期初余额，并清除本期的所有借方、贷方发生额数据，对本期业务执行封账。结账的具体数据处理过程如下：

（1）备份结账前的数据，以便在突发事件导致结账中断时，自动根据备份的数据恢复到结账前的状态。

（2）编制结账凭证，并将这些凭证存入记账凭证临时文件，审核后记账。由于结账分录大都是有规律的，因此可以利用自动转账功能，定义出自动转账分录，由系统自动编制机制结账凭证。

（3）检查该月的所有凭证是否均已记账、结账日期是否正确、其他业务系统的数据是否传送完毕以及其他结账条件是否必备。

（4）如果是年结，则系统必须生成下年度的空白数据文件（数据文件结构，包括记账凭证临时文件、记账凭证文件、科目余额及发生额文件），并结转年度余额。

（5）若结账成功，则做月结标志，之后不能再输入当月的记账凭证；若结账不成功，则恢复到结账前的状态，重新进行结账。

每月只能结账 1 次，上月未结账，则本月不能记账、结账，但可以填制、审核记账凭证。本月还有未记账凭证时，则本月不能结账。已结账月份不允许再填制当月记账凭证。核对总账与明细账、主体账与辅助账、总账系统与其他系统数据是否一致，若不一致，则不能结账。

在会计信息系统的各管理系统集成应用时，各业务系统均应有结账功能，其原理与总账系统类似，但应注意各管理系统的结账顺序。一般而言，结账应从数据的源头开始。例如，首先对采购管理、销售管理、库存管理、存货核算进行结账；其次对应收款管理、应付款管理、薪酬管理、固定资产管理进行结账；再次对成本管理进行结账；最后对总账系统进行结账。

第四节　总账系统应用案例

总账系统在整个企业管理信息系统中居于核心地位，它通过开放的数据接口、标准化的业务流程使总账系统同其他业务系统有机地融合成一体。总账系统不仅可以直接输入记账凭证，也可以接收来自其他业务系统的机制转账凭证，进行总分类核算，提供综合性和总结性的价值信息。同时，还为财务报表、财务分析、管理报告等系统提供数据，以满足投资者、债权人、管理人员和政府部门等使用者的会计信息需求。

一、总账系统的集成应用

总账系统可以与薪酬管理系统、固定资产管理系统、应收款管理系统、应付款管理系统、成本管理系统、存货核算系统等输入端集成应用，也可以与报表管理系统、财务分析系统、管理报告系统等输出端集成应用。总账系统集成应用的数据关系如图 3-5 所示。

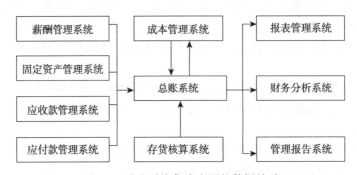

图 3-5　总账系统集成应用的数据关系

总账系统与其他系统集成应用的数据关系说明：

（1）总账系统与薪酬管理系统集成应用的数据联系。在薪酬管理系统中将薪酬业务处理完毕后，各项薪酬费用的分配及其相关费用的代扣、计提，可以生成相应的机制转账凭证传送到总账系统。

（2）总账系统与固定资产管理系统集成应用的数据联系。固定资产增加、固定资产减少或固定资产的其他变动方式所产生的固定资产变动数据，可以生成相应的机制转账凭证传送到总账系统；月末固定资产折旧费用的计提与分配数据，也可以生成相应的机制转账凭证传送到总账系统。

（3）总账系统与应收款管理系统集成应用的数据联系。应收款管理系统通过销售结算，对销售发票和收款单的审核，生成机制收款凭证或机制转账凭证传送到总账系统。

（4）总账系统与应付款管理系统集成应用的数据联系。应付款管理系统通过采购结算，对采购发票和付款单的审核，生成机制付款凭证或机制转账凭证传送到总账系统。

（5）总账系统与存货核算系统集成应用的数据联系。采购入库单和销售出库单在存货核算中汇总记账，存货核算系统将入库单和出库单汇总数据生成机制转账凭证传送到总账系统。

（6）总账系统与成本管理系统集成应用的数据联系。各产品的主要成本管理数据均来自相关子系统。例如，直接人工费来自薪酬管理系统；直接材料费来自存货核算系统；制造费用来自固定资产管理系统、总账系统、存货核算系统。成本管理系统的处理结果以机制转账凭证的方式传送到总账系统。

（7）总账系统与报表管理系统集成应用的数据联系。系统通过取数函数、取数公式可以从总账系统中读取科目余额和发生额数据，自动生成资产负债表、利润表、现金流量表、所有者权益变动表和附注等财务报表。

（8）总账系统与财务分析系统集成应用的数据联系。系统通过取数函数、取数公式从总账系统中读取科目余额和发生额数据，进行盈利能力、营运能力、偿债能力、发展能力等方面的比率分析、趋势分析、因素分析等，为决策提供可靠、相关的财务指标数据。

（9）总账系统与管理报告系统集成应用的数据联系。系统通过取数函数、取数公式从总账系统中读取科目余额和发生额数据，为资本经营、资金经营、资产经营、产品经营和生产经营等业务报告，提供财务报表数据和财务指标数据。

二、总账系统的应用案例

（一）总账系统凭证处理

2019年9月23日，蓝天装备公司外涵机匣车间主任王瑾到成都出差，时间3天，发生往返高铁费980元、住宿费900元，出差补助标准每天120元。9月27日，王瑾主任持票经事业部部长和主管副总经理审签后，到财务部会计科报销差旅费，差旅费支付到王瑾个人银行卡。业务处理过程如下：

（1）报销员进入总账系统，执行系统菜单"凭证→填制凭证"功能，进入"增加凭证"

窗口；单击"增加"按钮，增加一张空白凭证；选择凭证类型"付款凭证"；输入制单日期"2019/09/27"；输入附单据数"4"；输入摘要"外涵机匣车间王瑾到成都出差"；输入科目名称"510105"，借方金额"2240"，回车；输入科目名称"1002"，贷方金额"2240"；单击"保存"按钮，弹出"凭证已成功保存！"信息提示框；单击"确定"按钮，完成记账凭证的录入。

（2）出纳员进入总账系统，执行系统菜单"凭证→出纳签字"功能，系统弹出"出纳签字"条件对话框；输入查询条件，单击"确认"按钮，进入"出纳签字"列表窗口，列表显示全部符合条件的凭证；双击要签字的凭证或单击"确定"按钮，进入"出纳签字"凭证窗口；检查要签字的凭证，无误后，单击工具栏中"签字"按钮，凭证底部的"出纳"处自动签上出纳员姓名；单击"退出"按钮，完成记账凭证的出纳签字。

（3）审核员进入总账系统，执行系统菜单"凭证→审核凭证"功能，打开"凭证审核"查询条件对话框；输入查询条件，单击"确认"按钮，进入"凭证审核"的凭证列表窗口；双击要审核的凭证或单击"确定"按钮，进入"凭证审核"的审核凭证窗口；检查要审核的凭证，无误后，单击"审核"按钮，凭证底部的"审核"处自动签上审核人姓名；单击"退出"按钮，完成记账凭证的审核。

（4）记账员进入总账系统，执行系统菜单"凭证→记账"功能，进入"记账"窗口；输入要进入记账的凭证范围，单击"下一步"按钮；单击"记账"按钮，显示"试算平衡表"；单击"确认"按钮，系统开始登记有关明细账和总账；单击"确定"按钮，完成记账凭证的记账。

（二）固定资产月末计提折旧与总账系统

2019年9月30日，蓝天装备公司机匣事业部计提固定资产月末折旧，其中：进气机匣车间折旧额220 000元、风扇机匣车间折旧额190 000元、中介机匣车间折旧额630 000元、涡轮后机匣车间折旧额510 000元、外涵机匣车间折旧额160 000元。蓝天装备公司的固定资产业务核算通过固定资产管理系统处理，并与总账系统集成。业务处理过程如下：

（1）资产部管理员进入固定资产管理系统，执行系统菜单"处理→计提本月折旧"功能，弹出"本操作将计提本月折旧，是否要继续？"提示对话框，单击"是"按钮；弹出"是否要查看折旧清单？"提示对话框，单击"否"按钮；系统计提折旧完成后进入"折旧分配表"窗口，单击"确认"按钮，可以查阅折旧的计提分配表：进气机匣车间220 000元、风扇机匣车间190 000元、中介机匣车间630 000元、涡轮后机匣车间510 000元、外涵机匣车间160 000元；进入"填制凭证"窗口，选择凭证类别"转账凭证"，修改其他项目，单击"保存"按钮，完成折旧转账凭证的生成。

（2）财务部审核员进入总账系统，执行系统菜单"凭证→审核凭证"功能，打开"凭证审核"查询条件对话框；输入查询条件，单击"确认"按钮，进入"凭证审核"的凭证列表窗口；双击上述凭证或单击"确定"按钮，进入"凭证审核"的审核凭证窗口；检查要审核的凭证，无误后，单击"审核"按钮，凭证底部的"审核"处自动签上审核人姓名；单击"退出"按钮，完成折旧转账凭证的审核。

（3）财务部记账员进入总账系统，执行系统菜单"凭证→记账"功能，进入"记账"窗口；输入要进入记账的凭证范围，单击"下一步"按钮；单击"记账"按钮，显示"试算平衡表"；单击"确认"按钮，系统开始登记有关明细账和总账；单击"确定"按钮，完成折旧转账凭证的记账。

（4）若当月固定资产业务全部处理完毕，资产部管理员进入固定资产管理系统，执行系统菜单"处理→月末结账"功能，打开"月末结账"对话框，单击"确定"按钮，完成固定资产管理系统的期末结账。

（5）若当月总账业务全部处理完毕，财务部会计员进入总账系统，执行系统菜单"期末→结账"功能，进入"结账"窗口；单击要结账的月份"2019.09"，单击"下一步"按钮；单击"对账"按钮，系统对要结账的月份进行账账核对；单击"下一步"按钮，系统显示"9月份工作报告"；查看工作报告后，单击"下一步"按钮；单击"结账"按钮，完成总账系统的期末结账。

（三）期末转账凭证的定义、生成与结账

2019年9月30日，蓝天装备公司有一项无形资产原值6 000 000元，预计摊销10年，定义无形资产摊销凭证的模板（借：管理费用6 602，贷：累计摊销1 702）；定义期间损益结转凭证的模板（借：本年利润4 103，贷：主营业务成本6 401、其他业务成本6 402、税金及附加6 403、销售费用6 601、管理费用6 602、财务费用6 603、营业外支出6 711；借：主营业务收入6 001、其他业务收入6 051、公允价值变动损益6 101、投资收益6 111、营业外收入6 301，贷：本年利润4 103）。生成无形资产摊销凭证和期间损益结转凭证，并完成期末结账。业务处理过程如下：

（1）会计员进入总账系统，执行系统菜单"期末→转账定义→自定义转账"功能，进入"自定义转账设置"窗口；单击"增加"按钮，打开"转账目录"设置对话框；输入转账序号"0001"，转账说明"摊销无形资产"；选择凭证类别"转账凭证"。单击"确定"按钮；选择科目编码"6602"；方向"借"，输入金额公式"JG（）"；单击"增行"按钮；选择科目编码"1702"，方向"贷"，输入金额公式"QM（'1701'，月）/10/12"；单击"保存"按钮，完成自定义转账凭证模板的设置。

（2）会计员进入总账系统，执行系统菜单"期末→转账定义→期间损益结转"功能，进入"期间损益结转设置"窗口；选择凭证类别"转账凭证"，选择本年利润"4 103"，单击"确定"按钮，完成期间损益结转模板的设置。

（3）会计员进入总账系统，执行系统菜单"期末→转账生成"功能，进入"转账生成"窗口；单击"自定义转账"单选按钮；单击"全选"按钮，单击"确定"按钮；单击"保存"按钮，系统自动将当前凭证追加到未记账凭证库中，完成自定义转账凭证的生成。

（4）审核员进入总账系统，执行系统菜单"凭证→审核凭证"功能，完成自定义转账凭证的审核。

（5）记账员进入总账系统，执行系统菜单"凭证→记账"功能，完成自定义转账凭证的记账。

（6）会计员进入总账系统，执行系统菜单"期末→转账生成"功能，进入"转账生成"窗口；单击"期间损益结转"单选按钮；单击"全选"按钮；单击"确定"按钮，系统自动将当前凭证追加到未记账凭证库中，完成期间损益结转凭证的生成。

（7）审核员进入总账系统，执行系统菜单"凭证→审核凭证"功能，完成期间损益结转凭证的审核。

（8）记账员进入总账系统，执行系统菜单"凭证→记账"功能，完成期间损益结转凭证的记账。

（9）会计员进入总账系统，执行系统菜单"期末→对账"功能，进入"对账"窗口；将光标置于要进行对账的月份"2019.09"，单击"选择"按钮；单击"对账"按钮，开始自动对账，并显示对账结果；单击"试算"按钮，可以对各科目类别余额进行试算平衡；单击"确认"按钮，完成期末对账。

（10）会计员进入总账系统，执行系统菜单"期末→结账"功能，完成总账系统的期末结账。

练习题1

1. 目的

往来核算管理

2. 资料

2019年7月，会计学专业毕业的王芳就业于一家五金制造公司，主管应收账款的核算与管理工作，其核算采用手工核算。该公司加工的产品分为80多种不同的规格、款式和颜色，应收账款所涉及的客户平均每月达120家，销售部门的业务员有18名。2019年12月31日的应收账款余额为2 766万元。2020年1月10日，公司财务总监要求会计王芳提供如下数据资料：

（1）2019年12月31日应收账款余额的账龄结构如何？

（2）2019年12月31日应收账款余额是因为销售哪些产品形成的？

（3）2019年12月31日应收账款余额的销售负责人分别是哪些销售业务员？

3. 要求

（1）假设你是王芳，能否提供上述数据？

（2）结合某一具体会计软件，描述往来核算和管理的步骤。

练 习 题 2

1. 目的

自动转账

2. 资料

会计期末损益结转的分录如下：

（1）成本费用的结转

借：本年利润（4 103）

　　贷：主营业务成本（6 401）

　　　　其他业务成本（6 402）

　　　　税金及附加（6 403）

　　　　销售费用（6 601）

　　　　管理费用（6 602）

　　　　财务费用（6 603）

（2）收入的结转

借：主营业务收入（6 001）

　　其他业务收入（6 051）

　　投资收益（6 111）

　　营业外收入（6 301）

　　贷：本年利润（4 103）

（3）利润的结转

借：本年利润（4 103）

　　贷：利润分配——未分配利润（41 0411）

3. 要求

（1）根据上述转账业务，结合某一具体软件，描述转账凭证模板的定义。

（2）结合某一具体软件，描述转账凭证的生成过程，并说明该转账凭证的后续处理。

第四章　销售与应收款管理系统分析和设计

> **本章学习提示**
>
> 本章重点：销售与应收款管理系统的客户档案设置，科目设置，期初余额设置，内部数据流程；单据记账；往来核销。
>
> 本章难点：销售与应收款管理系统的内部数据流程与外部数据关系；单据记账。

第一节　销售与应收款管理系统文档和模型

销售与应收款管理是企业信息一体化解决方案中的两个不同系统，销售管理系统属于供应链管理系统，应收款管理系统属于财务系统。由于二者联系紧密，一般集成使用，因此，将销售管理系统和应收款管理系统作为一个相对的整体系统进行分析与设计。销售与应收款管理系统的具体目标包括：及时反映销售计划完成情况；及时完成销售的日常核算和管理；提供销售决策支持信息。

一、销售与应收款管理系统文档

销售与应收款管理系统中使用的主要文档如表 4-1 所示。

表 4-1　销售与应收款管理系统中使用的主要文档

文档名称	基本目标	制作部门	接收部门
销售订单	登记该笔销售的详细信息，是销售发货单、销售发票等单据的参考	销售部门	销售部门
销售发货单	依据销售订单，登记发出货物的信息	销售部门	仓储部门
销售发票	依据销售订单或销售发货单，登记该笔销售的财务信息	财务部门	财务部门
收款单	依据销售发票等单据，登记该笔销售收回的款项	财务部门	财务部门

（一）销售订单

销售订单是购销双方共同签署的、用以确认购销活动的标志。销售订单如表 4-2 所示。

表 4-2 销 售 订 单

订单编号_____ 订单日期_____ 销售类型_____
客户名称_____ 发货地址_____
销售部门_____ 业务员_____ 定金_____
发运方式_____ 收款条件_____

产品编码	产品名称	数量	单位	单价	税率	金额

（二）销售发货单

销售发货单是销售部门在确定销售订货时，向仓储部门发出的发货通知单。销售发货单如表 4-3 所示。

表 4-3 销售发货单

发货编号_____ 发货日期_____ 销售类型_____ 订单号_____
客户名称_____ 发货地址_____
销售部门_____ 业务员_____ 发票号_____
发运方式_____ 收款条件_____

仓库	产品编码	产品名称	数量	单位	单价	金额

（三）销售发票

销售发票是销售业务中最重要、也是最终的环节，是供应链管理与财务系统联系的主要数据通道，决定了财务系统中销售收入、销售税金、应收款的核算。销售发票如表 4-4 所示。

表 4-4 销 售 发 票

发票号_____ 开票日期_____ 销售类型_____ 订单号_____
客户名称_____ 客户地址_____
开户银行_____ 账号_____ 税号_____
销售部门_____ 业务员_____ 收款条件_____

产品编码	产品名称	数量	单位	单价	税率	金额

（四）收款单

收款单用来记录企业因为销售而收到的款项。收款单如表 4-5 所示。

表 4-5　收　款　单

单据编号_____收款日期_____客户名称_____
款项类型_____结算科目_____金额_____
客户银行_____客户账号_____票据号_____
销售部门_____业务员_____收款条件_____

二、销售与应收款管理系统模型

企业从销售到收款结算的业务循环所要经过的环节一般表现为：销售部门负责与客户签订销售订单，销售订单通过审核后分别传送到仓储部门、财务部门、客户；销售部门根据审核后的销售订单开具货物清单分别传送给客户和仓储部门；仓储部门负责发出货物并开出销售出库单；财务部门负责开出销售发票、销售结算和账簿登记。销售与应收款管理的业务处理涉及的职能部门包括销售部门、仓储部门、财务部门和客户（外部部门），其业务处理模型如图 4-1 所示。

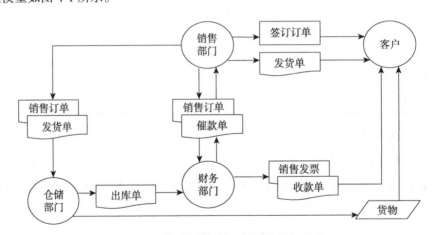

图 4-1　销售与应收款管理业务处理模型

从销售与应收款管理系统的业务处理模型可以看出，销售与应收款管理系统的业务处理主要包括销售订单、销售出库、销售核算、销售结算四个环节。在这四个环节中，既包含着物流，又包含着资金流，同时还包含着交易数据在总账系统与存货系统之间的信息流。因此，销售与应收款管理系统是物流、资金流、信息流的统一体。

（一）销售订单

销售部门根据客户的销售订单，填写销售订单多联，经销售部门和财务部门审核后，分别传送到仓储部门、财务部门、客户，然后依据审核后的销售订单编制销售发货单，传送给仓储部门和客户。因此，销售订单是销售与应收款管理系统的数据起点。

（二）销售出库

仓储部门根据销售部门的销售订单和销售发货单，组织产品发货，填写或签署销售出库单，登记产品出库数量账，并将有关单据传送到财务部门。

（三）销售核算

财务部门收到销售部门、仓储部门、运输部门转来的销售订单、销售出库单、运输单等单据后，向客户出具销售发票，并依据上述单据编制与销售收入、销售成本、销售费用、销售税金有关的记账凭证传送到总账系统，登记销售明细账和总账。

（四）销售结算

财务部门根据销售订单、出库单、销售发票以及结算方式，签发收款结算凭单给客户，并编制记账凭证，登记银行存款、应收账款等相关账簿；根据销售订单的收款条件，定期向销售部门提供催款通知单；各期期末对应收账款进行账龄分析，提列坏账准备金。

第二节　销售与应收款管理系统流程描述

一、销售与应收款管理系统的流程重构

通过销售与应收款管理系统的文档和模型可以看出，虽然销售与应收款管理工作都是围绕如何提高效率，快速准确地反映业务事实而进行的，但是这些处理形式存在明显的局限性，容易造成数据重复登记、数据不一致、信息滞后且准确性降低和信息深加工难度大等问题。结合上述业务处理形式的分析，利用信息技术来消除其处理方式所固有的缺陷，应从如下几个方面对流程进行优化。

（一）整个流程共享统一的数据库

在业务流程中，整个业务处理的数据起点是销售订单，销售部门、仓储部门、财务部门的业务处理都与销售订单相关，因此，在销售与应收款管理系统中，应以销售订单文件为主数据库文件，各部门和岗位的业务处理都必须依据销售订单文件中的基本数据输入其他数据。例如，参照销售订单的基本数据输入销售发货单、销售发票、销售收款单的相关数据。

（二）实现业务流程的集成

在销售与应收款管理系统中，销售订单被输入审核后，仓储部门的发货出库业务、财

务部门出具销售发票与结算业务、财务部门的收款业务，都可以销售订单为依据进行相应的业务处理，实现销售与应收款管理和总账处理、库存管理、存货核算的业务协同和数据共享。

（三）实现销售、发货和收款的动态管理

对于一般企业而言，销售、发货和收款三个环节由不同部门、不同人员处理，这三个环节之间的信息传送与共享对于有效管理销售流程至关重要。因此，销售发票的数量应该决定销售发货单的数量，并通过发票数量控制出库数量，通过销售发票的关键数据项目，如客户编码、客户名称、金额等控制收款对象和结算金额，保证数据的一致性。

二、销售与应收款管理系统的数据流程分析

（一）销售与应收款管理系统的数据流程

通过对销售与应收款管理系统的文档和模型、外部数据关系的分析，结合计算机数据处理的特点，可抽象出销售与应收款管理系统的顶层数据流程，如图4-2所示。

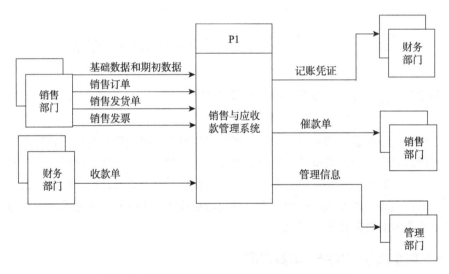

图 4-2　销售与应收款管理系统的顶层数据流程

销售与应收款管理系统的顶层数据流程概述了系统与外部实体的数据关系。由销售部门录入销售管理的基础数据和应收款管理的期初数据，完成系统的基础数据设置。例如，客户档案、部门档案、职员档案、结算方式、收款条件、销售方式等。在日常业务处理中，由销售部门录入销售订单、销售发货单，由财务部门录入销售发票和收款单，通过系统对各种销售发票、收款单的处理，生成记账凭证传送到总账系统，输出催款单传送到销售部门，输出相关信息传送到管理部门。例如，销售统计表、发货统计表、发票使用明细表、

销售人员业绩统计表、销售增加分析表、销售结构表、销售毛利表、应收款周转率分析表、应收款账龄分析表等。

顶层数据流程揭示了销售与应收款管理系统的边界,明确了系统与外部实体的数据关系,对其进一步分解,形成销售与应收款管理系统的详细数据流程,如图4-3所示。

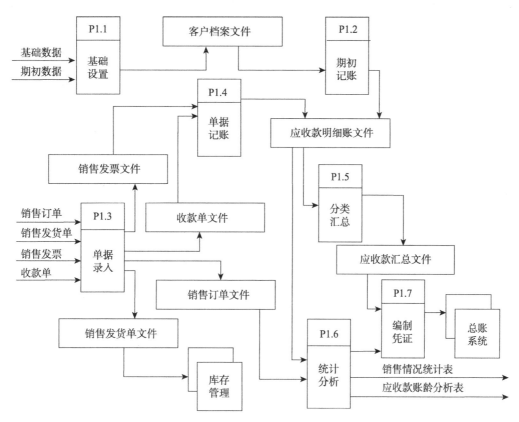

图4-3 销售与应收款管理系统的数据流程

上述销售与应收款管理系统的数据流程是基于销售管理系统、库存管理系统、存货核算系统、应收款管理系统集成应用的模式。销售管理系统主要录入并审核销售订单,并依据审核后的销售订单录入销售发票,然后向应收款管理系统传送销售发票数据;应收款管理系统主要通过读取销售管理系统的销售发票数据和直接录入收款单,生成销售收入、应收款项的记账凭证,并传送到总账系统。销售与应收款管理系统的数据流程及说明如下。

1. 基础设置

销售部门通过基础设置将企业的基础数据和期初数据录入客户档案等基础设置文件中。

2. 期初记账

财务部门通过期初记账处理,将客户档案中的期初余额数据记录到应收款明细账文件中。

3. 单据录入

在日常业务处理中，由销售部门和财务部门通过销售管理系统录入销售订单、销售发货单、销售发票，其单据数据分别存储在销售订单文件、销售发货单文件、销售发票文件中。财务部门通过应收款管理系统录入收款单，其单据数据存储在收款单文件。

4. 单据记账

由财务部门通过应收款管理系统读取销售发票数据，生成销售收入的确认凭证，增加应收账款，同时更新应收款明细账文件。由财务部门通过应收款管理系统录入收款单，生成应收款项的收款凭证，减少应收账款，同时更新应收款明细账文件。

5. 分类汇总

在期末，财务部门通过应收款管理系统对应收款明细账进行汇总处理，了解应收账款总体情况。

6. 统计分析

财务部门依据销售订单和应收款明细账进行统计分析，输出销售订单执行明细表、销售情况统计表、销售价格分析表、应收款账龄分析表等。

7. 编制期末凭证

期末，财务部门依据应收款汇总和统计分析情况，计提坏账准备，确认坏账，并编制相应凭证传送到总账系统。

（二）销售与应收款管理系统的主要数据库结构

销售与应收款管理系统中的主要数据库文件包括客户档案文件、销售订单文件、销售发货单文件、销售发票文件、收款单文件、应收款明细账文件等数据文件。

1. 客户档案文件

客户档案文件是了解客户信息的入口，用于存储所有客户的基本信息，以及所欠账款综合动态信息，以便加强货款催收工作，改善销售管理。文件中每一个记录对应一个客户，根据此文件可以输出欠款客户信息表、客户信誉信息表、催款单、客户代码等。客户档案文件包括的信息有客户编码、客户名称、客户简称、所属分类码、所属地区码、所在行业、税号、开户银行、银行账号、联系人、联系电话、联系地址、发货地址、应收款余额、购货折扣率、价格级别、信用等级、信用额度、客户付款条件、最后交易日、最后交易额、最后收款日期、最后收款金额等数据项目。在日常业务数据处理过程中，销售订单、销售出库单、销售发票、收款单等单据需要频繁使用客户档案中的基本信息，可以直接参照客户档案文件的相关记录生成，保证各类单据所记载的客户信息一致。客户档案数据库文件的基本结构如表4-6所示。

表4-6　客户档案数据库文件的基本结构

序号	字段名	类型	说明
1	客户编码	C	与实际客户一一对应
2	客户名称	C	汉字或英文字母
3	客户简称	C	客户全称的缩简
4	所属分类码	C	按客户的某些特征编码
5	所属地区码	C	客户区域分类，如华东、华南等
6	所在行业	C	客户的行业性质，如工业、商业、房地产开发等
7	税号	C	纳税人税务登记证编号
8	开户银行	C	客户的结算银行
9	银行账号	C	客户的结算银行编号
10	联系人	C	客户联系人姓名
11	联系电话	C	客户的通信联系电话
12	联系地址	C	客户的详细住所
13	发货地址	C	企业发出货物的地点
14	应收款余额	N	客户的购货欠款
15	购货折扣率	N	客户适用的价格折扣比率
16	价格级别	C	相同产品，对不同客户采用不同价格的等级
17	信用等级	C	企业对客户信用评价后得出的信用好坏程度
18	信用额度	N	赊销所允许客户欠款的最高限额
19	客户付款条件	C	赊销回收货款时，对不同期间客户付款所允许的现金折扣比例
20	最后交易日	D	与客户最后一次交易的时间
21	最后交易额	N	与客户最后一次交易的金额
22	最后收款日期	D	客户最后一次付款的时间
23	最后收款金额	N	客户最后一次付款的金额

2. 销售订单文件

销售订单文件是指企业销售合同中关于货物的明细内容，是反映由购销双方确认的客户要货需求的单据。销售订单文件包括的信息有订单日期、订单编号、销售类型、客户编码、客户名称、销售部门、业务员、结算方式、交货方式、交货地点、付款条件、产品编码、产品名称、数量、单价、税率、金额等信息。在系统设计时，允许一张订单录入多种产品，因此，一张订单的签订并不是一条记录，而是多条记录。销售订单数据库文件的基本结构如表4-7所示。

表 4-7 销售订单数据库文件的基本结构

序号	字段名	类型	说明
1	订单日期	D	订单签订日期
2	订单编号	C	手工录入或系统自动连续编制
3	销售类型	C	销售方式,如委托代销、分期收款销售等
4	客户编码	C	从客户档案文件读取、选择、存储
5	客户名称	C	从客户档案文件读取、选择、存储
6	销售部门	C	从部门档案文件读取、选择、存储
7	业务员	C	从职员档案文件读取、选择、存储
8	结算方式	C	支付货款的方式,如支票、汇票等
9	交货方式	C	产品移交的方式
10	交货地点	C	产品移交的地点
11	付款条件	C	现金折扣比例
12	产品编码	C	从存货档案文件读取、选择、存储
13	产品名称	C	从存货档案文件读取、选择、存储
14	数量	N	产品实物数量
15	单价	N	产品销售价格
16	税率	N	销售产品适用的增值税税率,如13%、9%等
17	金额	N	含税金额

3. 销售发货单文件

销售发货单文件主要存储销售交易所需发出货物的详细信息。销售发货单文件包括的信息有发货日期、发货单号、销售类型、客户编码、客户名称、销售部门、业务员、结算方式、付款条件、发运方式、发货地点、产品编码、产品名称、数量等数据项目。销售发货单数据库文件的基本结构如表 4-8 所示。

表 4-8 销售发货单数据库文件的基本结构

序号	字段名	类型	说明
1	发货日期	D	产品发出日期
2	发货单号	C	产品发货单编号
3	销售类型	C	销售方式,如委托代销、分期收款销售等
4	客户编码	C	从客户档案文件读取、选择、存储
5	客户名称	C	从客户档案文件读取、选择、存储
6	销售部门	C	从部门档案文件读取、选择、存储
7	业务员	C	从职员档案文件读取、选择、存储
8	结算方式	C	支付货款的方式,如支票、汇票等
9	付款条件	C	现金折扣比例
10	发运方式	C	产品发运的方式
11	发货地点	C	产品发送的地点
12	产品编码	C	从存货档案文件读取、选择、存储
13	产品名称	C	从存货档案文件读取、选择、存储
14	数量	N	产品实物数量

4. 销售发票文件

销售发票文件用于存储在销售开票过程中用户所开具的销售发票的详细信息。销售发票文件包括的信息有开票日期、销售类型、发票编号、发货单号、客户编码、客户名称、开户银行、银行账号、税号、销售部门、业务员、付款条件、税率、产品编码、产品名称、数量、单价、金额、税额等数据项目。销售发票数据库文件的基本结构如表 4-9 所示。

表 4-9 销售发票数据库文件的基本结构

序号	字段名	类型	说明
1	开票日期	D	销售发票出具日期
2	销售类型	C	销售方式,如委托代销、分期收款销售等
3	发票编号	C	发票的编号
4	发货单号	C	对应发货单的编号
5	客户编码	C	从客户档案文件读取、选择、存储
6	客户名称	C	从客户档案文件读取、选择、存储
7	开户银行	C	从客户档案文件读取、选择、存储
8	银行账号	C	从客户档案文件读取、选择、存储
9	税号	C	从客户档案文件读取、选择、存储
10	销售部门	C	从部门档案文件读取、选择、存储
11	业务员	C	从职员档案文件读取、选择、存储
12	付款条件	C	现金折扣比例
13	税率	N	销售产品适用的增值税税率,如 13%、9%等
14	产品编码	C	从存货档案文件读取、选择、存储
15	产品名称	C	从存货档案文件读取、选择、存储
16	数量	N	产品实物数量
17	单价	N	产品销售价格
18	金额	N	含税金额
19	税额	N	依据增值税税率计算的销项税额

5. 收款单文件

收款单文件用于存储收款单信息,记录企业所收到的客户款项,每张收款凭证作为一个记录,以提供生成应收账款明细账所需的收款信息,款项性质包括应收款、预收款、其他应收款等。收款单文件包括的信息有单据编号、收款日期、客户编码、客户名称、客户银行、客户账号、票据号、销售部门、业务员、结算方式、结算科目、金额等数据项目。收款单数据库文件的基本结构如表 4-10 所示。

表 4-10　收款单数据库文件的基本结构

序号	字段名	类型	说明
1	单据编号	C	收款单据编号
2	收款日期	D	款项到账日期
3	客户编码	C	从客户档案文件读取、选择、存储
4	客户名称	C	从客户档案文件读取、选择、存储
5	客户银行	C	从客户档案文件读取、选择、存储
6	客户账号	C	从客户档案文件读取、选择、存储
7	票据号	C	承兑票据编号
8	销售部门	C	从部门档案文件读取、选择、存储
9	业务员	C	从职员档案文件读取、选择、存储
10	结算方式	C	从结算方式文件读取、选择、存储
11	结算科目	C	从会计科目文件读取、选择、存储
12	金额	N	含税金额

6. 应收款明细账文件

应收款明细账文件用于存储每笔赊销业务形成的应收账款信息，该信息由销售发票文件记账与收款单文件记账后生成。该文件是生成应收账款对账单的重要数据来源。利用该文件可以生成销售发票信息列表、客户欠款发票列表、应收账款账龄分析表等。应收款明细账文件包括的信息有客户编码、客户名称、记账日期、业务日期、凭证字号、摘要、对方科目、借方金额、贷方金额等。应收款明细账数据库文件的基本结构如表 4-11 所示。

表 4-11　应收款明细账数据库文件的基本结构

序号	字段名	类型	说明
1	客户编码	C	从客户档案文件读取、选择、存储
2	客户名称	C	从客户档案文件读取、选择、存储
3	记账日期	C	凭证制单日期
4	业务日期	C	从系统中读取
5	凭证字号	C	系统自动产生
6	摘要	C	凭证的简明汉字摘要，每行都有
7	对方科目	C	一般为银行存款、销售收入、应交税金等
8	借方金额	N	科目金额大小
9	贷方金额	N	科目金额大小

第三节　销售与应收款管理系统功能设计

根据销售与应收款管理系统的数据流程图和系统设计的要求，销售与应收款管理系统一般包括基础设置、单据录入、业务处理、统计分析和期末结账等功能。销售与应收款管理系统的功能结构如图4-4所示。

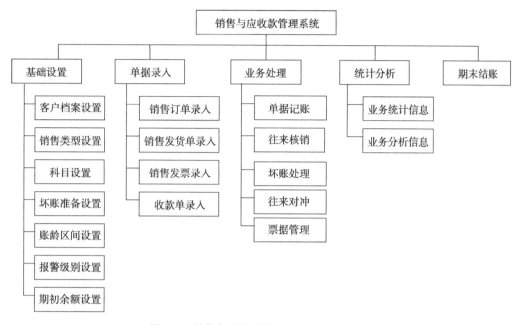

图4-4 销售与应收款管理系统的功能结构

一、基础设置

销售与应收款管理系统基础设置的主要功能是设置与销售业务处理有关的基础数据，包括客户档案、销售类型、科目、坏账准备、账龄区间、报警级别、期初余额等，其中，部门档案、职员档案、结算方式的设置主要在薪酬管理系统和总账系统中设置。基础数据的建立，不仅有利于方便、快速地输入日常业务单据，而且有利于信息的分类统计分析，提供多角度的管理信息，另外，会计信息系统的各系统都使用相同的基本档案，这为各个系统之间的数据共享与传送奠定了基础。

（一）客户档案设置

客户档案记录了往来客户的基本信息，用于对客户资料进行设置、维护和管理。客户档案资料将存入客户档案文件，在录入销售订单、销售发货单、销售发票、收款单时，可以直接调用客户档案的相关数据。进行统计分析时，可以把客户档案作为查询或统计条件。客户档案包括客户基本信息、客户联系信息、客户信用信息等。

1. 客户基本信息

客户基本信息包括客户编码、客户名称、客户简称、所属分类码、所属地区码、所在行业、税号、开户银行、银行账号等,其中在单据录入和处理过程中应用最多的就是客户编码。由于各企业客户数量、客户区域分布、客户所在行业的差异,一般根据企业销售管理的需求,采用区间码的方式设计客户编码。编码要求与科目代码相似,便于根据需要对数据进行分类和汇总。在具体设计客户编码时,要考虑很多因素。例如,考虑客户所在地区,以便了解销售的地区分布情况;考虑客户的行业类型,以便进行市场潜力的分析;等等。另外,客户编码在客户档案中必须唯一,并且不允许编码为空,其结构必须与账套参数中客户档案体系的设置一致。

2. 客户联系信息

客户联系信息包括联系人、联系电话、联系地址、邮政编码、发货地址、发货方式等。

3. 客户信用信息

客户信用信息包括应收款余额、购货折扣率、价格级别、信用等级、信用额度、客户付款条件、最后交易日、最后交易额、最后收款日期、最后收款金额。

(1)应收款余额。应收款余额是指该客户当前的应收账款余额。

(2)购货折扣率。购货折扣率是客户可以享受的购货折扣比率。

(3)价格级别。价格级别是针对不同客户、不同存货、不同批量而对商品价格进行的分级管理。例如,把客户分为批发类和零售类,那么他们所适合的价格级别分别有批发价和零售价,对批发类的客户价格级别仍可以细分。不同的价格级别可以在系统中设定不同的价格算法,有关参数来源于商品档案。例如,参考成本、最新成本、计划单价等。企业在价格政策中,可能采用多种销售价格,还可能针对不同客户给予不同的折扣率,具体的客户购买的商品所享受的折扣率在客户折扣率表中进行设置。

(4)信用等级、信用额度。信用等级是对客户展开信用评价,而给出的客户所适合的信用等级。信用额度是根据客户的信用等级来确定的客户可以使用的信用额度。设置信用等级、信用额度是企业实施信用控制的重要手段,可选做信用控制的单据包括销售合同、销售发票、销售发货单,用户可以同时选择多个信用控制单据,在进行相关业务处理时,系统将提供信用控制。

(5)客户付款条件。客户付款条件将决定客户在某段期间内付款所能获取的现金折扣,同时将决定每笔销售业务的最后付款日期,是企业为了鼓励客户尽早偿还货款而允诺在一定期限内给予的规定的折扣优待。假设现金折扣条件表示为"5/10,1/20,n/30",其含义是:客户在10天内付款,可得到5%的折扣,即只付原价的95%的货款;在20天内付款,可得到1%的折扣,即只付原价的99%的货款;在30天内付款,则须按照全额支付货款;在30天以后付款,则不仅要全额付款,还可能要支付延期付款利息或违约金。客户付款条件主要用于销售订单、销售发票等环节。

(6)最后交易日。客户的最后一笔业务的交易日期。

(7)最后交易金额。客户的最后一笔业务的交易金额。

(8)最后收款日期。客户的最后一笔收款日期。

(9)最后收款金额。客户的最后一笔收款业务的收款金额。

（二）销售类型设置

企业在处理销售业务时，系统应允许企业根据自身的实际情况自定义销售类型，以便按销售类型对销售业务数据进行统计和分析。销售类型通常包括零售、批发、委托代销、分期收款、售后回购等，每一种销售类型应定义唯一的编码，以便系统识别，进行相应的自动转账处理。销售类型的设置跟单据记账时对应的凭证模板直接相关，如表4-12所示。

表4-12　销售类型对应的凭证模板

销售类型	凭证模板	销售类型	凭证模板
零售	借：库存现金 　　贷：主营业务收入 　　　　应交税费——应交增值税（销项税额）	分期收款	借：长期应收账款 　　银行存款 　　贷：主营业务收入 　　　　应交税费——应交增值税（销项税额） 　　　　未实现融资收益
批发（现结/赊销）	借：银行存款/应收账款 　　贷：主营业务收入 　　　　应交税费——应交增值税（销项税额）	售后回购	借：银行存款 　　贷：其他应付款 　　　　应交税费——应交增值税（销项税额）
委托代销	借：应收账款 　　贷：主营业务收入 　　　　应交税费——应交增值税（销项税额）		

（三）科目设置

销售与应收款管理系统的科目设置主要包括两类：基本科目设置和受控科目设置。

1. 基本科目设置

销售与应收款管理系统基本科目是核算应收款项时经常用到的会计科目，主要包括应收科目、预收科目、销售收入和应交增值税科目。基本科目也称单据类型科目，可以在增加单据时带出相关的科目，常见的基本科目如表4-13所示。

表4-13　常见的基本科目

单据类型	科目	单据类型	科目
收款单	应收账款	销售发票	应收账款
预收单	预收账款	退款单	应收账款
其他应收单	其他应收款	应收票据	应收票据
应交税金	应交税金——应交增值税（销项税额）		

2. 受控科目设置

受控科目是指所有带有客户往来辅助核算的科目：应收科目和预收科目。这些科目只能在销售与应收款管理系统中使用，相关的凭证必须在销售与应收款管理系统中处理，不能在总账里直接增加受控科目的凭证。

（四）坏账准备设置

采用备抵法估计应收账款坏账损失的方法主要有应收款余额百分比法、销售余额百分比法、账龄分析法，系统应提供上述三种计提方法的处理功能，由企业根据本企业的会计政策在系统中选择确定。如果当年已经计提过坏账准备，坏账计提方法不能随意修改，只能下一年度修改。

（五）账龄区间设置

为了对应收款进行账龄分析，评估客户信誉，并按一定比例估计坏账损失，首先需要根据应收款欠款时间长短定义账龄区间。账龄区间的定义有助于对应收款进行分级分析，实时掌握客户的欠款情况。

（六）报警级别设置

报警功能是为应收款管理提供的一项辅助功能。通过对报警级别的设置，将客户按照欠款余额与被授信用额度比例分为不同的类型，以便及时掌握、分析各个客户的信用情况，减少企业可能的损失。

（七）期初余额设置

期初余额设置是为了保证销售业务处理的连续性和完整性，在企业第一次启用销售与应收款管理系统时，在期初必须录入尚未完成销售管理全部流程的业务单据。期初需要录入的单据通常包括：分期收款或先发货后开票销售方式下已发货尚未出具销售发票的出库单；先开票后发货方式下的已开发票而尚未发货的销售发票；委托代销方式下尚未与受托方办理结算的出库单；尚未办理结算的销售发票和收款单等。期初余额涉及的单据日期必须小于账套启用期间。期初数据录入完毕后，要对受控科目相关数据进行对账，即核对具有客户往来属性的科目在总账系统的期初数跟其在应收款管理系统的期初数是否一致。

二、单据录入

销售与应收款管理系统日常业务单据的录入包括销售订单、销售发货单、销售发票、收款单等，这些单据虽然是分别输入的，但它们之间存在一定的控制关系。一般都是以销售订单数据为基础，参照输入销售发货单、销售发票、收款单，由于销售方式的影响，销售发货单、销售发票、收款单的录入不存在先后关系，但存在相互制约的关系，同一笔销售业务各单据的客户信息、交易信息应保持一致。

（一）销售订单录入

企业根据销售订单组织货源，并对订单的执行进行管理、控制和追踪，在销售管理系统中处于核心地位。由于工业企业供应链系统可以实现以销售订单决定销售预算、生产预算和采购预算等多种业务处理,因而在所有业务单据中,销售订单的传送途径最多,涵盖的业务范围最广,是供应链整体的起源单据和最终目标。销售订单也是应收款管理系统和销售管理系统联系的纽带。例如,销售订单可以连接应收款管理系统的销售合同,又可以将合同信息传送到销售发票,将物流和资金流结合起来。销售订单主要包括订单日期、订单编号、销售类型、客户编码、客户名称、销售部门、结算方式、交货方式、交货地点、付款条件、业务员、产品编码、产品名称、数量、单价、税率等信息。销售订单可以手工输入,也可以参照销售合同输入。

(二)销售发货单录入

销售发货单是销售订单的重要执行单据,不仅要处理与销售订单直接关联的执行情况,还要处理销售发货单与销售订单间接关联的执行情况,起到承上启下的业务管理作用。

销售发货单数据项目与销售订单的数据项目基本相同,主要包括发货日期、发货单号、销售类型、客户编码、客户名称、销售部门、结算方式、发运方式、交货地点、付款条件、业务员、产品编码、产品名称、数量、单价、税率等信息,一般而言,销售发货单可以通过手工录入,也可根据销售订单派生。参照订单发货时,一张订单可多次发货,多张订单也可一次发货。

(三)销售发票录入

销售发票是在销售开票过程中企业所开具的原始销售单据,包括增值税专用发票、普通发票及其所附清单。销售专用发票的数据项目包括开票日期、销售类型、发票编号、客户编码、客户名称、客户地址、开户银行、银行账号、税号、销售部门、业务员、付款条件、税率、产品编码、产品名称、数量、单价、金额、税额等信息。销售发票可以手工输入,也可以参照销售订单或销售发货单输入。参照发货单开票时,多张发货单可以汇总开票,一张发货单也可拆单生成多张销售发票。销售发票一般为信用控制单据,在录入销售发票时,若出现超出信用额度事件,系统将给出超信用提示,根据设置的信用控制方式,进行下一步处理,如果信用期间已经结束,而客户仍然没有付款结算,则登录系统时,系统将提供单据信用期间过期预警,生成逾期未收款清单。

(四)收款单录入

收款单录入是将已收到的客户款项录入应收款管理系统。企业收到每一笔款项应知道该款项是客户结算所欠货款,还是提前支付的货款,还是支付其他费用。一般通过款项类型予以区分不同的用途,在录入收款单时,需要指定其款项用途,如果选择款项类型为"应收款",则表明该款项性质为冲销应收款;如果选择款项类型为"预收款",则该款项用途为形成预收款。系统应根据款项类型的设定对收款业务做相应的账务处理。对于现销业务的结算,可以直接根据销售发票生成收款单。收款单的主要数据项目包括单据编号、收款日期、客户编码、客户名称、结算方式、结算科目、金额、客户银行、客户账号、票据号、销售部门、业务员等。

以上所有单据录入完毕后，只有通过审核才能进行后续处理。

三、业务处理

销售与应收款管理系统的日常业务处理主要是应收款的业务处理，包括单据记账、往来核销、坏账处理、往来对冲、票据管理等功能。

（一）单据记账

单据记账是应收款管理系统依据审核后的销售发票、收款单生成记账凭证，并登记各类账户的过程。例如，登记销售收入、应收账款明细账。销售业务账务处理所涉及的会计科目与销售方式和结算方式有明确的对应关系。在销售与应收款管理系统中，记账凭证的生成是通过销售类型、结算方式设置中定义的凭证模板，在销售业务确认处理的同时根据输入的有关数据自动生成的。凭证模板的定义是针对不同的单据、业务特征，定义不同的实现业务信息转化为会计信息之间的规则。一般只需在期初定义一次，在销售业务发生变化的情况下需要调整规则。

在应收款管理系统中，由于每种销售类型和结算方式各对应一个凭证模板，因此在销售发票、收款单录入审核后，系统依据凭证模板自动生成记账凭证。例如，在输入审核销售发票后，根据销售方式和结算方式生成会计分录：借记"库存现金（银行存款、预收账款、应收账款、应收票据、长期应收款）"，贷记"主营业务收入"和"应交税费——应交增值税（销项税额）"；根据收款单上记录的结算方式和款项类型，自动生成该结算方式对应的会计分录：借记"库存现金（银行存款）"，贷记"应收账款（应收票据、预收账款、长期应收款）"。

（二）往来核销

应收款管理系统的往来核销是企业日常进行的以回收货款核销应收款的工作。为了准确核算应收账款，加快应收账款的回收，必须对企业和客户之间的往来款项加强管理。由于收款中存在预收账款，无法预先知道该笔款项所属的销售业务，而且收款出纳在根据发票收款时也可能出现没有记录销售发票号的现象，为了准确核算应收客户款项，需要进行往来核销，建立收款与应收款的对应关系，加强往来款项的管理。主要的往来核销方式如表 4-14 所示。

表 4-14　主要的往来核销方式

核销方式	含义
余额核销	在收款结算时，将满足条件的未结算单据按单据的到期日从前到后排序，然后从到期日最早的单据开始核销的方法
单据核销	将满足条件的未结算单据全部列示，根据所选择的单据进行核销
存货核销	将满足条件的往来结算单据按存货列出，选择要结算的存货，根据所选择的存货进行核销

可见，不同核销方式的选择，将影响账龄分析的精确性。一般而言，选择按单据核销方式或按存货核销方式能进行更精确的账龄分析。

（三）坏账处理

应收款管理系统应依据应收款统计分析的数据，提供计提坏账准备、坏账发生、坏账收回等业务处理功能。坏账处理的作用是系统自动计提应收款的坏账准备，当坏账发生时进行核销处理；当被核销的坏账又收回时进行相应转回处理。坏账处理的结果应自动生成记账凭证传送到总账系统中。

（1）计提坏账准备。企业应于期末分析各项应收款项的可收回性，并预计可能产生的坏账损失，计提坏账准备。企业计提坏账准备的方法由企业自行确定，系统提供坏账处理的方法，包括应收款余额百分比法、销售余额百分比法、账龄分析法等。系统将自动根据企业所选择的应收账款计提方法，计算与当前应收账款匹配的坏账准备余额，并根据本次计提前的坏账准备余额，计算当前应计提额，并生成记账凭证传送到总账系统。例如，借记"资产减值损失"，贷记"坏账准备——应收账款坏账准备"。

（2）坏账发生与收回。当坏账发生时，企业应确定哪些应收款为坏账，通过坏账发生，选定发生坏账的应收款业务单据，生成记账凭证传送到总账系统。例如，借记"坏账准备——应收账款坏账准备"，贷记"应收账款"。当被核销的坏账又被重新收回时，则需要在系统中指定哪张收款单为坏账收回单，并与已经确认为坏账的发票进行核销，然后依据收款单借记"应收账款"，贷记"坏账准备——应收账款坏账准备"，借记"银行存款"，贷记"应收账款"。

（四）往来对冲

往来款项对冲处理是为了避免往来款多头挂账的问题而设置的功能。在实际业务中由于经济业务的复杂性，有时候无法明确划分某些企业是客户还是供应商，有些企业的销售货款是其他企业代付的，有些企业的预收款项无法明确是哪笔销售业务，因此，系统一般都提供往来对冲处理功能，以便正确反映与这类企业的往来情况。在应收款管理系统中，往来对冲类型如表4-15所示。

表4-15　往来对冲类型

类型	内容
应收冲应付	以某客户的应收款冲抵某供应商的应付款项，系统通过应收冲应付功能将应收款业务在客户和供应商之间进行转账，实现应收业务的调整，解决应收债权与应付债务的冲抵
应收冲应收	将某一客户的应收款转到另一客户中，系统将应收款业务在客户之间进行转入、转出，实现应收款业务的调整，解决应收款业务在不同客户间错分或合并的问题
预收冲应收	处理客户的预收款和该客户应收款的转账核销业务

（五）票据管理

一般情况下，企业的销售活动都会产生应收票据管理业务。因此，应收款管理系统应提供对银行承兑汇票和商业承兑汇票的管理功能，记录票据的详细信息和票据的处理情况，包括票据贴现、背书、计息、结算、转出等处理。应收票据输入审核后，自动派生一张收款单，并生成记账凭证，借记"应收票据"，贷记"主营业务收入"和"应交税费——应交增值税（销项税额）"；票据到期收到款项后，借记"银行存款"，贷记"应收票据"。如果企业在票据到期前进行背书处理，企业应输入背书日期、背书金额、被背书单位、利息、费用和对应科目，背书业务处理包括冲减应付款、转入应收账款或增加存货金额等方式。如果企业在票据到期前进行贴现处理，系统应自动根据票面金额与贴现率计算贴现净额与利息，生成票据贴现业务凭证。如果应收票据到期不能收回款项，系统应提供应收票据的转出功能，并自动生成记账凭证，借记"应收账款"，贷记"应收票据"。

以上业务处理涉及的凭证全部应由应收款管理系统生成，其他系统不能生成该类凭证。相应地，这些凭证的修改和删除，也只能在应收款管理系统中进行。应收款管理系统生成的凭证仍需要到总账系统中审核、记账。

四、统计分析

销售与应收款管理系统日常处理的结果信息是通过统计分析功能实现的，其结果信息一般包括业务统计信息和业务分析信息。

（一）业务统计信息

业务统计信息是依据销售订单、销售发票，结合企业管理信息的需求，生成的各种统计报表，一般包括销售收入统计表、销售发货汇总表、销售发货明细表、客户销售情况明细表、销售退货统计表、销售订单统计表、销售订单执行情况汇总表、销售订单执行情况明细表、销售毛利统计表、应收款汇总表、应收款明细账、往来对账单、催款单、应收计息表等。例如，销售订单执行情况汇总表，它是按关键字汇总数据、以综合反映订单执行情况的报表，即可以按存货、客户等汇总反映根据不同条件所查询到的汇总数据，并且销售订单通过直接关联销售出库单，或通过关联发货通知单、再关联销售出库单的间接关联方式，显示货物的订货数和实际出库数量，进行比较并显示其中差异。销售订单执行情况汇总表输出结果。

（二）业务分析信息

业务分析信息是对销售流程中各项主要业务处理结果和运作情况进行的分析，以支持管理部门对销售业务的预测和决策，一般包括产品销售增长分析表、产品销售流向分析表、产品销售利润分析表、产品销售结构分析表、信用数量分析表、信用额度分析表、信用期限分析表、应收款账龄分析表、应收款周转分析表、欠款分析表、坏账分析表、收款预测表等。例如,产品销售增长分析表,它是针对销售发票进行分析的报表,主要通过分析不同期间的产品销售数量和金额,了解当期销售增长情况,预测未来销售趋势,进而制定相关策略。可以从多角度进行销售增长分析。例如,以产品、客户大类、销售地区、销售部门、业务员、销售类型等为主体进行分析,分析期间和基本期间可以根据需要自行决定。

五、期末结账

期末结账是指结束本期的销售业务单据录入和处理,计算本期相关账户的余额,并将账户余额和基础数据转入下期的过程,即本期一旦结账,就不再接收本期的数据输入及本期数据的记账等操作。结账的同时,系统在进行必要的备份后清空一些相应的字段值,为下一期的数据做准备。例如,客户档案文件,要将本期的"期末应收账款余额"转为下期的"期初应收账款余额",将"本期应收账款"和"本期收回账款"字段清空。

期末结账的一般步骤为:检查本期的销售单据是否全部处理完毕;计算应收款账户的本期发生额、本年累计发生额、本期期末余额,将本期期末余额转为下期期初余额;更新系统数据库的相关数据项目,修改系统参数。

结账所需条件:上期期末已经结账;结算单和应收单据已经审核;本期销售单据处理完毕;期末对账;涉及制单业务全部生成凭证;一次只能选择 1 个月进行结账。期末结账后将不能再进行当期的销售业务处理,只能处理下期的日常业务。

第四节 销售与应收款管理系统应用案例

销售与应收款管理系统是对销售和收款相关业务进行专门处理的系统,其中销售管理系统主要完成单据的录入和审核,包括销售订单的录入和审核、销售发货单的录入和审核、销售发票的录入和复核、代垫运杂费的录入和审核等业务。应收款管理系统主要依据销售发票和收款单等单据完成应收款的核算及其统计分析。同时,在相关业务处理过程中,销售与应收款管理系统又与其他相关系统紧密联系。

一、销售与应收款管理系统的集成应用

销售与应收款管理系统主要跟库存管理、存货核算、总账等系统集成应用,数据关系如图 4-5 所示。

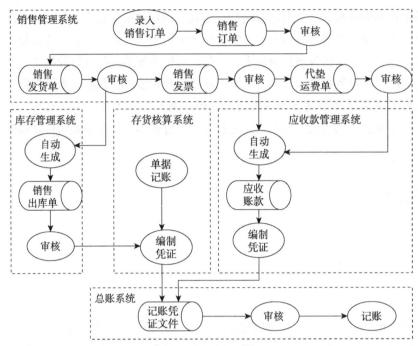

图 4-5 销售与应收款管理系统的外部数据关系

销售与应收款管理系统和其他系统的数据关系说明：

（1）销售部门和财务部门通过销售管理系统录入并审核销售订单，依据销售订单参照录入并审核销售发货单、销售发票以及代垫运费单。

（2）销售部门传送销售发货单到库存管理系统中，修改并生成销售出库单。

（3）在库存管理系统中，由仓库保管员发出货物，并对销售出库单进行审核签字。

（4）在存货核算系统中，财务部门对已审核的销售出库单记账并编制结转销售成本的转账凭证。

（5）财务部门通过应收款管理系统，依据销售发票确认产品销售收入，依据销售订单中的结算方式和代垫运费单确认债权关系，编制应收款的记账凭证。

（6）总账系统接收应收款管理系统和存货核算系统的记账凭证，审核记账凭证并登记相关账簿。

二、销售与应收款管理系统的应用案例

（一）普通销售业务处理

2019 年 9 月 3 日，满意装备经销公司向蓝天装备公司订购 8 台秦岭发动机，无税单价是 500 000 元，要求 9 月 20 日发货。9 月 20 日销售部从 1 号仓库向满意装备经销公司发出其所订货物。并据此开具专用销售发票，发票号为 LTZB001。业务处理过程如下：

（1）销售员进入销售管理系统，执行系统菜单"销售订货→销售订单"功能，进入"增

加销售订单"窗口，单击"增加"按钮，增加一张空白订单，输入表头信息：日期"2019-09-03"，业务类型"普通销售"，销售类型"普通销售"，客户名称"满意装备经销公司"，销售部门"销售部"，税率"13"等；输入表体信息：存货名称"秦岭发动机"，主计量单位"台"，输入数量"8"，单价"500 000"等信息；单击"保存"按钮，由另一名销售部门人员对销售订单进行审核，确认无误后，单击"审核"按钮，退出"销售订单"窗口，完成销售订单的录入与审核。

（2）销售员进入销售管理系统，执行系统菜单"销售发货→发货单"功能，出现"增加销售发货单"窗口，单击"增加"按钮，出现"过滤条件选择—参照订单"窗口，选择客户名称"满意装备经销公司"，单击"过滤"按钮；出现"参照生单"窗口，选择对应销售订单，单击"确定"按钮；系统自动把销售订单的信息代入销售发货单，修改发货日期为"2019-09-20"，补充仓库名称"1号仓库"；单击"保存"按钮，然后另一名销售部门人员对销售发货单进行审核，确认无误后，单击"审核"按钮；单击"退出"按钮，退出"销售发货单"窗口，完成销售发货单的录入与审核。

（3）财务人员进入销售管理系统，执行系统菜单"销售开票→销售专用发票"功能，出现"增加销售专用发票"窗口，单击"增加"按钮，出现"过滤条件选择—参照发货单"窗口，选择客户名称"满意装备经销公司"，单击"过滤"按钮；出现"参照生单"窗口，选择对应销售发货单，单击"确定"按钮；系统自动把销售发货单的信息代入销售发票，修改开票日期为"2019-09-20"，单击"保存"按钮；然后另一名财务人员对销售发票信息进行审核，确认无误后，单击"复核"按钮，退出"销售专用发票"窗口，完成销售发票的录入与复核。

（4）财务人员进入应收款管理系统，执行系统菜单"应收单据处理→应收单据审核"功能；出现"应收单过滤条件"窗口，选择客户"满意装备经销公司"，单击"确定"按钮；进入"应收单据列表"窗口，选择单据日期为"2019-09-20"的销售专用发票，然后另一名财务人员对销售发票信息进行审核，确认无误后，单击"审核"按钮，退出"应收单据列表"窗口，完成销售发票的审核。

（5）财务人员进入应收款管理系统，执行系统菜单"制单处理→发票制单"功能，出现"制单查询"窗口，选择客户"满意装备经销公司"，单击"确定"按钮；进入"发票制单"窗口，选择单据日期为"2019-09-20"的销售专用发票；单击"制单"按钮，出现"填制凭证"窗口，修改凭证类型为"转账凭证"，制单日期为"2019-09-20"，单击"保存"按钮；该凭证显示"已生成"字样，然后退出"填制凭证"和"发票制单"窗口，完成销售收入凭证的生成，生成的凭证会自动传送到总账系统，进行审核、记账。

（6）仓管员进入库存管理系统，执行系统菜单"出库业务→销售出库单"功能，出现"销售出库单"窗口，单击"生单"按钮，选择"销售生单"；出现"过滤条件选择—销售发货单列表"窗口，选择客户"满意装备经销公司"，单击"过滤"按钮；选择对应销售发货单，单击"确定"按钮；系统弹出"生单成功"对话框，系统自动把销售发货单的信息代入销售出库单，修改出库日期为"2019-09-20"；单击"保存"按钮，然后另一名仓管员对销售出库单信息进行审核，确认无误后，单击"审核"按钮，退出"销售出库单"窗口，完成销售出库单的录入和审核。

（7）财务人员进入存货核算系统，执行系统菜单"业务核算→正常单据记账"功能；出现"过滤条件选择"窗口，选择单据类型"销售出库单"，单击"过滤"按钮；进入"正常单据记账列表"窗口，选择对应销售出库单单据；单击"记账"按钮，系统弹出"记账成功"对话框，单击"确定"按钮，完成销售出库单的记账。

（8）财务人员进入存货核算系统，执行系统菜单"财务核算→生成凭证"功能；进入"生成凭证"窗口，单击"选择"按钮，出现"查询条件"窗口，选择"销售出库单"选项，单击"确定"按钮；进入"未生成凭证单据一览表"窗口，选择对应销售出库单，单击"确定"按钮；回到"生成凭证"窗口，完整相关信息，单击"生成"按钮，完成销售出库单相关凭证的生成，生成的凭证会自动传送到总账系统，然后进行审核、记账。

（二）收款业务处理

2019年9月23日，财务部收到满意装备经销公司转账支票一张，金额为4 520 000元，支票号为MYZBO001，用来偿还前欠货款，存入工商银行。业务处理过程如下：

（1）财务人员进入应收款管理系统，执行系统菜单"收款单据处理→收款单据录入"功能，出现"收款单"窗口；单击"增加"按钮，输入日期"2019-09-23"，选择客户"满意装备经销公司"，结算方式"转账支票"，结算科目选择"100 201"，金额"4 520 000"，票据号"MYZBO001"，单击"保存"按钮；另一名财务人员对收款单信息进行审核，确认无误后，单击"审核"按钮；完成收款单的录入和审核。

（2）财务人员进入应收款管理系统，执行系统菜单"制单处理→收款单制单"功能，出现"制单查询"窗口，选择客户"满意装备经销公司"，单击"确定"按钮；进入"收款单制单"窗口，修改和保存相关凭证，该凭证显示"已生成"字样，单击"退出"按钮，完成收款凭证的生成。生成的凭证会自动传送到总账系统，然后进行审核、记账。

（3）财务人员进入应收款管理系统，执行系统菜单"核销处理→手工核销"功能，单击"核销"按钮，出现"核销条件"窗口，单击"确定"按钮；显示"2019-09-23"的销售发票和收款单，在该单据对应的本次结算处输入结算金额"4 520 000"；单击"保存"按钮，完成应收款的核销。

练习题

练习题1

1. 目的

收款业务流程重构

2. 资料

鲲鹏公司是天蓝公司的分公司,该公司的年销售量非常可观,其处理现金收入的过程如下:

直接销售和货到付款销售的收款由出纳负责,该出纳可以从客户处或送递服务处收到现金。收到现金以后,出纳在销售票据上加盖"付讫"戳,再把一份副本归档以便日后查考。货到付款的唯一记录就是这份销售票据的副本,它由出纳保管,直到从客户或送递服务那里收到现金。

邮件由信用主管的秘书打开,汇款单交给信用主管的助理审阅,然后由信用主管把汇款单交给出纳。在每天存款时,出纳把手头上的支票和现金交给信用主管的助理,该助理负责准备汇款清单,结算银行存款,并把存款带到银行。信用主管的助理还负责把汇款过账到应收账款分类账上,并核准可允许的现金折扣。并且,信用主管从天蓝公司行政部门获得了冲销坏账的批准权。在会计年度末,他还保管最后一个月内收到的汇款单。

3. 要求

(1)请画出鲲鹏公司的现金收款处理流程图,并描述一下它的不足。

(2)在IT环境下,如何对鲲鹏公司现金收款业务进行优化?请结合该公司实际情况,画出流程图,并描述相关步骤。

练习题2

1. 目的

销售业务处理

2. 资料

2019年10月初,海御设备有限公司开始使用财务业务一体化软件,该公司生产的产品种类不多,但是客户非常多,目前固定客户有700多家,销售类型有很多,如批发、委托代销、分期收款等多种形式,有些客户拖欠货款严重,公司经理找到会计赵海,让其对销售和应收款管理进行合理设置。设置完毕后,如果有这样一笔经济业务:2019年10月20日,销售部向北方空调有限公司出售型号为W3的设备,80台,价格为50 000元/台,由成品库发货。由于金额较大,客户要求以分期付款方式购买该商品。经协商,客户分3次付款,并据此开具相应销售发票。第一次开具的专用发票数量为20台,价格为50 000元/台,首次付款金额为1 130 000元。

3. 要求

(1)你认为赵海在进行销售和应收款管理系统基础设置时,应注意哪些方面?

(2)结合具体软件,对公司该笔业务的操作处理流程进行描述。

第五章 采购与应付款管理系统分析和设计

本章学习提示

本章重点：采购与应付款管理系统的供应商档案设置，科目设置，期初余额设置，内部数据流程；采购结算；单据记账。
本章难点：采购与应付款管理系统的内部数据流程与外部数据关系；单据记账。

第一节 采购与应付款管理系统文档和模型

企业的生产经营活动由供应、生产、销售三个阶段构成，供应阶段是生产经营活动的起点，主要表现为存货资产的增加和资金的流出。采购是企业供应部门按已确定的采购计划，通过市场采购、加工定制等各种渠道，取得企业生产经营活动所需要的各种存货的经济活动。采购管理是通过采购申请、采购计划、采购订货、订单管理、供应商管理等功能实现从采购订货、采购入库到采购结算全过程的控制和跟踪；应付款管理主要用于核算和管理企业与供应商之间应付及预付的往来款项，完成采购的会计核算与管理。采购与应付款管理系统具体目标包括：制订合理详细的采购计划；及时完成采购的日常核算和管理；及时完成应付款核算与管理；提供各种管理信息。

一、采购与应付款管理系统文档

采购与应付款管理系统中使用的主要文档如表 5-1 所示。

表 5-1 采购与应付款管理系统中使用的主要文档

文档名称	基本目标	制作部门	接收部门
采购订单	登记该笔采购的详细信息，是采购入库单、采购发票等单据的参考	采购部门	仓储部门
采购入库单	依据采购订单，登记入库货物的信息	采购部门	仓储部门
采购发票	依据采购订单或采购发货单，登记该笔采购的财务信息	财务部门	财务部门
付款单	依据采购发票等单据，登记该笔采购支付的款项	财务部门	财务部门

第五章 采购与应付款管理系统分析和设计

（一）采购订单

采购订单是存货在采购业务中流动的起点，是详细记录企业物流的循环流动轨迹、累积企业管理决策所需要的经营运作信息的关键。采购订单如表 5-2 所示。

表 5-2 采 购 订 单

订单编号_____ 订单日期_____ 采购类型_____
供应商名称_____ 发货地址_____
采购部门_____ 业务员_____ 定金_____
发运方式_____ 付款条件_____

产品编码	产品名称	数量	单位	单价	税率	金额

（二）采购发票

采购发票是供应商开给购货单位，据以付款、记账、纳税的依据，一般机制发票有三联，分别是存根联、抵扣联和发票联。采购发票（发票联）如表 5-3 所示。

表 5-3 采 购 发 票

发票号_____ 开票日期_____ 采购类型_____ 订单号_____
供应商名称_____ 付款条件_____
开户银行_____ 账号_____ 税号_____
采购部门_____ 业务员_____ 税率_____

存货编码	存货名称	数量	单位	单价	金额	税额

（三）付款单

付款单用来记录企业因为采购而支付的款项。付款单如表 5-4 所示。

表 5-4 付 款 单

单据编号_____ 付款日期_____ 供应商名称_____
款项类型_____ 结算科目_____ 金额_____
开户银行_____ 银行账号_____ 票据号_____
采购部门_____ 业务员_____ 付款条件_____

二、采购与应付款管理系统模型

企业从采购到付款结算的业务循环所要经过的环节一般表现为：请购部门提出采购申请；采购部门负责与供应商签订采购订单；仓储部门负责货物的验收入库；财务部门负责采购结算和账簿登记。采购与应付款管理的业务处理涉及的职能部门有：请购部门、采购部门、仓储部门、财务部门和供应商（外部部门），其业务处理模型如图 5-1 所示。

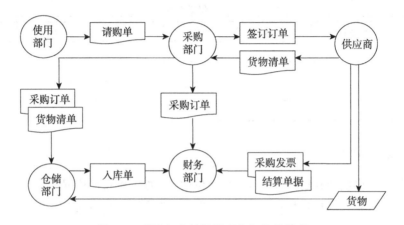

图 5-1　采购与应付款管理业务处理模型

从图 5-1 可以看出，采购与应付款管理系统的业务处理主要包括采购订单、采购入库、采购核算、采购结算四个环节。在这四个环节中，既包含着物流，又包含着资金流，同时还包含着交易数据在总账系统与存货系统之间的信息流。因此，采购与应付款管理系统是物流、资金流、信息流的统一体。

（一）采购订单

请购部门编制购买货物的请购单，传送到采购部门；采购部门收到请购单后，由采购业务员根据供应商信息和货物的市场价格信息进行比较判断，选择合适的供应商并签订采购订单。采购订单首先由财务部门进行审核，再由采购部门将已审核的采购订单传送到仓储部门和供应商。

（二）采购入库

供应商在发货的同时，将相应的货物清单传送到企业采购部门，采购部门审核后，将货物清单传送到仓储部门。在货物运抵仓库后，仓储部门根据采购订单和货物清单对货物进行验收入库，编制入库单，登记采购入库存货的数量账，并将入库单传送到财务部门。

（三）采购核算

当财务部门收到供应商的发票后，将其与采购订单、入库单进行核对，计算材料的采购成本，编制记账凭证，登记账簿。

（四）采购结算

财务部门根据采购订单、入库单和采购发票签发付款结算凭单给供应商，并编制记账凭证，登记银行存款、应付账款等相关账簿。

第二节　采购与应付款管理系统流程描述

一、采购与应付款管理系统的流程重构

通过采购与应付款管理系统的文档和模型可以看出，其缺陷主要有：数据容易不一致，效率低下；信息滞后且准确性低，数据的深加工受到影响；等等。信息环境下，采购与应付款管理系统应从如下几个方面对流程进行优化。

（一）整个流程采用统一的数据库

在业务流程中，整个业务处理的数据起点是采购订单，采购部门、仓储部门、财务部门的业务处理都与采购订单相关，因此，在采购与应付款管理系统中，应以采购订单文件为主数据库文件，各部门和岗位的业务处理都必须从采购订单文件中提取数据。例如，参照采购订单的基本数据输入采购发票、采购付款单的相关数据。

（二）实现业务流程的集成

实现业务流程的集成即"数出一门，共同使用"，一旦采购订单被确认，仓储部门的验收入库业务、财务部门的发票控制与结算业务、财务部门的应付与付款业务，都可依据采购订单进行相应的业务处理，实现采购管理、应付款管理与总账处理、存货核算的业务协同和数据共享。

（三）实现采购、入库和付款的动态管理

对于一般企业而言，采购、入库和付款三个环节由不同部门、不同人员处理，这三个环节之间的信息传送与共享对于有效管理采购流程至关重要。因此，在关键环节设计控制点，强化实时控制，如采购订单的数量应该决定采购发票、采购入库单的数量，并通过订单数量控制发票数量，通过采购订单的关键数据项目，如供应商编码、供应商名称、金额等，控制付款对象和结算金额，保证三个部门数据的一致性。

二、采购与应付款管理系统的数据流程分析

（一）采购与应付款管理系统的数据流程

通过对采购与应付款管理系统的文档和模型、外部数据关系的分析，结合计算机数据处理的特点，可抽象出采购与应付款管理系统的顶层数据流程，如图 5-2 所示。

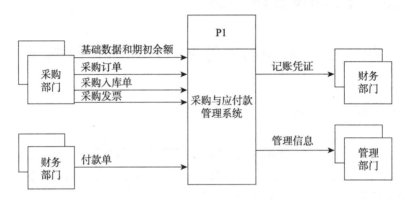

图 5-2　采购与应付款管理系统的顶层数据流程

采购与应付款管理系统的顶层数据流程说明如下：

在采购与应付款管理系统中，由采购部门录入采购管理的基础数据和应付款管理的期初数据，完成系统的基础数据设置。例如，供应商档案、部门档案、职员档案、结算方式、付款条件等。在日常业务处理中，由采购部门录入采购订单，由财务部门录入并审核采购发票和付款单；通过系统对各种采购发票、付款单的处理，生成记账凭证传送到财务部门的总账系统，输出相关信息传送到管理部门。例如，采购订单执行明细表、采购汇总表、采购发票明细表、采购价格分析表、采购结构 ABC 分析表、应付款账龄分析表等。

图 5-2 揭示了采购与应付款管理系统的边界，明确了系统与外部实体的数据关系，对其进一步分解，便形成采购与应付款管理系统的数据流程，如图 5-3 所示。

上述采购与应付款管理系统的数据流程是基于采购管理系统、库存管理系统、存货核算系统、应付款管理系统集成应用的模式。采购管理系统主要录入并审核采购订单，并依据审核后的采购订单录入采购发票，然后向应付款管理系统传送采购发票数据；应付款管理系统主要通过读取采购管理系统的采购发票数据和直接录入付款单，生成采购成本、应付款项的记账凭证，并传送到总账系统。系统数据流程说明如下：

1. 基础设置

采购部门通过基础设置将企业的基础数据和期初数据录入到供应商档案、部门档案、职员档案、结算方式、付款条件等基础设置文件。

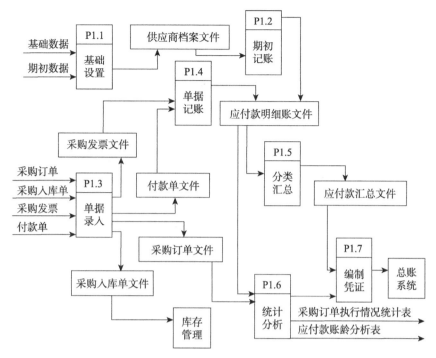

图 5-3 采购与应付款管理系统的数据流程

2. 期初记账

财务部门通过期初记账处理,将供应商档案中的期初余额数据过入应付款明细账。

3. 单据录入

在日常业务处理中,由采购部门和财务部门通过采购管理系统录入并审核采购订单,然后参照采购订单在采购管理系统录入采购发票,并将其日常单据数据分别保存在采购订单文件、采购发票文件中。

4. 单据记账

由财务部门通过应付款管理系统读取采购发票数据,生成采购成本的确认凭证,增加应付账款,同时更新应付款明细账文件。由财务部门通过应付款管理系统录入付款单,生成应付款项的付款凭证,减少应付账款,同时更新应付款明细账文件。

5. 分类汇总

在期末,财务部门通过应付款管理系统对应付款明细账进行汇总处理,编制汇总凭证传送到总账系统。

6. 统计分析

财务部门依据采购订单和应付款明细账进行统计分析,输出采购订单执行明细表、采购汇总表、采购发票明细表、采购价格分析表、采购结构 ABC 分析表、应付款账龄分析表等。

（二）采购与应付款管理系统的主要数据库结构

采购与应付款管理系统中的主要数据库文件包括供应商档案文件、采购订单文件、采购发票文件、付款单文件、应付款明细账文件等数据文件。

1. 供应商档案文件

供应商档案文件包括供应商编码、供应商名称、供应商简称、所属分类码、所属地区码、所在行业、税号、开户银行、银行账号、联系人、联系电话、联系地址、发货地址、应付款余额、购货折扣率、信用等级、信用额度、付款条件、最后交易日、最后交易额、最后付款日期、最后付款金额等数据项。在日常业务数据处理过程中，采购订单、采购入库单、采购发票、付款单等单据需要频繁使用供应商档案中的基本信息，可以直接参照供应商档案文件的相关记录生成，保证各类单据所记载的供应商信息一致。供应商档案数据库文件的基本结构如表 5-5 所示。

表 5-5　供应商档案数据库文件的基本结构

序号	字段名	类型	说明
1	供应商编码	C	与实际供应商一一对应
2	供应商名称	C	汉字或英文字母
3	供应商简称	C	供应商全称的缩简
4	所属分类码	C	按供应商的某些特征编码
5	所属地区码	C	供应商区域分类，如华东、华南等
6	所在行业	C	供应商的行业性质，如工业、商业、房地产开发等
7	税号	C	纳税人税务登记证编号
8	开户银行	C	供应商的结算银行
9	银行账号	C	供应商的结算银行编号
10	联系人	C	供应商联系人姓名
11	联系电话	C	供应商的通信联系电话
12	联系地址	C	供应商的详细住所
13	发货地址	C	供应商发出货物的地点
14	应付款余额	N	尚未结算的购货款
15	购货折扣率	N	供应商提供的价格折扣比率
16	信用等级	C	企业对供应商信用评价后得出的信用好坏程度
17	信用额度	N	供应商对赊购所允许欠款的最高限额
18	付款条件	C	赊购支付货款时，供应商所允许的现金折扣比例
19	最后交易日	D	与供应商最后一次交易的时间
20	最后交易额	N	与供应商最后一次交易的金额
21	最后付款日期	D	最后一次支付给供应商货款的时间
22	最后付款金额	N	最后一次支付给供应商货款的金额

2. 采购订单文件

采购订单文件包括订单日期、订单编号、采购类型、供应商编码、供应商名称、采购部门、业务员、结算方式、交货方式、交货地点、付款条件、存货编码、存货名称、数量、单价、税率、金额等信息。在系统设计时,允许一张订单录入多种存货,因此,一张订单的签订并不是一条记录,而是多条记录。采购订单数据库文件的基本结构如表5-6所示。

表5-6 采购订单数据库文件的基本结构

序号	字段名	类型	说明
1	订单日期	D	订单签订日期
2	订单编号	C	手工录入或系统自动连续编制
3	采购类型	C	采购分类,如生产采购、在建工程采购等
4	供应商编码	C	从供应商档案文件读取、选择、存储
5	供应商名称	C	从供应商档案文件读取、选择、存储
6	采购部门	C	从部门档案文件读取、选择、存储
7	业务员	C	从职员档案文件读取、选择、存储
8	结算方式	C	支付货款的方式,如支票、汇票等
9	交货方式	C	存货移交的方式
10	交货地点	C	存货移交的地点
11	付款条件	C	现金折扣比例
12	存货编码	C	从存货档案文件读取、选择、存储
13	存货名称	C	从存货档案文件读取、选择、存储
14	数量	N	购入存货的实物数量
15	单价	N	购入存货的价格
16	税率	N	购入存货适用的增值税税率,如13%、9%等
17	金额	N	含税金额

3. 采购发票文件

采购发票文件包括开票日期、采购类型、发票编号、供应商编码、供应商名称、开户银行、银行账号、纳税人识别号、采购部门、业务员、付款条件、税率、存货编码、存货名称、数量、单价、金额、税额等数据项。采购发票数据库文件的基本结构如表5-7所示。

4. 付款单文件

付款单文件用于存储付款单信息,记录企业所支付的供应商款项,每张付款凭证作为一个记录,以提供生成应付账款明细账所需的付款信息,款项性质包括应付款、预付款、其他应付款等。付款单文件包括单据编号、付款日期、供应商编码、供应商名称、供应商银行、供应商账号、票据号、采购部门、业务员、结算方式、结算科目、金额等数据项。付款单数据库文件的基本结构如表5-8所示。

表 5-7 采购发票数据库文件的基本结构

序号	字段名	类型	说明
1	开票日期	D	采购发票出具日期
2	采购类型	C	采购分类,如生产采购、在建工程采购等
3	发票编号	C	发票的编号
4	供应商编码	C	从供应商档案文件读取、选择、存储
5	供应商名称	C	从供应商档案文件读取、选择、存储
6	开户银行	C	从供应商档案文件读取、选择、存储
7	银行账号	C	从供应商档案文件读取、选择、存储
8	纳税人识别号	C	从供应商档案文件读取、选择、存储
9	采购部门	C	从部门档案文件读取、选择、存储
10	业务员	C	从职员档案文件读取、选择、存储
11	付款条件	C	现金折扣比例
12	税率	N	购入存货适用的增值税税率,如 13%、9%等
13	存货编码	C	从存货档案文件读取、选择、存储
14	存货名称	C	从存货档案文件读取、选择、存储
15	数量	N	购入存货的实物数量
16	单价	N	购入存货的价格
17	金额	N	含税金额
18	税额	N	依据增值税税率计算的进项税额

表 5-8 付款单数据库文件的基本结构

序号	字段名	类型	说明
1	单据编号	C	付款单据编号
2	付款日期	D	支付货款日期
3	供应商编码	C	从供应商档案文件读取、选择、存储
4	供应商名称	C	从供应商档案文件读取、选择、存储
5	供应商银行	C	从供应商档案文件读取、选择、存储
6	供应商账号	C	从供应商档案文件读取、选择、存储
7	票据号	C	承兑票据编号
8	采购部门	C	从部门档案文件读取、选择、存储
9	业务员	C	从职员档案文件读取、选择、存储
10	结算方式	C	从结算方式文件读取、选择、存储
11	结算科目	C	从会计科目文件读取、选择、存储
12	金额	N	含税金额

5. 应付款明细账文件

应付款明细账文件用于存储每笔赊购业务形成的应付账款信息,该信息由采购发票文件记账与付款单文件核销后生成。该文件是生成应付账款对账单的重要数据来源。利用该文件可以生成采购发票信息列表、应付账款账龄分析表等。应付款明细账文件包括的信息有供应商编码、供应商名称、记账日期、业务日期、凭证字号、摘要、对方科目、借方金额、贷方金额等。应付款明细账数据库文件的基本结构如表5-9所示。

表5-9　应付款明细账数据库文件的基本结构

序号	字段名	类型	说明
1	供应商编码	C	从供应商档案文件读取、选择、存储
2	供应商名称	C	从供应商档案文件读取、选择、存储
3	记账日期	C	凭证制单日期
4	业务日期	C	从系统中读取
5	凭证字号	C	系统自动产生
6	摘要	C	凭证的简明汉字摘要，每行都有
7	对方科目	C	一般为在途物资、材料、材料采购等
8	借方金额	N	科目金额大小
9	贷方金额	N	科目金额大小

第三节　采购与应付款管理系统功能设计

采购与应付款管理系统的主要功能包括基础设置、采购计划、单据录入、业务处理、统计分析和期末结账等功能，其中，采购管理系统的主体功能表现在单据录入，应付款管理系统的主体功能表现在业务处理。采购与应付款管理系统的功能结构如图5-4所示。

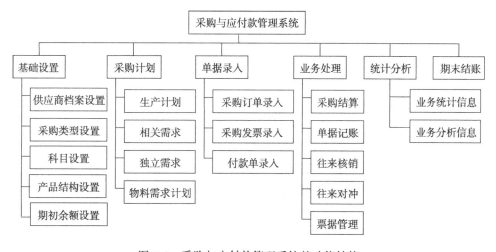

图5-4　采购与应付款管理系统的功能结构

一、基础设置

采购与应付款管理系统基础设置的主要功能是设置与采购业务处理有关的基础数据，包括供应商档案、部门档案、职员档案、产品结构、结算方式、采购类型、付款条件、期初余额等，其中，部门档案、职员档案、结算方式的设置主要在薪酬管理系统和总账系统中设置。基础数据的建立，不仅有利于方便、快速地输入日常业务单据，而且有利于信息的分类统计分析，提供多角度的管理信息。

（一）供应商档案设置

供应商档案记录了供应商的基本信息，用于对供应商资料进行设置、维护和管理。供应商档案将存入供应商档案文件，在录入采购订单、采购发票、付款单时，可以直接调用供应商档案的相关数据。供应商档案包括供应商基本信息、供应商联系信息、供应商信用信息等。

1. 供应商基本信息

供应商基本信息包括供应商编码、供应商名称、供应商简称、所属分类码、所属地区码、总公司编码、所在行业、税号、开户银行、银行账号等；其中在单据录入和处理过程中应用最多的就是供应商编码。有关采购和应付款的所有数据都与供应商密切相关，为了使计算机更好地对供应商进行管理，必须对供应商进行代码管理。由于各企业供应商数量、供应商区域分布、供应商所在行业的差异，一般根据企业采购管理的需求，采用区间码的方式设计供应商代码。在具体设计供应商代码时，要考虑很多因素。例如，供应商所在地区、供应商的行业类型等。

2. 供应商联系信息

供应商联系信息包括联系人、联系电话、联系地址、邮政编码、到货地址、发运方式、到货仓库等。

3. 供应商信用信息

供应商信用信息包括应付款余额、购货折扣率、信用等级、信用额度、付款条件、最后交易日、最后交易额、最后付款日期、最后付款金额。

（1）应付款余额。应付款余额是指该供应商当前的应付账款余额。

（2）购货折扣率。购货折扣率是指供应商给予的购货折扣比率。

（3）信用等级、信用额度。依据在供应商应付款方面的表现，用户自行设定的供应商信用等级和额度。

（4）付款条件。付款条件是供应商给予的在某段期间内付款所能获取的现金折扣，同时将决定每笔采购业务的最后付款日期。假设现金折扣条件表示为"5/10、1/20、$n/30$"，其含义是：用户在 10 天内付款，可得到 5%的折扣，即只付原价的 95%的货款；在 20 天内付款，可得到 1%的折扣，即只付原价的 99%的货款；在 30 天内付款，则须按照全额支付货款；在 30 天以后付款，则不仅要全额付款，还可能要支付延期付款利息或违约金。供应商付款条件主要用于采购订单、采购发票等环节。

（5）最后交易日。供应商的最后一笔业务的交易日期。

（6）最后交易额。供应商的最后一笔业务的交易金额。

（7）最后付款日期。供应商的最后一笔付款日期。

（8）最后付款金额。供应商的最后一笔付款业务的付款金额。

（二）采购类型设置

采购类型设置是企业根据管理的需要，对企业采购业务进行的合理分类。例如，将采购业务划分为生产采购、委托加工采购、在建工程采购、定量采购、零星采购、进口采购、其他采购等。每一种采购类型应定义唯一的编码，以便系统识别，进行相应的自动转账处理。采购类型的设置跟单据记账时对应的凭证模板直接相关，如表 5-10 所示。

表 5-10 采购类型对应的凭证模板

采购类型	凭证模板	采购类型	凭证模板
生产采购	借：材料采购 　　应交税费——应交增值税（进项税额） 贷：应付账款	定量采购	借：材料采购 　　应交税费——应交增值税（进项税额） 贷：应付账款
委托加工采购	借：委托加工物资 　　应交税费——应交增值税（进项税额） 　　应交税费——应交消费税 贷：应付账款	零星采购	借：材料采购 　　应交税费——应交增值税（进项税额） 贷：银行存款
在建工程采购	借：在建工程 贷：应付账款		

（三）科目设置

采购与应付款管理系统的科目设置主要包括两类：基本科目设置和受控科目设置。

1. 基本科目设置

采购与应付款管理系统基本科目是核算应收款项时经常用到的会计科目，主要包括应付科目、预付科目、材料采购和应交增值税科目。基本科目也称单据类型科目，可以在增加单据时带出相关的科目，常见的基本科目如表 5-11 所示。

2. 受控科目设置

受控科目是指所有带有供应商往来辅助核算的科目：应付科目和预付科目。这些科目只能在采购与应付款管理系统中使用，相关的凭证必须在采购与应付款管理系统中处理，不能在总账里直接增加受控科目的凭证。

表 5-11 常见的基本科目

单据类型	科目	单据类型	科目
付款单	应付账款	采购发票	应付账款
预付单	预付账款	退款单	应付账款
其他应付单	其他应付款	应付票据	应付票据
应交税金	应交税金——应交增值税（进项税额）		

（四）产品结构设置

产品结构是指产品的组成成分及其数量。例如，一把螺丝刀由一个把和一个刀头组成。如果企业要通过采购计划系统得出物料需求计划和生产计划所需的材料数量，就必须设置产品结构，又称为物料清单，即系统中的 BOM（bill of material），它表示产品的组成结构和组成单位产品的原材料和零部件的数量。产品结构的设置应先定义父项，然后定义相应的子项，子项是构成父项的直接材料或半成品，如果涉及半成品，该半成品应作为一个新的父项继续分解。

产品结构定义以后，可以清楚地说明产品的组成，以便配比出库、组装拆卸、消耗定额、产品材料成本、物料需求计划、成本核算等功能模块引用。

（五）期初余额设置

期初余额设置是为了保证采购业务处理的连续性和完整性，录入建账时尚未完成采购管理全部流程的业务单据。期初需要录入的单据主要是货物已经验收入库，但尚未收到发票的暂估入库单；需要录入的余额主要是应付款科目的期初余额。

二、采购计划

采购计划，是指企业管理人员在了解市场供求情况，认识企业生产经营活动过程中和掌握物料消耗规律的基础上对计划期内物料采购管理活动所做的预见性的安排与部署。采购计划是根据生产部门或其他使用部门的计划制订的包括采购物料、采购数量、需求日期等内容的计划。一般情况下，采购计划的制订是在以下内容的基础上进行的。

（一）生产计划

生产计划是企业在计划期应达到的产品品种、质量、产量和产值等生产任务的计划与对产品生产进度的安排。它是依据销售订单，按月或周编制的，主要包括生产内容、生产数量、开始生产日期、计划完成日期等。

（二）相关需求

相关需求是指直接依据生产计划，然后基于产品生成进度计划和组成产品的材料结构表与库存状况，计算得出的物料净需求，并且本功能只计算外购物料。

（三）独立需求

独立需求是相对于相关需求的一个概念，是指不能直接根据生产计划通过产品结构计算得出的物料需求，一般情况下由各部门根据实际需要向采购部门提交。

（四）物料需求计划

物料需求计划是指物料净需求，是对独立需求和相关需求按照采购计划周期汇总的结果。具体来讲，物资需求计划（material requirement planning，MRP）即一种推式体系，指根据产品结构各层次物品的从属和数量关系，以每个物品为计划对象，以完工时期为时间基准倒排计划，按提前期长短区别各个物品下达计划时间的先后顺序，是一种工业制造企业内物资计划管理模式。

三、单据录入

采购与应付款管理系统日常业务单据的录入包括采购订单、采购发票、付款单等，这些单据虽然是分别输入的，但它们之间存在一定的控制关系。一般都是以采购订单数据为基础，参照输入采购发票、付款单。

（一）采购订单的录入

采购订单是购销双方共同签署的、用以确认购销活动的标志。企业根据采购订单执行采购业务，并对订单的执行进行管理、控制和追踪，在采购管理系统中处于核心地位。采购订单不仅能够显示采购业务自身信息，还能通过采购申请获取来自生产、销售等系统的信息，将供应链整体的信息有机地联系起来，是提高整个供应链管理系统综合运作水平和效率的重要因素。同时，采购订单是联系采购管理系统和应付款管理系统的纽带，企业的经营运作是通过物资在各个业务部门的流动，伴随资金形态的循环变化来实现的，采购订单可以连接应付款管理系统的采购合同，又可以将合同信息传送到采购发票，将物流和资金流结合起来。采购订单主要包括订单编号、订单日期、采购类型、供应商编码、供应商名称、采购部门、结算方式、交货方式、交货地点、付款条件、业务员、存货编码、存货名称、数量、单价、税率等信息。采购订单可以人工输入，也可以参照采购合同输入。

（二）采购发票的录入

采购发票是供应商出具的，据以付款、记账、纳税的依据，包括增值税专用发票、普通发票及其所附清单。采购发票具有业务和财务双重性质，以有形的单据流代替企业生产经营活动中无形的资金流轨迹，并与反映物流的采购入库单一起相互勾稽，实现资金流和业务流的并行，从而将整个业务流程统一为一个有机整体。采购专用发票的数据项目包括发票编号、开票日期、采购类型、供应商编码、供应商名称、供应商地址、开户银行、银行账号、纳税人识别号、采购部门、业务员、付款条件、税率、存货编码、存货名称、数量、单价、金额、税额等信息。采购发票可以人工输入，也可以参照采购订单输入。

（三）付款单的录入

付款单用来记录企业因为采购而支付的款项。付款单录入是将到期支付给供应商的款项录入应付款管理系统。企业支付每一笔款项应知道该款项是尚未支付的采购货款，还是提前预付购货款。一般通过款项类型予以区分不同的用途，在录入付款单时，需要指定其款项用途，如果选择款项类型为"应付款"，则表明该款项性质为冲减应付款；如果选择款项类型为"预付款"，则该款项用途为形成预付款。系统应根据款项类型的设定对付款业务做相应的账务处理。对于现购业务的结算，可以直接根据采购发票生成付款单。付款单的主要数据项目包括单据编号、付款日期、供应商编码、供应商名称、结算方式、结算科目、金额、供应商银行、供应商账号、票据号、采购部门、业务员等。

四、业务处理

采购与应付款管理系统的日常业务处理主要是应付款的业务处理，包括采购结算、单据记账、往来核销、往来对冲、票据管理等功能。

（一）采购结算

采购结算也称采购报账，是指材料核算人员根据采购入库单、采购发票核算采购入库成本。采购结算的结果是采购结算单，它是记载采购入库单和采购发票对应关系的结算对照表。采购结算分为自动结算和手工结算两种方式。

1. 自动结算

自动结算是由计算机系统根据采购订单号，自动将相同供货单位的存货相同且数量、单价相等的采购入库单和采购发票进行核对，如果核对结果完全相符，生成结算表，并在入库单文件、采购发票文件、采购订单文件中做采购结算标志。如果不完全相符，则提示采用手工结算。

2. 手工结算

手工结算是对自动结算的补充，它可以进行正数入库单和负数入库单结算、正数发票与负数发票结算、正数入库单和正数发票结算、费用发票单独结算。手工结算可以结算入库单中部分货物，未结算的货物可以在今后取得发票后再结算。可以同时对多张入库单和多张发票进行报账结算。手工结算还支持到下级单位采购，付款给其上级主管单位的结算，支持三角债结算。手工结算成功，生成结算表，并在入库单文件、采购发票文件、采购订单文件中做采购结算标志。

（二）单据记账

单据记账是应付款管理系统依据采购发票、付款单生成记账凭证，并登记各类账户的过程。例如，登记采购、收到商品、应付账款总账、应付账款明细账。采购业务账务处理所涉及的会计科目与采购方式和结算方式有明确的对应关系。在应付款管理系统中，由于每种采购方式和结算方式各对应一个凭证模板，因此，在采购发票或付款单录入审核后，系统依据凭证模板自动生成记账凭证。例如，在输入审核采购发票后，若采购方式为赊购，则生成会计分录：借记"在途物资/材料采购"和"应交税费——应交增值税（进项税额）"，贷记"应付账款"；根据付款单上记录的结算方式和款项类型，自动生成该结算方式对应的会计分录：借记"应付账款"，贷记"银行存款"。

（三）往来核销

应付款管理系统的往来核销是企业日常进行的以支付货款核销应收款的工作。为了准确核算应付账款，了解应付账款的支付情况，必须对企业和供应商之间的往来款项加强管理。由于付款中存在预付账款，无法预先知道该笔款项所属的采购业务，而且付款出纳在根据发票付款时也可能出现没有记录采购发票号的现象，为了准确核算应付供应商款项，需要进行往来核销，建立付款与应付款的对应关系，加强往来款项的管理。主要的往来核销方式如表 5-12 所示。

表 5-12　主要的往来核销方式

核销方式	含义
余额核销	在付款结算时，将满足条件的未结算单据按单据的到期日从前到后排序，然后从到期日最早的单据开始核销的方法
单据核销	在付款结算时，将满足条件的未结算单据全部列示，根据所选择的单据进行核销
存货核销	将满足条件的往来结算单据按存货列出，选择要结算的存货，根据所选择的存货进行核销

可见，不同核销方式的选择，将影响应付款账龄分析的精确性，一般而言，选择按单据核销方式或按存货核销方式能更精确地揭示应付款的账龄信息。

（四）往来对冲

往来款项对冲处理是为了避免往来款多头挂账的问题而设置的功能。在实际业务中由于经济业务的复杂性，有时候无法明确划分某些企业是供应商还是客户，有些采购货款是其他企业代付的，有些预付款项无法明确是哪笔采购业务，因此，系统一般都提供往来对冲处理功能，以便正确反映与这类企业的往来情况。在应付款管理系统中，往来对冲类型如表 5-13 所示。

表 5-13　往来对冲类型

类型	内容
应付冲应收	以某供应商的应付账款冲抵某客户的应收款，系统通过应付冲应收功能将应付款业务在客户和供应商之间进行转账，实现应付业务的调整，解决应付债务与应收债权的冲抵
应付冲应付	将某一供应商的应付款转到另一供应商中，系统将应付款业务在供应商之间进行转入、转出，实现应付款业务的调整，解决应付款业务在不同供应商间错户或合并的问题
预付冲应付	处理供应商的预付款和该供应商应付款的转账核销业务

（五）票据管理

一般情况下，企业的采购活动都会产生应付票据管理业务。因此，应付款管理系统应提供对银行承兑汇票和商业承兑汇票的管理功能，记录票据的详细信息和票据的处理情况，包括票据计息、结算、转出等处理。应付票据输入审核后，自动派生一张付款单，并生成记账凭证，借记"在途物资"和"应交税费——应交增值税（进项税额）"，贷记"应付票据"，票据到期支付款项后，借记"应付票据"，贷记"银行存款"。

五、统计分析

采购与应付款管理系统日常处理的结果信息是通过统计分析功能实现的，其结果信息一般包括业务统计信息和业务分析信息。

（一）业务统计信息

业务统计信息是依据采购订单、采购发票，结合企业管理信息的需求，生成的各种统计报表，一般包括采购汇总表、采购明细表、采购订单执行明细表、采购订单执行汇总表、采购发票明细表、应付款汇总表、应付款明细表、往来对账单、到期债务列表、应付计息表等。例如，采购订单执行情况汇总表，它是按关键字汇总数据、以综合反映订单执行情况的报表，即可以按存货、供应商等汇总反映根据不同条件所查询到的汇总数据，并且采购订单通过直接关联采购入库单，显示货物的订货数和实际入库数量，进行比较并显示其中差异。

（二）业务分析信息

业务分析信息是对采购流程中各项主要业务处理结果和运作情况进行的分析，以支持管理部门对采购业务的控制和决策，一般包括采购价格分析表、供应商供货 ABC 分析表、采购结构 ABC 分析表、采购订单 ABC 分析表、应付账款账龄分析表、付款分析表、付款预测表等。例如，采购价格分析表，它是针对采购发票进行分析的报表，是针对某个时段内每个物料的发票数量和采购金额进行汇总，从而计算出单个物料平均采购价格，以比较供应商之间的供货价格差异以及物料采购的价格变化情况。

六、期末结账

期末结账是结束本期的采购业务单据录入和处理,计算本期相关账户的余额,并将账户余额和基础数据转入下期的过程,即本期一旦结账,就不再接收本期的数据输入及本期数据的记账等操作。结账的同时,系统在进行必要的备份后清空一些相应的字段值,为下一期的数据做准备。例如,供应商档案文件,要将本期的"期末应付账款余额"转为下期的"期初应付账款余额",将"本期应付账款"和"本期已付账款"字段清空。期末结账的一般步骤为:检查本期的采购单据是否全部处理完毕;计算应付款账户的本期发生额、本年累计发生额、本期期末余额,将本期期末余额转为下期期初余额;更新系统数据库的相关数据项,修改系统参数。期末结账后将不能再进行当期的采购业务处理,只能处理下期的日常业务,上期期末未结账,可进行本期单据的输入和单据记账,但本期不能结账。

第四节 采购与应付款管理系统应用案例

一、采购与应付款管理系统的集成应用

从采购与应付款管理系统的业务处理模型中可以看出,采购管理系统是企业供应链管理的首要环节,主要完成采购单据的录入和审核,包括采购订单的录入和审核、采购发票录入和审核。财务部门的应付款管理系统主要依据采购发票和付款单完成应付款的核算及其统计分析。采购与应付款管理系统的外部数据关系如图 5-5 所示。

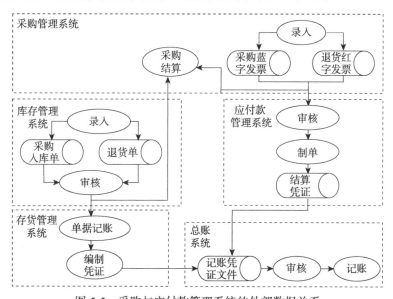

图 5-5 采购与应付款管理系统的外部数据关系

采购与应付款管理系统和其他系统的数据关系说明：

（1）采购部门通过采购管理系统录入采购订单，财务部门依据采购订单参照录入采购发票。

（2）仓储部门在库存管理系统中参照采购订单录入并审核采购入库单。

（3）财务部门在采购管理系统中依据已审核的采购入库单和采购发票进行采购结算。

（4）在存货核算系统中，财务部门对已审核的采购入库单记账并编制结转采购成本的转账凭证。

（5）采购管理系统传送采购发票到应付款管理系统，财务部门在应付款管理系统中对采购发票进行审核签字，依据已审核的采购发票和采购订单中的结算方式确认债务关系，编制应付款的记账凭证。

（6）总账系统接收应付款管理系统和存货核算系统的记账凭证，审核记账凭证并更新科目余额及发生额。

二、采购与应付款管理系统的应用案例

（一）普通采购业务处理

2019年9月4日，蓝天装备公司采购部向晴天商贸公司订购100件飞轮，含税单价为1 300元，预计到货日期为9月8日。9月8日收到晴天商贸公司的飞轮100件，入原材料库，同时收到专用发票一张，发票号为QT89890。

（1）采购员进入采购管理系统，执行系统菜单"采购订货→采购订单"功能，进入"增加采购订单"窗口，单击"增加"按钮，增加一张空白订单，输入表头信息：日期"2019-09-04"，业务类型"普通采购"，采购类型"普通采购"，供应商名称"晴天商贸公司"，采购部门"采购部"，税率"13"等，输入表体信息：存货名称"飞轮"，主计量单位"件"，输入数量"100"，含税单价"1 300元"，计划到货日期"2019-09-08"等信息，单击"保存"按钮，由另一名采购部门人员对采购订单进行审核，确认无误后，单击"审核"按钮，退出"采购订单"窗口，完成采购订单的录入与审核。

（2）仓管员进入库存管理系统，执行系统菜单"入库业务→采购入库单"功能，出现"采购入库单"窗口，单击"生单"按钮，选择"采购生单"，出现"过滤条件选择—采购订单列表"窗口，选择供应商"晴天商贸公司"，单击"过滤"按钮，选择对应采购订单，单击"确定"按钮，系统弹出"生单成功"对话框，系统自动把采购订单的信息代入采购入库单，修改入库日期为"2019-09-08"，单击"保存"按钮，然后另一名仓管员对采购入库单信息进行审核，确认无误后，单击"审核"按钮，然后退出"采购入库单"窗口，完成采购入库单的录入和审核。

（3）财务人员进入存货核算系统，执行系统菜单"业务核算→正常单据记账"功能，出现"过滤条件选择"窗口，选择单据类型"采购入库单"，单击"过滤"按钮，进入"正常单据记账列表"窗口，选择对应采购入库单单据，单击"记账"按钮，系统弹出"记账

成功"对话框,单击"确定"按钮,完成采购入库单的记账。

(4)财务人员进入存货核算系统,执行系统菜单"财务核算→生成凭证"功能,进入"生成凭证"窗口,单击"选择"按钮,出现"查询条件"窗口,选择"采购入库单"选项,单击"确定"按钮,进入"未生成凭证单据一览表"窗口,选择对应采购入库单,单击"确定"按钮,回到"生成凭证"窗口,完整相关信息,单击"生成"按钮,完成采购入库单相关凭证的生成,生成的凭证会自动传递到总账系统,然后进行审核、记账。

(5)财务人员进入采购管理系统,执行系统菜单"采购开票→采购专用发票"功能,出现"增加采购专用发票"窗口,单击"增加"按钮,出现"过滤条件选择—参照订单"窗口,选择供应商名称"晴天商贸公司",单击"过滤"按钮,出现"参照生单"窗口,选择对应采购订单,单击"确定"按钮,系统自动把采购订单的信息代入采购发票,修改开票日期为"2019-09-08",单击"保存"按钮,完成采购发票的录入。

(6)财务人员进入采购管理系统,执行系统菜单"采购结算→自动结算"功能,出现"自动结算"窗口,出现"过滤条件选择—采购自动结算"窗口,选择结算模式"入库单与发票",然后单击"过滤"按钮,系统弹出"采购结算"对话框,提示信息"结算模式:入库单与发票",状态:全部成功,共处理了1条记录,完成采购结算。

(7)财务人员进入应付款管理系统,执行系统菜单"应付单据处理→应付单据审核"功能;出现"应付单过滤条件"窗口,选择供应商"晴天商贸公司",单击"确定"按钮;进入"应付单据列表"窗口,选择单据日期为"2019-09-08"的采购专用发票,然后另一名财务人员对采购发票信息进行审核,确认无误后,单击"审核"按钮,退出"应付单据列表"窗口,完成采购发票的审核。

(8)财务人员进入应付款管理系统,执行系统菜单"制单处理→发票制单"功能,出现"制单查询"窗口,选择供应商"满意装备经销公司",单击"确定"按钮;进入"发票制单"窗口,选择单据日期为"2019-09-08"的采购专用发票;单击"制单"按钮,出现"填制凭证"窗口,修改凭证类型为"转账凭证",制单日期为"2019-09-08",单击"保存"按钮;该凭证显示"已生成"字样,然后退出"填制凭证"和"发票制单"窗口,完成采购发票凭证的生成,生成的凭证会自动传递到总账系统,进行审核、记账。

(二)付款业务处理

2019年9月10日蓝天装备公司向晴天商贸公司付款130 000元,用转账支票支付,支票号为LT23456。

(1)财务人员进入应付款管理系统,执行系统菜单"付款单据处理→付款单据录入"功能,出现"付款单"窗口,单击"增加"按钮,输入日期"2019-09-10",选择供应商"晴天商贸公司",结算方式"转账支票",结算科目选择"100201",金额"130 000",票据号"LT23456",单击"保存"按钮,另一名财务人员对付款单信息进行审核,确认无误后,单击"审核"按钮,完成付款单的录入和审核。

(2)财务人员进入应付款管理系统,执行系统菜单"制单处理→付款单制单"功能,出现"制单查询"窗口,选择供应商"晴天商贸公司",单击"确定"按钮,进入"付款单制单"窗口，修改和保存相关凭证，该凭证显示"已生成"字样，单击"退出"按钮，完成付款凭证的生成，生成的凭证会自动传递到总账系统，然后进行审核、记账。

（3）财务人员进入应付款管理系统，执行系统菜单"核销处理→手工核销"功能，单击"核销"按钮，出现"核销条件"窗口，单击"确定"按钮，显示"2019-09-08"的采购发票和"2019-09-10"的付款单，在该单据对应的本次结算处输入结算金额"130 000"，单击"保存"按钮，完成应付款的核销。

练习题1

1. 目的

采购业务流程重构

2. 资料

HOK 保险公司目前利用电子商务进行采购管理，节约了大量的时间和费用。原来其办公用品等采购要与 100 多家供应商联系，每年花费 10 亿元。现公司各部门的采购，从申报、审批、汇总直到采购、结算，全部在网上自动进行，而且只集中对 5 家供应商，6 个月就收回建设成本，3 年将节省 1 亿元。

3. 要求

（1）详细描述一下信息技术给采购与付款子系统所带来的好处。

（2）建立无纸采购与付款系统需要哪些外部系统支持？请绘制无纸采购与付款系统数据流程，并进行描述。

练习题2

1. 目的

采购业务处理

2. 资料

2019年10月初,天恒环保材料有限公司开始使用财务业务一体化软件,该公司为了生产相关产品,需要采购的材料较多,供应商也比较多,固定供应商有80多家,采购类型主要是生产采购、定量采购和进口采购,公司资金充裕,但是经常享受不到供应商给予的付款优惠,公司经理找到会计刘天,让其对采购与应付管理进行合理设置。设置完毕后,如果有这样一笔经济业务:2019年10月10日,采购部向蓝天实业有限公司采购环保材料AE 30吨用于生产,价格为10 000元/吨,验收入原材料库。同时收到采购发票一张,票号为123458。

3. 要求

(1)你认为刘天在进行采购和应付款管理系统基础设置时,应注意哪些方面?

(2)结合具体软件,对公司该笔业务的操作处理流程进行描述。

第六章 库存与存货核算系统分析和设计

> **本章学习提示**
>
> 本章重点：库存与存货核算系统文档和模型；库存与存货核算系统的数据流程分析；库存与存货核算系统功能设计。
>
> 本章难点：库存与存货核算系统集成应用的数据关系；单据记账。

第一节 库存与存货核算系统文档和模型

库存与存货核算系统包括库存管理系统和存货核算系统，是企业信息一体化解决方案中的两个不同系统，库存管理系统属于供应链管理系统，存货核算系统属于财务系统。由于二者联系紧密，一般集成使用，因此作为一个系统进行分析与设计。库存管理系统与存货核算系统的结合运用可以提供更完整的、全面的企业物流业务管理信息和财务管理价值信息，真正实现对供应链中物流和资金流的全程动态管理。

库存管理系统用于完成出库业务、入库业务、库存调拨、库存调整等日常业务处理工作，准确、全面地反映存货的出库、入库、结存情况。存货核算系统用于支持实际成本核算以及实际成本核算的加权平均、移动加权平均、先进先出、个别计价等多种计算方法，并自动生成相关的转账凭证传送到总账系统和成本管理系统，提供完整的存货账簿。

一、库存与存货核算系统文档

存货是指企业在日常活动中持有以备出售的产成品或商品、处在生产过程中的在产品、在生产过程或提供劳务过程中耗用的材料、物料等。存货作为企业的一项流动资产，在企业总资产中的比重很大，存货成本的大小对企业资产的状况、销售成本、相关费用以及最终利润有着直接或间接的影响，因此，存货核算与管理是企业价值流和信息流的一项重要内容；同时，存货的实物管理也是非常重要的，库存管理就是对企业存货的流动与循环进行动态的控制和管理，是企业物流管理的核心。库存与存货核算系统中使用的主要文档如表6-1所示。

表 6-1　库存与存货核算系统中使用的主要文档

文档名称	基本目标	制作部门	接收部门
入库单	入库单是对实物入库数量的确认，也是对采购人员、供应商和企业内部各有关部门的一种监控	各核算部门	仓储部门
出库单	出库单是互相调货的凭证，是为了方便对账和结算，减少现金支付的一种手段	各核算部门	仓储部门
假退料单	假退料单是进行成本核算，而实物不需移动的一种会计处理程序	各核算部门	仓储部门
出入库流水账	根据入库单和出库单而详细记录过程的流水账	各核算部门	仓储部门
存货明细账	根据入库结算和出库结算凭证而记账	仓储部门	财务部门
库存盘点单	企业对仓库物料计量单位进行实地点算，保证物料账实相符	财务部门	仓储部门

（一）入库单

入库单是对实物入库数量的确认，也是对采购人员、供应商以及企业内部各有关部门的一种监控，是企业内部管理和控制的重要凭证。根据实际情况，其一般有采购入库单、产成品入库单、半成品入库单、其他入库单等，入库单如表 6-2 所示。

表 6-2　入　库　单

编号：
年　　月　　日
金额单位：元

名称	规格型号/图号	合同号	供货单位	实际入库				承担成本部门	应用项目名称	材料性质
				单位	数量	单价（含税）	总价（含税）			

部门主管：　　　会计：　　　记账：　　　验收：　　　入库：　　　制单：

（二）出库单

出库单其实就是互相调货的凭证，是为了方便对账和结算，减少现金支付的一种手段。出库单一式多份，一般为买家、卖家、存根、交易支付，用不同颜色区分。出库单填有货品名、数量、单价、交易额以及买卖方、经手人、日期等，同时，一般有生产领用材料出库单、产成品出库单、半成品出库单、其他出库单等，出库单如表 6-3 所示。

（三）假退料单

假退料亦称假退库，是指月末将已领用但并未实际使用的原材料等填制红字领料单，退回仓库；下月初填制相同内容的蓝字领料单等额领回，而实物不需移动的一种业务处理程序。假退料业务可用于车间已领用的材料,也可用于委托加工材料,在月末尚未消耗完,下月需要继续耗用,则可不办理退料业务,制造假退料单进行成本核算。假退料单如表6-4所示。

表 6-3 出 库 单

客户名称:　　　　　　　　　　发货日期:　　　　　　　　　　编号:
备注:　　　　　　　　　　　　发货单号:

仓库	品名及规格	材质	产地	批号	计划件数	实际件数	重量	单价	金额	备注
	合　　计:									

制单人:　　　　　保管员:　　　　　提货人:　　　　　提货人电话:

表 6-4 假 退 料 单

出库日期	仓库	出库单号	产量	产品编码	订单号	编号
生产批号	业务号	业务类型	部门	委外商	出库类别	审核日期

材料编码	材料名称	规格型号	主计量单位	库存单位	件数	换算率	数量	单价	金额	批号	生产日期	保质期	保质期单位	现存量
页小计														
合计														

审核人:　　　　　　　　　制单人:　　　　　　　　　备注:

(四)出入库流水账

出入库流水账用于查询当年任意日期范围内存货的出入库情况,为库存管理提供一个简捷方便的对账、查账的出入库流水,根据出入库流水账,自动生成各种存货的明细账。出入库流水账是根据各种出库单和入库单生成的,出入库流水账如表6-5所示。

表 6-5 出入库流水账

日期	仓库	批号	物料类型	物料代码	物料名称	规格型号	计量单位	单据类型	单据编号	入库			出库		
										数量	单价	金额	数量	单价	金额
合计															

（五）存货明细账

对存货核算，一般采用数量金额式明细账，详细记录企业存货科目发生的经济业务，存货明细账如表6-6所示。

表6-6 存货明细账

货号＿＿＿＿＿ 规格＿＿＿＿＿ 种类＿＿＿＿＿ 单位＿＿＿＿＿
最高存量＿＿＿＿＿ 最低存量＿＿＿＿＿ 品名＿＿＿＿＿

年月日	记账凭证		摘要	入库			出库			结存		
	类别	号数		数量	单价	金额（十万千百十元角分）	数量	单价	金额（十万千百十元角分）	数量	单价	金额（十万千百十元角分）

（六）库存盘点单

库存盘点是为了准确地计算存货当月和当年的营运状况，以月或年为周期清点成品和原材料，以便对仓储货品的入库、出库和结存等活动进行有效控制。库存盘点单如表6-7所示。

表6-7 库存盘点单

部门名称：＿＿＿ 库别（或线别）：＿＿＿ 储位：＿＿＿ 日期：＿年＿月＿日

序号	物料名称	规格	计量单位	账面数量	实盘数量			盘差分析		备注
					初盘	复盘	抽盘	盘差数量	盘差原因	
合计										

盘点人： 审核人： 监盘人：

二、库存与存货核算系统模型

（一）存货实物管理

存货实物管理主要从物流的角度，对存货的入库、出库和结存加以反映与监督。库存管理可以处理各种不同种类的入库业务，包括采购入库、生产入库、其他入库、调拨入库；可以处理不同种类的出库业务，包括销售出库、生产出库、其他出库、调拨出库；对期末结存的存货可以进行盘点处理，根据盘点的盈亏编制其他出库单、其他入库单，以调整存货的期末结存；对库存可以进行安全库存管理、库存上下限管理、不合格品管理、ABC管理、保质期管理和积压库存管理等。另外，可根据物料需求计划，在库存管理系统中设置产品结构，将产品的物料构成进行层层分解，并根据产品生产的数量计算所需领用的材料数量，实现物料配比出库，以提高物料领用的准确性。

（二）存货价值管理

存货价值管理主要从资金流的角度围绕存货的入库成本、出库成本和结存成本对存货的收发存进行反映与控制，存货价值管理和实物管理紧密联系：在入库业务中通过各种入库单据反映存货数量和成本的增加；在出库业务中通过各种出库单据反映存货数量和成本的减少；在期末盘点时，反映存货结存数量和成本的变动。不同的是数量的反映具有单一性，而价值的反映具有多样性。另外，为了控制存货的采购成本和销售价格，可以设置存货的最高金额和最低售价，在存货价值管理中还需要如实反映期末存货的实际价值，进行存货跌价管理。

（三）存货会计核算

存货会计核算方法因企业类型、规模以及管理方式的不同而不同，存货应当按照成本进行初始计量。存货成本包括采购成本、加工成本和使存货达到目前场所和状态所发生的其他成本三个组成部分。

因此，为了便于核算和管理，需要建立符合企业实际情况的模型，以加强对库存与存货的管理。概括起来主要有四种处理程序：各种出入库单等单据处理程序、存货明细账和差异明细账处理程序、存货总账、出入库流水账及各种报表的处理程序，其处理模型如图6-1所示。

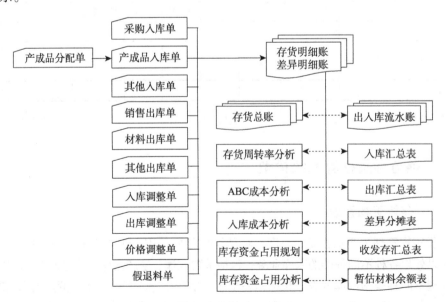

图6-1 库存与存货核算处理模型

库存与存货处理模型的主要过程如下。

（1）录入期初的数据，进行期初记账。

（2）进行各种出入库单据、调整单据和假退料单据录入、审核。

（3）进行单据记账、期末处理、成本计算。

（4）对已记账单据生成凭证，传送给总账。

（5）对存货数据进行统计分析、账表查询。

在工业企业中，根据库存与存货处理模型，存货核算所涉及的主要会计科目有"材料采购""原材料""包装物""低值易耗品""半成品""库存商品""存货跌价准备"等。存货业务的基本账务处理包括：原材料、包装物、低值易耗品、商品采购入库时，根据采购入库单，借记"原材料（包装物、低值易耗品、库存商品）"，贷记"材料采购"；生产的半成品、产成品入库时，根据产成品入库单，借记"半成品（库存商品）"，贷记"生产成本"；在月末，领用的材料未使用完时，编制假退料单，借记"原材料（包装物、低值易耗品、半成品）"，贷记"生产成本（制造费用）"；发生存货盘盈时，根据盘点清单，编制其他入库单，借记"原材料（包装物、低值易耗品、半成品、库存商品）"，贷记"管理费用"；根据调拨单，编制其他入库单和其他出库单，借记"原材料（包装物、低值易耗品、半成品、库存商品）"，贷记"原材料（包装物、低值易耗品、半成品、库存商品）"；原材料、包装物、低值易耗品、商品销售出库时，根据销售出库单，借记"主营业务成本（其他业务支出）"，贷记"原材料（包装物、低值易耗品、半成品、库存商品）"；在材料或半成品领用时，根据材料出库单，借记"生产成本（制造费用、管理费用、销售费用）"，贷记"原材料（包装物、低值易耗品、半成品）"；发生存货盘亏时，应作为待处理财产损溢进行核算，按管理权限报经批准后，根据造成存货盘亏或毁损的原因，分别按不同情况进行处理，借记"管理费用（其他应收款、营业外收入、银行存款、现金）"，贷记"原材料（包装物、低值易耗品、半成品、库存商品）"；期末对存货进行跌价准备处理时，编制跌价处理单，当应计提跌价准备金额大于跌价准备余额时，借记"资产减值损失——存货减值损失"，贷记"存货跌价准备"，当应计提跌价准备金额小于跌价准备余额时，借记"存货跌价准备"，贷记"资产减值损失——存货减值损失"。

第二节　库存与存货核算系统流程描述

一、库存与存货核算系统的数据流程重构

会计信息化背景下，结合网络技术的应用，库存与存货核算系统数据流程重构的总体原则是实现入库单、出库单等基础数据的共享，采购、生产、销售、仓储、财务等部门在其权限范围内从网络获取基础数据，加工生成存货的核算信息和管理信息。其具体的流程重构原则如下：

（一）提取库存与存货核算系统的公共基础数据

作为仓储部门运行的库存管理系统和财务部门运行的存货核算系统是两个紧密相连的系统，两个系统存在较多共享的基础数据。例如，会计科目、存货档案、部门档案、供应商档案、客户档案、仓库档案。提取存货核算系统与库存管理系统的公共基础数据作为系统基础设置，不仅可以为系统提供应用环境，而且为高效、准确地进行存货核算和管理提供了依据，如根据存货档案中的存货类别、存货编码、存货成本计算方法，系统能够自动进行单据汇总、记账、计算存货发出成本、账表输出等。

（二）提供存货实际成本计算的多种方法

在手工方式下，存货品种繁多、收发频繁的企业，或半成品、产成品品种繁多的企业，为了简化存货核算，降低存货发出计价的工作量，往往采用计划成本法。但在会计信息系统中，存货计划成本核算方法的存在价值并不大，至于其控制和评价作用可由全面预算替代。因此，系统应提供存货实际成本的多种计算方法，以便会计人员根据企业存货核算和管理的需要选择最合适的存货成本计算方法，由计算机自动、准确地完成存货成本的计算。

（三）实现存货转账凭证的自动派生

仓储部门通过库存管理系统录入和审核入库单、出库单后，财务部门应能通过存货核算系统直接读取已审核的入库单、出库单，自动计算存货的成本、结存单价、数量、金额，自动、准确地派生存货的相关转账凭证，并传送到总账系统的记账凭证临时库文件。

（四）实现存货的账账相符

在库存与存货核算系统中，登记各种存货的数量账、明细账、总账的数据来源应保持一致，即都应从相同的入库单文件、出库单文件、存货结存文件中读取数据，由计算机根据同一数据源自动生成账簿，保证三级账簿数据的相符。

（五）实现各业务部门之间的数据共享和集成

在会计信息系统中，库存管理系统与存货核算系统并非绝对独立的系统，与采购管理系统、应付款管理系统结合，便形成了一个完整的支出循环；与销售管理系统、应收款管理系统结合，便形成了一个完整的收入循环。因此，库存管理系统、存货核算系统与采购管理系统、应付款管理系统、销售管理系统、应收款管理系统、总账系统、成本管理系统之间可以相互传送信息，实现数据共享，形成高度集成的管理信息系统。任何一种单据都只有一个入口，一次录入，多处使用。例如，在库存管理系统中录入并审核采购入库单后，就可以在存货核算系统中读取已审核的采购入库单，对采购入库单进行记账，编制记账凭证，并自动将记账凭证传送至总账系统记账凭证临时文件库中。

二、库存与存货核算系统的数据流程分析

(一)库存与存货核算系统的数据流程

会计信息化的背景下,通过存货核算与库存管理的手工业务处理流程分析,结合计算机数据处理的特点,可抽象出库存与存货核算系统的顶层数据流程,如图6-2所示。

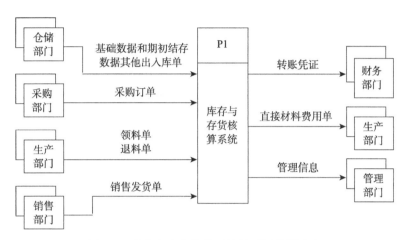

图 6-2　库存与存货核算系统的顶层数据流程

库存与存货核算系统的顶层数据流程说明如下:

在库存与存货核算系统中,由仓储部门录入存货的基础和期初结存数据,完成系统的初始数据设置,如会计科目、存货档案、部门档案、供应商档案、客户档案、仓库档案;在日常业务处理中,由仓储部门分别根据采购部门、生产部门、销售部门提供的采购订单、领料单、退料单、销售发货单等单据录入相应的采购入库单、生产出库单、生产入库单、销售出库单等各类出入库单据。库存与存货核算系统对各类入库单、出库单处理,生成转账凭证传送到财务部门的总账系统,输出相关信息到管理部门。例如,存货汇总表、收发存汇总表、存货周转率分析表、ABC成本分析表、库存资金占用分析表、呆滞积压存货分析表、超储短缺存货分析表等。

图6-2揭示了库存与存货核算系统的边界,明确了系统与外部实体的数据关系,对其进一步分解,形成库存与存货核算系统的详细数据流程,如图6-3所示。

库存与存货核算系统的数据流程是基于采购管理系统、生产管理系统、销售管理系统、库存管理系统、存货核算系统集成应用的模式,因此,可直接在库存管理系统中录入采购入库单、销售出库单、生产出库单、生产入库单等各类出入库单据。系统数据流程及说明如下。

(1)仓储部门通过基础设置将企业存货的基础数据和期初存货结存数据录入存货档案、部门档案、供应商档案、客户档案、仓库档案等基础设置文件。

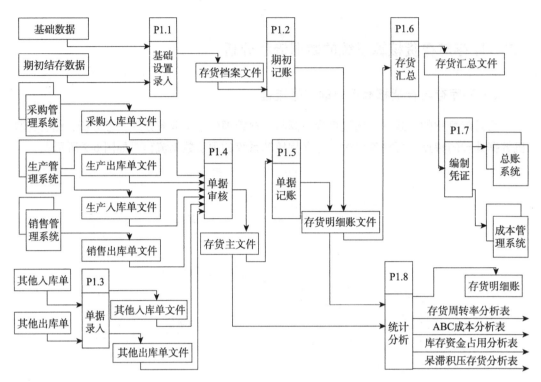

图 6-3 库存与存货核算系统的数据流程

（2）财务部门通过期初记账处理，将期初存货结存数据过入存货明细账，将存货的基础信息过入存货主文件。

（3）仓储部门从采购管理系统、生产管理系统、销售管理系统中读取采购订单、领料单、退料单、销售发货单等单据，直接在库存管理系统中录入采购入库单、生产出库单、生产入库单和销售出库单等各类入库单和各类出库单并进行审核签字，根据审核后的存货出库单、入库单更新存货主文件。

（4）财务部门根据存货主文件中的出库单和入库单，结合基础设置中所确定的存货计价方法，计算存货成本，登记存货明细账。

（5）财务部门对各存货的明细账进行汇总处理，编制汇总转账凭证传送到总账系统，生成费用分配表，传送到成本管理系统，形成产品或半成品成本核算的直接材料费用数据。

（6）财务部门依据存货主文件和存货明细账对各存货出入库单据进行分析计算，输出各存货明细账、存货周转率分析表、ABC成本分析表、库存资金占用分析表、呆滞积压存货分析表、超储短缺存货分析表等，为管理部门提供决策数据。

（二）库存与存货核算系统的主要数据库结构

从库存与存货核算系统的数据流程可以看出，该系统中有两类主要的数据文件：一类是基础数据文件，包括存货档案文件、计量单位文件、仓库档案文件、收发类别文件、产品结构文件、供应商档案文件、客户档案文件、部门档案文件等；另一类是业务数据文件，包括各种入库单文件、出库单文件、存货主文件、存货汇总文件等数据文件。库存与存货核算系统数据流程分析中的主要数据文件的基本结构如下：

1. 存货档案文件

存货档案文件存储存货的基本信息，如存货编码、存货名称、计量单位、规格型号、存货属性等；存货成本信息，如预算价格、参考成本、最新成本、最低售价等；存货控制信息，如提前期、经济批量、ABC分类、安全库存、最高库存、最低库存、呆滞积压标准等；存货其他信息，如单位重量、单位体积、起用日期、停用日期等。存货档案数据库文件的基本结构如表6-8所示。

2. 入库单文件

入库单文件主要用于存放采购入库、生产入库、其他入库数据，经过审核后，为存货主文件提供入库数据，为生成存货的转账凭证、明细账、总账以及存货分析表提供数据。三种入库单存在一定的差异，可以统一为一个数据库文件，也可以分别设置三个数据库文件。入库单文件的基本结构如表6-9所示。

表6-8 存货档案数据库文件的基本结构

序号	字段名	类型	说明
1	存货编码	C	与存货一一对应
2	存货名称	C	汉字或英文名称
3	计量单位	C	汉字或英文名称，如千克、件
4	规格型号	C	汉字或英文名称
5	存货属性	C	销售、外购、生产耗费、自制、在制、应税劳务
6	参考售价	N	销售货物时，企业定价的参照标准
7	最新成本	N	最近的购入或加工成本
8	最低售价	N	货物销售的价格下限
9	经济批量	N	最优经济订货批量
10	ABC分类	N	用于存货成本分析
11	安全库存	N	在库存中保存的存货数量
12	最高库存	N	在仓库中存储的最大数量
13	最低库存	N	在仓库中存储的最小数量
14	呆滞积压标准	N	库存货物的最大数量
15	单位重量	C	每单位存货的重量
16	单位体积	C	每单位存货的体积
17	起用日期	D	存货开始使用的时间
18	停用日期	D	存货停止使用的时间

表 6-9　入库单文件的基本结构

序号	字段名	类型	说明
1	日期	D	存货入库日期
2	入库单号	C	存货入库单编号
3	业务员	C	从职员档案文件读取、选择、存储
4	入库类别	C	入库的分类,如采购入库、生产入库、调拨入库等
5	仓库代码	C	从仓库档案文件读取、选择、存储
6	存货编码	C	从存货档案文件读取、选择、存储
7	存货名称	C	从存货档案文件读取、选择、存储
8	数量	N	存货实物数量
9	单价	N	采用存货计价方法所计算出的存货的发出价格
10	金额	N	存货实物数量与发出价格的乘积
11	制单人	C	制单人姓名
12	审核人	C	审核人姓名,同时也是判断是否审核的标志
13	记账人	C	记账人姓名,同时也是判断是否记账的标志

3. 出库单文件

出库单文件主要用于存放销售出库、生产出库、其他出库数据,经过审核后,为存货主文件提供出库数据,为生成存货的转账凭证、明细账、总账以及存货分析表提供数据。同入库单文件的设计策略一样,三种出库单也存在一定的差异,可以统一为一个数据库文件,也可以分别设置三个数据库文件。出库单文件的基本结构如表 6-10 所示。

表 6-10　出库单文件的基本结构

序号	字段名	类型	说明
1	日期	D	存货发出日期
2	出库单号	C	存货出库单编号
3	出库类别	C	出库的分类,如生产领用、销售出库、调拨出库等
4	部门	C	从部门档案文件读取、选择、存储
5	仓库代码	C	从仓库档案文件读取、选择、存储
6	存货编码	C	从存货档案文件读取、选择、存储
7	存货名称	C	从存货档案文件读取、选择、存储
8	数量	N	存货实物数量
9	制单人	C	制单人姓名
10	审核人	C	审核人姓名,同时也是判断是否审核的标志
11	记账人	C	记账人姓名,同时也是判断是否记账的标志

4. 存货主文件

存货主文件主要用来存放所有存货的收发存的数量、单价、金额,为存货的明细账、总账以及存货分析表提供数据。存货主文件的基本结构如表 6-11 所示。

表 6-11　存货主文件的基本结构

序号	字段名	类型	说明
1	存货编码	C	从存货档案文件读取、选择、存储
2	存货名称	C	从存货档案文件读取、选择、存储
3	本期期初数量	N	期初存货结存数量
4	本期期初单价	N	期初存货结存单价
5	本期期初金额	N	期初存货结存金额
6	本期收入数量	N	本期存货入库数量
7	本期收入单价	N	本期购入存货的价格
8	本期收入金额	N	本期存货入库金额
9	本期发出数量	N	本期存货出库数量
10	本期发出金额	N	本期存货出库金额
11	期末结存数量	N	期末存货结存数量
12	期末结存单价	N	期末存货结存单价
13	期末结存金额	N	期末存货结存金额

第三节　库存与存货核算系统功能设计

从库存与存货核算系统的数据流程，可以看出，库存管理系统的主要功能是审核各种入库单和出库单，存货核算系统的主要功能是根据已审核的入库单和出库单进行记账，输出存货的各类账簿和管理信息。系统的具体功能包括基础设置、单据录入、单据记账、统计分析、期末结账。库存与存货核算系统的功能结构如图 6-4 所示。

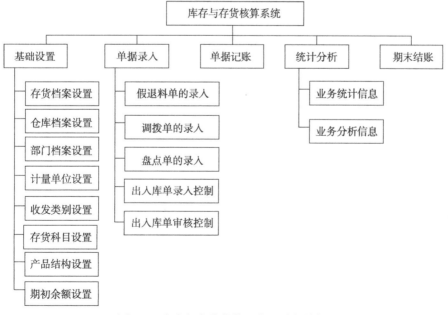

图 6-4　库存与存货核算系统的功能结构

一、基础设置

基础设置是对库存与存货核算系统的基础数据和期初结存数据进行定义的过程，包括存货档案、仓库档案、部门档案、计量单位、收发类别、存货科目、产品结构、期初余额等，其中部门档案主要在薪酬管理系统中设置，存货科目在总账系统中设置。

（一）存货档案设置

存货档案是供应链管理系统最基本和常用的数据档案，采购管理系统、销售管理系统、库存管理系统和存货核算系统都要共享同一存货档案，为编制采购订单、销售订单、各类入库单、各类出库单提供基础数据。存货档案包括基本信息、成本信息、控制信息、其他信息。基本信息包括存货编码、存货名称、规格型号、计量单位、存货属性、税率。存货属性一般包括：销售属性，如产品、应税劳务，用于销售订单、销售出库单、销售发票的参照；外购属性，如原材料、辅助材料、燃料、包装物，用于采购订单、采购入库单、采购发票的参照；生产耗用属性，如原材料、辅助材料、燃料，用于材料出库单的参照；自制属性，如产品、半成品，用于产品和半成品入库单的参照；在制属性，如在产品，用于在产品入库单的参照；劳务属性，如运费、包装费，用于采购入库单、销售出库单的参照。成本信息包括参考成本、最新成本、参考售价、最低售价、最高进价。控制信息包括提前期、经济批量、ABC 分类、安全库存、最高库存、最低库存、呆滞积压标准。其他信息包括单位重量、单位体积、启用日期、停用日期。

进行存货档案设置时需遵守的内部控制程序包括存货分类控制和存货档案控制。其中，存货分类控制是指存货分类、编码总长、编码规则都应有控制，用户可自由定义每级级长。存货档案控制包括：存货编码必须唯一且必须输入；系统根据用户增加存货前所选择的存货分类自动填写，用户可以修改；系统为存货设置销售、外购等属性。

（二）仓库档案设置

仓库是存货的存放地点，是进行存货确认的基本标识，仓库信息的正确设置和管理是库存管理的基础。企业的存货存放在各个不同的仓库中，一个仓库中可以存放不同的存货，一般通过存货仓库对照表设置存货和仓库之间的对照关系，期初存货的结存数据是按照各个仓库中的各种存货录入的，库存台账也是按照仓库和存货设置的，在处理出入库业务时需要选择相应的仓库，选择完特定的仓库以后，系统根据存货和仓库对照关系提供特定的存货列表以供选择。仓库档案设置一般包括仓库编码、仓库名称、仓库属性、仓库管理员、仓库地址等。

（三）部门档案设置

部门档案设置是对涉及存货出入库业务的企业部门进行编码，以便在库存管理业务处理中按部门对存货出入库业务进行统计分析,以明确各部门的责任。一般按照已经定义好的部门编码级次原则输入部门编号及其信息,包括部门编码、部门名称、负责人、部门属性等数据项目。

(四) 计量单位设置

存货不仅要进行价值核算,还要进行数量核算,数量核算离不开各种计量单位。同一种存货可以因不同的包装规格而采用不同的计量单位,这些不同的计量单位之间必须设置主计量单位及它们的转换关系。为了保持数据的一致性,计量单位设定并被使用后不允许修改和删除。计量单位设置内容一般包括编号、名称、单位编码、计量单位组名称、计量单位组类别。如果有一组计量单位之间可以进行转换,还要设置主计量单位,以及同一计量单位组的其他单位与主计量单位之间的换算率。

进行计量单位设置时需遵守的内部控制程序:在设置存货档案之前需先设置计量单位,并对计量单位进行分组,每个计量单位组中有一个主计量单位、多个辅助计量单位,可以设置主、辅两种计量单位之间的换算率。

(五) 收发类别设置

存货因各种出入库业务而随时发生物流的变化,企业如果要按照存货的各种出入库业务进行管理、统计和分析,就需要设置各种出入库类型。存货入库类别一般包括原材料采购入库、外购商品入库、半成品入库、产成品入库、调拨入库、盘点入库、其他入库、低值易耗品入库、包装物采购入库。存货出库类别一般包括材料领用出库、半成品领用出库、产品销售出库、产品自用出库、外购商品销售出库、材料销售出库、退料入库、盘亏出库、低值易耗品领用出库、包装物领用出库和其他出库。

在处理各种出入库业务时,涉及相关的各种出入库单据。一般而言,对于入库单据可以在各种入库类型中选择,出库业务也是如此。但是如果在采购管理系统和销售管理系统中设置了采购类型和销售类型,则选定一些相应的入库类型和出库类型,这时在存货核算系统处理采购出库和销售入库业务时,相关的单据将会把入库的类型与出库的类型锁定为在采购管理系统和销售管理系统中已经设定的各种入库、出库类型。因此,在编制采购入库或销售出库单据时,如果发现入库或出库的类型不能满足需要,就须在采购管理系统和销售管理系统中增加相应的类型。

(六) 存货科目设置

在集成性较好的会计信息系统中,一般都能提供自动制单的功能,即可以按照一定的规则,根据各种单据自动生成记账凭证,传送到总账系统。规则的设定,主要是通过定义相关的科目来实现。例如,在存货核算系统中,主要设置本系统中生成凭证所需要的各种存货科目、分期收款发出商品科目、委托代销科目、运费科目、税费科目、结算科目、对方科目等。用户在制单之前应先将存货核算系统的科目设置正确、完整,否则无法生成科目完整的凭证。设置科目后，在生成凭证时，系统能够根据各个业务类型将存货科目和相应的对方科目自动带出，如果未设置科目，则在生成凭证后，科目就需要手工输入。

进行存货科目设置时需遵守的内部控制程序主要包括以下几方面。

（1）存货科目控制。控制系统中生成凭证所需要的各种存货科目、差异科目、分期收款发出商品科目、委托代销科目。

（2）对方科目控制。控制系统中生成凭证所需要的存货对方科目（收发类别）所对应的会计科目。

（3）结算科目、运费科目、税费科目等控制。控制系统中根据采购结算制单时，生成凭证所需要的各种结算科目。

（七）产品结构设置

如果企业要通过采购计划系统得出生产计划和物料需求计划所需的材料数量，就必须设置产品结构，表示产品的组成结构和组成单位产品的原材料、零部件的数量。产品结构的设置应先定义父项而后定义相应的子项，子项是构成父项的直接的材料或半成品。如果涉及半成品，该半成品应作为一个新的父项继续分解。产品结构定义以后，可以清楚地说明产品的组成，以便配比出库、组装拆卸、消耗定额、产品材料成本、物料需求计划、成本核算等功能模块引用。

（八）期初余额设置

为了保证经营业务核算与管理的连续性和系统启用前、后期业务处理的一致性，库存与存货核算系统应允许进行未完成业务的处理和录入仓库存货的结存情况，具体包括暂估入库单、未核销销售出库单、未核销委外加工出库单、存货结余数量和成本等。在存货结余数量和成本的初始设置中，对于采用先进先出法或个别计价法进行成本核算的存货，还应详细录入每笔入库结余数量和结余金额，以便出库时进行出库成本核算。

二、单据录入

库存与存货核算系统需要录入审核的业务单据较多，包括采购入库单、生产入库单、其他入库单、销售出库单、生产出库单、其他出库单。由于在供应链管理系统中，采购订单在采购管理系统录入，销售发货单在销售管理系统录入，领料单和退料单在生产管理系统录入，因此，在库存管理系统中，可以直接从相关系统读取原始单据，录入采购入库单、销售出库单等出入库单据，并进行审核签字，以确认存货出库和入库的物流信息，并将已审核的入库单、出库单转入存货主文件。

对于其他入库单和其他出库单，则需要在库存管理系统中先进行录入，然后再进行审核签字。其他出入库单的录入，主要包括假退料单的录入、调拨出入库单的录入、盘点出入库单的录入等。

（一）假退料单的录入

车间已领用的材料，在月末尚未消耗完，下月需要继续耗用，则可以不办理退料，在这样的情况下，为了使成本管理系统能正确核算产品的材料费用，库存管理系统应提供假退料单的录入功能。假退料单的录入包括出库日期、出库单号、仓库、生产订单号、生产批号、业务类型、生产部门、产品编码、产品名称、产品数量、材料编码、材料名称、规格型号、材料数量、计量单位、单价、金额等数据项目的录入。

（二）调拨单的录入

调拨单是指用于仓库之间存货的转库业务或部门之间的存货调拨业务的单据。在同一调拨单中，如果转出部门和转入部门不同，表示部门之间的调拨业务；如果转出部门和转入部门相同，但转出仓库和转入仓库不同，表示仓库之间的转库业务。调拨单的录入包括单据号、日期、转出部门、转入部门、转出仓库、转入仓库、出库类别、入库类别、存货编码、存货名称、规格型号、存货数量、计量单位、单价、金额等数据项目的录入。调拨单经过审核后，系统可以自动生成其他入库单和其他出库单，业务类型分别为调拨入库和调拨出库。

（三）盘点单的录入

企业进行存货清查盘点，需要编制存货盘点报告单，并依据存货盘点报告，生成存货盘盈入库单或存货盘亏出库单。盘点单的录入包括盘点单号、盘点日期、账面日期、盘点仓库、出库类别、入库类别、部门、经手人、存货编码、存货名称、规格型号、库存数量、计量单位、账面数量等数据项目。

（四）出入库单录入控制

（1）制单序时控制。填制出入库单时，出入库单日期只能由前往后填。出入库单日期应大于总账系统启用日期，但不能超过业务日期。

（2）出入库单号控制。不同类别的记账出入库单按月从 1 开始序时连续编号，不能有重号和漏号。系统自动生成的出入库单号，不能修改。

（3）出入库单日期控制。出入库单日期必须为公历日期，出入库单日期应该随出入库单号增加而增加，输入出入库单日期不能为结账月份的日期等。

（4）数量控制。其主要包括存在性控制，即检查所录入出入库单中的库存数量是否存在，满足出入库单的要求。

（5）金额控制。其包括检查每张出入库单的金额计算是否正确。

（6）未经审核的错误出入库单可直接修改，已审核的出入库单应先取消审核后，再进行修改或作废。

（7）当月已经结账，不能再填制当月的出入库单。

（五）出入库单审核控制

（1）出入库单审核应由具有审核权限的操作员进行。

（2）审核人和制单人一般不能是同一个操作员。

（3）出入库单一经审核，就不能被修改、删除、标错、作废，只有被取消审核签字后才可以进行修改、删除、标错、作废。

（4）取消审核签字只能由审核人自己进行。

（5）审核人员不能对错误的记账出入库单直接进行修改，只能由制单员修改。

（6）已标错的出入库单不能被审核，若需要审核，须先取消标错后才能审核。

（7）已作废的出入库单不能被审核，若需要审核，须先取消作废后才能审核。

三、单据记账

单据记账是依据存货主文件中的出库单、入库单，结合出入库类型和定义的转账凭证模板，生成存货记账凭证并修改存货明细账的过程。入库单的记账是直接根据入库单中数量、金额生成转账凭证，而出库单的记账要依据存货发出计价的方法，先计算发出存货的单价，然后结合发出存货的数量，计算发出存货的金额，作为转账凭证的入账金额。对出入库单据进行记账时需遵守的内部控制程序主要包括：未经审核的出入库单，不允许生成凭证；上月未记账，本月不能记账。

四、统计分析

库存与存货核算系统日常处理的结果信息是通过统计分析功能实现的，其结果信息一般包括业务统计信息和业务分析信息。

（一）业务统计信息

业务统计信息是依据存货的各种出库单、入库单，结合企业管理信息的需求，生成的各种统计报表。一般包括库存台账、出入库流水账、存货收发存明细表、存货收发存汇总表、材料明细账、委托加工材料明细账、产品明细账、分期收款发出商品明细账、委托代销商品明细账等。

（二）业务分析信息

业务分析信息是对存货流程中各项主要业务处理结果和运作情况进行的分析，以支持管理部门对存货业务的预测和决策。一般包括安全库存预警分析表、超储库存分析表、短缺库存分析表、库存账龄分析表、库存配套分析表、保质期预警分析表、存货周转率分析表、ABC成本分析表、库存资金占用分析表、入库成本分析表等。

五、期末结账

期末结账是指结束本期的存货单据录入和处理，计算本期存货结存数量和金额，并将结存数量、金额和基础数据转入下期的过程。期末结账的一般步骤为：检查本期的出入库单据是否全部处理完毕；计算本期存货的入库数量、入库金额、出库数量、出库金额，计算本年存货的累计入库数量、累计入库金额、累计出库数量、累计出库金额，本期期末结存数量和结存金额，将本期期末结存数量和结存金额转为下期期初结存数量和结存金额；更新系统数据库的相关数据项目，修改系统参数。

进行期末结账需遵循的内部控制程序主要包括：结账必须按月连续进行，每月只能结账1次；上月未结账，则本月不能记账、结账，但可以填制、审核记账凭证；本月还有未记账凭证时，则本月不能结账；已结账月份不允许再填制当月记账凭证；月末结转必须全部生成并记账，否则本月不能结账。

第四节　库存与存货核算系统应用案例

一、库存与存货核算系统的集成应用

从库存与存货核算系统的业务处理流程中可以看出，仓储部门的库存管理系统是企业供应链管理的重要信息中心，主要完成存货的实物管理和单据审核，包括存货的入库、出库、转库验收和入库、出库、转库单据的审核签字。存货核算系统接收来自库存管理系统的各种单据，进行存货的收、发、存核算。库存与存货核算系统是采购管理、生产管理和销售管理的枢纽，采购活动增加库存，销售活动减少库存，生产领用减少库存，生产完工增加库存。库存与存货核算系统可以和采购管理系统、生产管理系统、销售管理系统集成使用，也可以与成本管理系统、总账系统集成使用。库存与存货核算系统集成应用的数据关系如图6-5所示。

库存管理系统、存货核算系统与其他系统集成应用的数据关系说明：

（1）库存管理系统根据采购管理系统传送的采购订单，生成采购入库单。

（2）库存管理系统根据生产管理系统传送的领料单和退料单，生成生产出库单和生产入库单。

（3）库存管理系统根据销售管理系统传送的销售发货单，生成销售出库单，即在库存管理系统中，可以根据其他系统传送的原始单据信息，生成各类入库单、各类出库单，并进行审核。

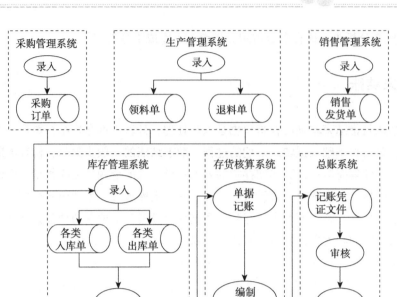

图 6-5　库存与存货核算系统集成应用的数据关系

（4）库存管理系统中经过审核的各类入库单、各类出库单传送至存货核算系统，并在存货核算系统中进行单据记账，编制相应的记账凭证。

（5）存货核算系统计算的产品直接材料费用单传送到成本管理系统。

（6）存货核算系统生成的出库、入库转账凭证传送至总账系统的记账凭证临时库文件，并在总账系统中对凭证进行审核与记账。

二、库存与存货核算系统的应用案例

（一）库存与存货核算系统凭证处理

2019 年 9 月 25 日，蓝天装备公司外涵机匣车间从材料仓库领用硅钢 100 吨，用于生产 A、B 两种电机。其中，A 电机使用硅钢 60 吨，B 电机使用硅钢 40 吨。业务处理过程如下：

（1）仓管员进入库存管理系统，执行系统菜单"出库业务→材料出库"功能，双击进入"材料出库单"窗口；单击"增加"按钮，进入"材料出库单"输入窗口；在表头处输入出库日期"2019-09-25"，选择仓库"材料库"，选择出库类别"生产领用"，部门"外涵机匣车间"；在表体第一行选择材料编码"01001 硅钢"，输入数量"60"，选择项目编码"成本对象-自制产品-A 电机"，在表体第二行选择材料编码"01001 硅钢"，输入数量"40"，选择项目编码"成本对象-自制产品-B 电机";单击"保存"按钮;单击"审核"按钮,系统弹出"该单据审核成功!"对话框;单击"确定"按钮,在单据底部签上审核人的姓名,完成材料出库单的录入与审核。

(2)存货核算员进入存货核算系统,执行系统菜单"业务核算→正常单据记账"功能,双击进入"过滤条件选择"对话框;单击"过滤"按钮,进入"正常单据记账"窗口;单击该张材料出库单据行前的"选择"栏,出现选中标记"Y";单击工具栏中的"记账"按钮开始记账,完成后显示"记账成功";单击"确定"按钮,完成材料出库单的记账。

(3)存货核算员进入存货核算系统,执行系统菜单"财务核算→生成凭证"功能,双击进入"生成凭证"窗口;单击工具栏"选择"按钮,出现"查询条件"对话框,选择"材料出库单"复选框,单击"确定"按钮,进入"未生成凭证单据一览表"窗口;单击该业务单据行前的"选择"栏,出现选中标记"1",单击工具栏中的"确定"按钮,打开"生成凭证"窗口;选择凭证类别为"转账凭证",单击工具栏"生成"按钮,系统显示生成的转账凭证;输入"制单日期",输入"附件数";根据相应的科目及其属性,分别选择相应辅助核算项目,单击"保存"按钮,凭证左上角出现红色的"已生成"字样;退出"填制凭证"窗口,完成材料出库转账凭证的录入。

(4)审核员进入总账系统,执行系统菜单"凭证→审核凭证"功能,完成记账凭证的审核。

(5)记账员进入总账系统,执行系统菜单"凭证→记账"功能,完成记账凭证的记账。

(二)库存与存货核算系统与其他系统

2019 年 9 月 29 日,蓝天装备公司销售部向 X 航空装配制造公司销售 A 电机 10 台,单价为 5 000 元/台,货物从产成品库中发出。当日,蓝天装备公司开具销售专用发票一张,发票号为 DXCL001,同时收到客户以转账支票所支付的全部货款 56 500 元,存入工商银行。业务处理过程如下:

(1)销售员进入销售管理系统,执行系统菜单"销售发货→发货单"功能,单击工具栏上的"增加"按钮;输入表头信息:日期"2019-09-29",业务类型"普通销售",销售类型"普通销售",客户名称"X 航空装配制造公司",销售部门"销售部",税率"13",仓库名称"产成品库"等;输入表体信息:选择存货编码"04001",自动显示存货名称"A 电机",主计量单位"台",输入数量"10",单价(不含税)"5 000",发货日期"2019-09-29"等;单击"保存"按钮,然后单击"审核"按钮,系统自动对销售发货单信息进行审核;单击"退出"按钮,完成销售发货单的录入与审核。

(2)销售员进入销售管理系统,执行系统菜单"销售开票→销售专用发票"功能,出现"销售专用发票"窗口;单击工具栏上的"增加"按钮,出现"过滤条件选择-参照发货单"窗口,选择客户"X 航空装配制造公司",单击"过滤"按钮;进入"参照生单"界面,选择对应销售发货单,单击"确定"按钮;系统自动读取销售发货单的信息并代入销售发票中,输入开票日期为"2019-09-29",输入无税单价"5 000";单击"保存"按钮,然后单击"现结"按钮;系统弹出"现结"窗口,选择结算方式"转账支票",原币金额"56 500",票据号"DXCL001",单击"确定"按钮,此时,销售发票左上方显示"现结"字样;单击"复核"按钮,系统自动对销售专用发票信息进行复核;退出"销售专用发票"窗口,完成销售专用发票的录入与复核。

(3)会计员进入应收款管理系统,执行系统菜单"应收单据处理→应收单据审核"功能,出现"应收单过滤条件"窗口;选中"包含已现结发票",单击"确定"按钮;进入"应收单据列表"窗口,选择单据日期为"2019-09-29"的销售专用发票,单击"审核"按钮,退出"应收单据列表"窗口,完成销售专用发票的审核;执行系统菜单"制单处理"功能,出现"制单查询"窗口,选择"现结制单"选项,单击"确定"按钮;进入"现结制单"界面,选择对应的现结单据;单击"制单"按钮,出现"填制凭证"窗口,选择凭证类型"收款凭证",制单日期为"2019-09-29",单击"确定"按钮;单击"保存"按钮,该凭证显示"已生成"字样;退出"填制凭证"窗口,完成记账凭证的录入。

(4)仓管员进入库存管理系统,执行系统菜单"出库业务→销售出库单"功能,进入"销售出库单"窗口;单击工具栏上的"生单"按钮,选择"销售生单",出现"过滤条件选择-销售发货单列表"窗口;选择客户"X航空装配制造公司",单击"过滤"按钮;选择对应销售发货单,单击"确定"按钮;系统弹出"生单成功"对话框,系统自动将销售发货单的信息代入销售出库单中,录入出库日期为"2019-09-29",单击"保存"按钮,然后单击"审核"按钮,系统自动对销售出库单信息进行审核;系统弹出"该单据审核完成"对话框;单击"确定"按钮,完成销售出库单的录入与审核。

(5)存货核算员进入存货核算系统,执行系统菜单"业务核算→正常单据记账"功能,双击进入"过滤条件选择"对话框;选择单据类型"销售出库单",单击"过滤"按钮;进入"正常单据记账"窗口,选择对应销售出库单据,单击"记账"按钮,系统弹出"记账成功"对话框;单击"确定"按钮,完成销售出库单的记账。

(6)存货核算员进入存货核算系统,执行系统菜单"财务核算→生成凭证"功能,进入"生成凭证"窗口;单击"选择"按钮,出现"查询条件"窗口,选择"销售出库单"选项,单击"确定"按钮;进入"未生成凭证单据一览表"窗口,选择对应的销售出库单,单击"确定"按钮;进入"生成凭证"窗口,单击"生成"按钮,进入"填制凭证"窗口,修改凭证类别为"转账凭证",录入制单日期为"2019-09-29",单击"保存"按钮,该凭证显示"已生成"字样;退出"填制凭证"和"生成凭证"窗口,完成销售出库转账凭证的录入。

(7)出纳员进入总账系统,执行系统菜单"凭证→出纳签字"功能,完成记账凭证的出纳签字。

(8)审核员进入总账系统,执行系统菜单"凭证→审核凭证"功能,完成记账凭证的审核。

(9)记账员进入总账系统,执行系统菜单"凭证→记账"功能,完成记账凭证的记账。

（三）库存与存货核算系统期末处理

2019年9月30日，蓝天装备公司在库存与存货核算系统中完成期末业务。业务处理过程如下：

（1）仓管员进入库存管理系统，执行系统菜单"对账→库存与存货对账"功能，进入"请选择对账月份"对话框；输入对账月份"9"，单击"确认"按钮；进入"对账报告"窗口，窗口中显示各仓库、各存货的入库数量和出库数量以及对账的情况，单击"退出"按钮；执行系统菜单"对账→库存账与货位账对账"功能，双击显示"本次对账结果完全正确"对话框；单击"退出"按钮返回，完成库存管理系统期末对账。

（2）存货核算员进入存货核算系统，执行系统菜单"业务核算→期末处理"功能，双击打开"期末处理"对话框；单击"全选"按钮，单击"确定"按钮，进入"仓库平均单价计算表"，单击工具栏"确定"按钮，进入"仓库差异率计算表"窗口，单击"确定"按钮，打开"差异结转单列表"窗口，再单击工具栏"确定"按钮，系统弹出"期末处理完毕！"提示对话框；单击"取消"按钮返回，完成存货核算系统期末处理。

（3）仓管员进入库存管理系统，执行系统菜单"月末结账"功能，双击打开"结账处理"对话框；单击"结账"按钮，系统弹出"月末结账完成！"提示对话框；单击"确定"按钮，完成库存管理系统期末结账。

（4）存货核算员进入存货核算系统，执行系统菜单"月末结账"功能，双击打开"月末结账"对话框；单击"月末结账"按钮，单击"确定"按钮，系统弹出"月末结账完成！"提示对话框；单击"确定"按钮，完成存货核算系统期末结账。

（5）存货核算员进入存货核算系统，执行系统菜单"财务核算→与总账对账"功能，双击打开"与总账对账"窗口，查看对账情况；单击"退出"按钮返回，完成存货核算系统与总账系统的期末对账。

练 习 题

练 习 题 1

1. 目的

库存与存货核算系统业务处理

2. 资料

H 公司为国内一家航空零部件制造企业,2019 年 9 月初,H 公司开始使用财务业务一体化软件。该公司的存货种类繁多,存货按类别分别存放于原材料库、半成品库、产成品库。公司经理要求仓管部负责人和财务部负责人结合公司实际情况,对库存管理系统与存货核算系统进行合理的基础设置。设置完成后,发生如下一笔经济业务:2019 年 9 月 15 日,H 公司采购部向某航空装配企业采购轴承 200 套,商品已验收入半成品库,并收到采购专用发票一张,发票号为 EMCL0003,价格为 1 000 元/套,蓝天公司于当日用转账支票支付货款,支票号为 A7349,银行账号为 972306。

3. 要求

(1)请说明,在进行库存与存货核算系统基础设置时,需要注意的事项。

(2)结合某一具体的会计软件,对 H 公司该笔业务的操作处理流程进行描述。

练 习 题 2

1. 目的

库存与存货核算系统期末盘点

2. 资料

S 公司为国内一家航空装备企业,2019 年 12 月 31 日,该公司进行期末存货盘点。公司要求由各仓库仓管员对存货实物进行盘点,财务部会计员进行监盘。经盘点,产成品库 D 电机实际库存 1 520 个,账面数 1 500 个,其他存货均账实相符。

3. 要求

(1)请说明期末对存货进行盘点应遵守的内部控制程序。

(2)结合某一具体的会计软件,对 S 公司存货盘点业务的操作处理流程进行描述。

第七章　薪酬管理系统分析和设计

> **本章学习提示**
>
> 本章重点：薪酬管理系统的基础数据特征与设置；薪酬项目及计算公式设置；期末薪酬费用分配设计与转账凭证的生成。
>
> 本章难点：薪酬管理系统的外部数据关系及内部数据流程；薪酬费用分配设计。

人力资源管理业务过程是组织取得、保证与发展该组织所需的人力和专门知识的过程，其主要目标是保证向组织提供的人力能够高效地完成指派的任务。人力资源的取得是获取/支付循环的一个部分，但其控制和处理程序有其自身特点，因此，通常将人力资源的各项管理活动作为一个独立的业务流程进行考察。大中型组织均需建立人力资源管理系统（human resource management system，HRMS）。人力资源管理系统包含两个相关的不同职能或系统，即人事管理系统（personnel management system，PMS）和薪酬管理系统（compensation management system，CMS）。人事管理系统被视为企业管理信息系统的一个子系统，旨在满足企业各部门、各岗位的人力需要，开展人员的招聘、培训、调动、升迁与离职等管理活动。而薪酬管理系统则被视为会计信息系统的一个子系统，旨在平衡职工的付出与回报，需要合理设计薪酬制度，有效执行薪酬的日常管理及账务处理。薪酬管理系统是计算机技术运用于会计领域最早的系统，是会计信息系统中相当成熟、通用性最强的系统。

第一节　薪酬管理系统文档和模型

现行会计准则明确界定了职工和职工薪酬的含义，规范了职工薪酬的确认、计量和相关信息的披露要求。职工是指与企业订立劳动合同的所有人员，含全职、兼职和临时职工；也包括虽未与企业订立劳动合同，但由企业正式任命的人员，如部分董事会成员、监事会成员等；还包括在企业的计划和控制下，虽未与企业订立劳动合同或未由其正式任命，但向企业所提供服务与职工所提供服务类似的人员。

职工薪酬是指企业为获得职工提供的服务或解除劳动关系而给予的各种形式的报酬或

补偿，主要包括短期薪酬、离职后福利、辞退福利和其他长期职工福利。企业提供给职工配偶、子女、受赡养人、已故职工遗属及其他受益人等的福利，也属于职工薪酬的范畴。其中，短期薪酬是指企业预期在职工提供相关服务的年度报告期间结束后 12 个月内将全部予以支付的职工薪酬，主要包括：职工工资、奖金、津贴和补贴；职工福利费；医疗保险费、工伤保险费和生育保险费等社会保险费；住房公积金；工会经费和职工教育经费；短期带薪缺勤；短期利润分享计划；其他短期薪酬等。在本书中将职工薪酬中的职工工资、奖金、津贴和补贴等短期报酬称为工资。

薪酬管理系统主要是通过薪酬计算、薪酬汇总、薪酬计提与分配转账等会计工作，一方面正确计算职工薪酬，对薪酬实行控制与管理；另一方面按薪酬的用途和发生的地点进行薪酬的计提和分配，以计入当期损益或分配到相关的资产成本中，并登记有关的总账及明细账。一般而言，其具体目标主要包括：及时准确计算每个职工的应发工资及个人所得税等代扣款项和实发工资，反映和监督企业与职工工资总额的结算情况，为工资总额的发放做好准备；正确计算本月实际发生的福利费、非货币性福利、辞退福利并计提住房公积金、工会经费和职工教育经费、社会保险费以及为职工购买的商业保险等，以正确计算薪酬总额，反映和监督薪酬总额计划的执行情况，控制薪酬总额；正确计算成本和损益，按薪酬受益对象正确地将薪酬费用计入当期损益或相关资产成本；对薪酬费用进行统计分析，为管理和决策提供有效的数据支持。

一、薪酬管理系统文档

薪酬管理系统中使用的主要文档如表 7-1 所示。

表 7-1 薪酬管理系统中使用的主要文档

文档名称	基本目标	制作部门	接收部门
职工档案	存放职工的基本信息数据，包括姓名、入职日期、薪酬等级、核准的薪酬扣减项目等	人事部门	财务部门
薪酬结算单	详细记录每个职工的薪酬情况	财务部门薪酬岗	财务部门出纳岗
薪酬汇总表	按部门、人员类别等对薪酬结算单汇总求和	财务部门薪酬岗	财务部门会计岗
薪酬费用分配表	以各种会计方法对薪酬费用进行分类汇总分配	财务部门会计岗	财务部门会计岗
个人所得税申报表	编制呈报给有关税务部门的税单	财务部门	税务部门

（一）职工档案

职工档案主要用于定义本企业薪酬发放人员的基本人事信息和有关薪酬信息，如职工代码、姓名、性别、参加工作日期、薪酬等级、职务等级以及核准的薪酬扣减项目等，以便于管理本企业薪酬发放人员相关信息。职工档案如表 7-2 所示。

表 7-2 职 工 档 案

职工代码	姓名	参加工作日期	薪酬等级	岗位等级	职务等级	养老保险金	住房公积金	……
	合计							

（二）薪酬结算单

薪酬结算单主要用于记录每位职工薪酬计算的详细资料，是代扣个人所得税、薪酬汇总和薪酬分配转账的数据基础。薪酬结算单如表 7-3 所示。

表 7-3 薪酬结算单

职工代码	姓名	基本工资	岗位工资	……	应发工资	代扣税	……	扣款合计	实发工资	职工签名
	合计									

（三）薪酬汇总表

薪酬汇总表是根据薪酬结算单，按各职工所在部门、人员类别等汇总求和。薪酬汇总表如表 7-4 所示。

表 7-4 薪酬汇总表

部门代码	部门名称	基本工资	岗位工资	……	应发工资	代扣税	……	扣款合计	实发工资
	合计								

（四）薪酬费用分配表

薪酬费用分配表是按薪酬的用途和发生的地点将薪酬进行归集汇总，形成薪酬费用分配表。企业一般在期末要进行工资费用、养老保险金、住房公积金等薪酬费用的计提分配。工资费用分配表如表 7-5 所示，其他薪酬费用，如养老保险金、住房公积金等的分配与工资费用分配表类似。

表 7-5　工资费用分配表

借方科目＼贷方科目	应付职工薪酬——工资		
	基本车间	辅助车间	企管部门
生产成本			
制造费用			
管理费用			
销售费用			
在建工程			
其他业务支出			
营业外支出			
合计			

（五）个人所得税申报表

个人所得税申报表是企业编制呈报给有关税务部门的代扣代缴企业职工个人所得税的税单。个人所得税扣缴申报表如表 7-6 所示。

表 7-6　个人所得税扣缴申报表

税款所属期：　　年　　月　　日至　　年　　月　　日

扣缴义务人名称：

扣缴义务人纳税人识别号（统一社会信用代码）：□□□□□□□□□□□□□□□□□□　金额单位：元

姓名	身份证件号码	本月（次）情况				累计情况					税款计算					
		收入额计算	减除费用	专项扣除	其他扣除	累计收入额	累计减除费用	累计专项扣除	累计专项附加扣除	累计其他扣除	应纳税所得额	税率/预扣率	速算扣除数	应纳税额	减免税额	已缴税额	应补/退税额

二、薪酬管理系统模型

在手工方式下，企业从获取薪酬计算数据到汇总和分配薪酬费用的业务循环所要经过的环节一般表现为：人力资源部门、生产部门和后勤部门提供薪酬计算的基础数据；财务部门根据基础数据计算职工薪酬并代扣个人所得税，然后汇总分配转账；企业开户银行根据薪酬结算单划转薪酬款项到职工个人账户，从而完成薪酬业务处理的全过程。薪酬管理的业务处理涉及的职能部门有：人力资源部门、后勤部门、生产部门、财务部门、开户银行等，其处理模型如图 7-1 所示。

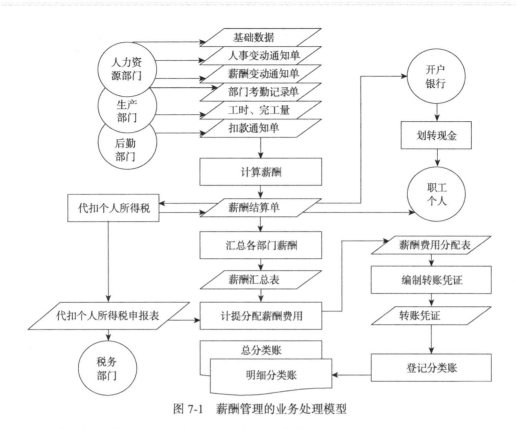

图 7-1 薪酬管理的业务处理模型

上述薪酬管理的业务处理模型主要包括以下内容。

（1）生产部门、人力资源部门和后勤部门提供薪酬核算的原始数据，如计时数据、计件数据、人事变动通知单和薪酬变动通知单、考勤数据等，以及各种委托代扣职工款项，如水电费、住房公积金、养老保险金等，作为薪酬计算的依据。

（2）财务部门根据薪酬原始数据计算薪酬，编制薪酬结算单，汇总编制薪酬汇总表和薪酬费用分配表，根据薪酬费用分配表的内容编制记账凭证并登记有关账簿。

（3）财务部门依据代扣个人所得税的规定，代扣并申报职工个人所得税。

（4）企业开户银行依据结算单，从企业银行存款账户划转薪酬到职工个人账户。如果企业未委托银行代发薪酬，则通过开户银行提取现金支付薪酬。

（5）职工个人依据财务部门的个人薪酬条，确认薪酬的计算是否正确，并与个人银行账户的薪酬额核对，以确认薪酬的发放是否正确。

第二节 薪酬管理系统流程描述

一、薪酬管理系统的流程重构

薪酬核算与管理是企业的一项重要工作，由于涉及的原始数据量大，涉及的部门比较多，在手工方式下常要花费大量的人力和时间，薪酬结算滞后且容易发生错误和不一致。

在信息化环境下，为了提高原始数据的处理效率，可首先对数据进行分类，然后对分类的数据采取不同的处理方法，只有对数据做科学的分类，才能使系统设计趋于合理化、科学化。对薪酬单中各项数据进行分析之后，不难发现，按各薪酬项目变动的频率，可以将薪酬数据各组成项目分为固定及半固定数据和变动数据两大类。一般而言，固定及半固定数据类的薪酬项目，是指固定不变的数据和在较长时间内很少变动的数据。例如，参加工作时间、职工代码、姓名、基本工资等。变动数据类的薪酬项目，是指每月都有可能发生变动的数据，这种变动可以是数值大小的变动，也可以是有无的变动，如病、事假时间，某种不固定的津贴和代扣款项等。

在建立数据结构时，可以根据以上两部分数据分别建立固定数据文件和变动数据文件。固定数据文件供系统长期使用，只在人员调出、调入、内部调动或薪酬变动时才更新此文件的数据。若无上述变化，该文件中的数据将保持不变，每月核算时都可以直接调用这些数据。变动数据文件中的数据则在每月初始化后均需更新。但具体对某一职工而言，有些项目可能发生，也可能不发生，或某一项目的数值发生大小的变化，在设计数据处理方法时，对变动数据也要根据不同特性区别对待。

另外，在信息化方式下，随着系统集成性的发展，薪酬管理系统可以与其他系统共享数据并从其他系统获得所需的数据，既减轻了负责薪酬核算与管理工作的职工的负担，又减少了数据的重复处理，进而保证了数据的及时性和准确性。

二、薪酬管理系统的数据流程分析

（一）薪酬管理系统的数据流程

通过对薪酬管理系统的文档与模型以及薪酬数据项目的分类和特点的分析，结合计算机处理的特点，可抽象出薪酬管理系统的顶层数据流程，如图7-2所示。

薪酬管理系统的顶层数据流程描述了系统的边界、数据来源的部门以及要输出和传送的信息。其中基础数据，如职工档案、人事变动通知单、薪酬变动通知单等数据，是薪酬计算的固定或半固定数据，每个月基本保持不变；工时或完工量以及考勤记录单和扣款通知单是计算变动薪酬的原始数据，是每个月变动的。月末通过薪酬处理，输出转账凭证、薪酬结算单、电子薪酬条、个人所得税申报表等信息。将顶层数据流程进一步分解，形成薪酬管理系统的详细数据流程，如图7-3所示。

薪酬管理系统的数据流程说明如下：

（1）依据人力资源部门、生产管理部门、后勤部门传送过来的基础数据、人事变动通知单、薪酬变动通知单、考勤记录单、工时和完工量、扣款通知单更新薪酬固定数据文件和薪酬变动数据文件。

（2）依据薪酬固定数据文件和薪酬变动数据文件的数据，计算应发工资、代扣款项、实发工资等项目，存入薪酬结算单。

第七章 薪酬管理系统分析和设计

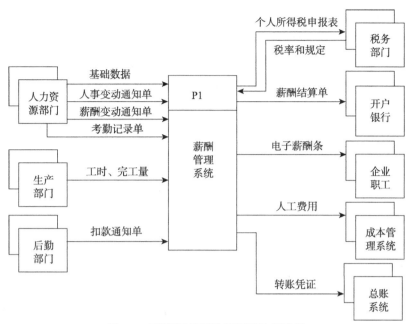

图 7-2 薪酬管理系统的顶层数据流程

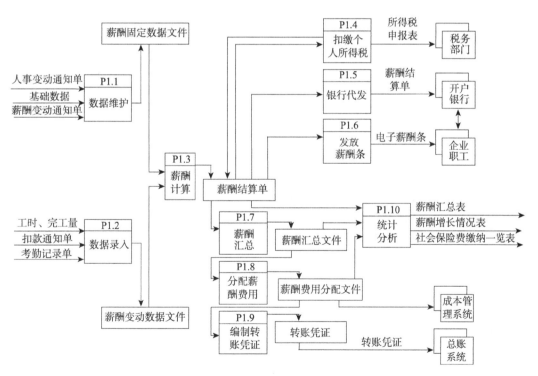

图 7-3 薪酬管理系统的数据流程

（3）依据薪酬结算单代扣个人所得税，并更新薪酬结算单，然后通知银行代发工资并允许职工网上查询电子薪酬条。

（4）依据薪酬结算单，按部门、人员类别等进行薪酬数据汇总，存入薪酬汇总文件。

（5）月末对薪酬进行计提并分配，分配的结果存入薪酬费用分配文件。

（6）薪酬费用分配文件中相关的人工费用数据传送到成本管理系统，作为产品成本人工费用的计算依据。

（7）依据薪酬费用分配文件中的薪酬分配数据自动生成凭证并传送到总账系统的记账凭证临时文件。

（8）根据管理的需要，依据薪酬结算单、薪酬汇总文件、薪酬费用分配文件、转账凭证等数据进行统计分析，输出薪酬汇总表，社会保险费缴纳一览表等；输出管理信息，如薪酬增长情况表等。

（二）薪酬管理系统的主要数据库结构

薪酬管理系统的特点和难点在于薪酬结构的可变性，不仅不同企业的薪酬结构不相同，而且同一个企业的薪酬结构也是经常变化的。如果各种薪酬项目字段固定不变，那么一旦薪酬结构发生了变化，如增加了一种津贴或增加一种临时性的扣款，就不得不修改薪酬数据文件的结构，而且要相应修改处理程序，因此，薪酬管理系统的数据文件的设计要具有一定的灵活性和扩展性。薪酬管理系统是总账系统和成本管理系统的相关数据的信息源，在文件设计时，应当合理，使数据具有良好的一致性。根据企业规模的大小和具体情况，以及系统的要求和目标，薪酬管理系统中的主要数据库文件包括薪酬结算单文件、薪酬固定数据文件、薪酬变动数据文件、薪酬汇总数据文件、薪酬费用分配文件等。

1. 薪酬结算单文件

薪酬结算单文件是薪酬管理系统中最基本的数据库文件，它记录了每位职工薪酬计算的详细资料，是代扣个人所得税、薪酬汇总和薪酬分配转账的数据基础。薪酬结算单的基本结构如表7-7所示。

上面实际上是薪酬计算数据库（database）中的一个表（table），要进行薪酬的计算，还需其他一些表。例如，薪酬计算数据库文件中可包含公式库文件、所得税文件、扣款标准文件。公式库文件的基本结构如表7-8所示，所得税文件的基本结构如表7-9所示，扣款标准文件的基本结构如表7-10所示。

2. 薪酬固定数据文件

薪酬固定数据文件用来存放薪酬结算单文件中的固定数据，可直接由薪酬结算单文件派生形成，当人员调进、调出或企业统一进行薪酬调整时，需对该文件进行增加、删除、修改等维护。

3. 薪酬变动数据文件

薪酬变动数据文件在当月是一种过渡性的临时数据文件，故每月将所有职工的变动数据输入该数据文件，经过计算处理后，再将数据转入薪酬结算单文件。

第七章　薪酬管理系统分析和设计

表 7-7　薪酬结算单的基本结构

序号	字段名	类型	说　　明
1	职工编号	C	每个职工编号是唯一的，包含部门编码
2	姓名	C	汉字
3	职称	C	如初级、中级、高级职称等
4	职工类别	C	如生产工人、管理人员
5	工作时间	D	参加工作的时间
6	基本工资	N	按薪酬制度规定的职工薪酬标准
7	岗位工资	N	按薪酬制度规定的职工薪酬标准
8	工龄工资	N	按薪酬制度规定的职工薪酬标准
9	绩效工资	N	为组合项，如奖金、加班费等
10	津贴与补贴	N	按薪酬制度规定的职工薪酬标准
11	职工福利费	N	按薪酬制度规定的职工薪酬标准
12	事假扣款	N	依据考勤记录和薪酬标准计算
13	病假扣款	N	依据考勤记录和薪酬标准计算
14	应发工资	N	为基本工资、岗位工资等各增项之和减去病事假扣款
15	水电费等	N	来自后勤管理部门相关数据
16	养老保险金扣款	N	缴纳基数×个人缴纳比例
17	住房公积金扣款	N	缴纳基数×个人缴纳比例
18	社会保险费扣款	N	缴纳基数×个人缴纳比例
19	代扣个人所得税	N	基于计税基数，系统自动进行个人所得税计算
20	扣款合计	N	为各项扣款合计数
21	实发工资	N	应发工资－扣款合计
22	日工资	N	为计算事假扣款和病假扣款提供数据
23	事假天数	N	为计算事假扣款和病假扣款提供数据
24	病假天数	N	为计算事假扣款和病假扣款提供数据
25	累计带薪缺勤	N	用于计算累计带薪缺勤
26	非货币性福利	N	为合并计税、期末分配转账提供数据
27	计税基数	N	应发工资－养老保险金扣款－住房公积金扣款－社会保险费扣款

表 7-8　公式库文件的基本结构

序号	字段名	类型	说　　明
1	序号	C	公式编号
2	项目名称	C	如"实发工资"
3	计算公式	C	如"应发工资－扣款合计"

表 7-9　所得税文件的基本结构

序号	字段名	类型	说　　明
1	应纳税所得额	N	如应纳税所得额（元）＝应发工资－专项扣除－其他扣除－专项附加扣除－5 000
2	税率	N	适用税率
3	速算扣除数	N	适用数值
4	应纳税额	N	根据公式计算

表 7-10　扣款标准文件的基本结构

序号	字段名	类型	说　　明
1	工龄	N	初始化时输入
2	扣款率	N	根据企业具体政策确定

4. 薪酬汇总数据文件

薪酬汇总数据文件用来存放按职工所属部门进行汇总的数据，其结构与薪酬结算单文件结构基本相同，仅少了职工编号、姓名、工种、工作时间等与部门汇总不相联系的数据项目。

5. 薪酬费用分配文件

薪酬费用分配文件反映按薪酬用途进行薪酬费用的分配情况，包括工资费用分配、社会保险费计提与分配、住房公积金计提与分配、养老保险金计提与分配、工会经费与职工教育经费计提与分配等。薪酬费用分配文件的基本结构如表 7-11 所示。

表 7-11　薪酬费用分配文件的基本结构

序号	字段名	类型	说　　明
1	部门编号	C	与部门名称对应
2	部门名称	C	所属部门的中文名称
3	生产成本	N	按薪酬用途计算得到
4	制造费用	N	按薪酬用途计算得到
5	管理费用	N	按薪酬用途计算得到
6	销售费用	N	按薪酬用途计算得到
7	在建工程	N	按薪酬用途计算得到
8	其他业务支出	N	按薪酬用途计算得到
9	营业外支出	N	按薪酬用途计算得到
10	合计	N	计算得到

第三节　薪酬管理系统功能设计

根据薪酬管理系统的数据流程和系统设计的要求，薪酬管理系统一般包括基础设置、业务处理、统计分析、薪酬管理和期末处理等功能。薪酬管理系统的功能结构如图 7-4 所示。

在 ERP（企业资源计划）环境下，灵活、高效的薪酬管理系统能根据企业战略及人力资源规划制订薪酬计划、进行薪酬预算及控制，能够根据公司跨地区、跨部门、跨工种的不同薪酬结构及处理流程，制订与之相适应的薪酬方案，并能与生产管理、后勤管理以及人力资源管理系统中的时间管理、绩效管理、福利管理等模块直接集成，共享与传送数据，减少了人工介入，消除了接口中存在的问题，具有自动读取薪酬的功能。薪酬管理系统主要应用于企业的薪酬核算、薪酬发放、薪酬费用分配、个人收入所得税核算和薪酬统计分析等，并提供薪酬计划、薪酬预算与控制等管理决策功能。

第七章 薪酬管理系统分析和设计

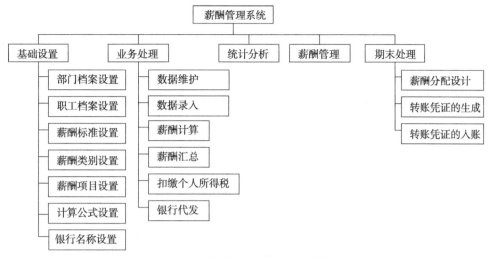

图 7-4 薪酬管理系统的功能结构

一、基础设置

根据企业的经营状况，结合市场薪酬调查数据，制订适合企业的薪酬方案，包括薪酬制度、薪酬类别、薪酬标准和薪酬结构等。薪酬管理系统的基础设置包括部门档案设置、职工档案设置、薪酬标准设置、薪酬类别设置、薪酬项目设置、计算公式设置、银行名称设置等。在集成的环境下，与人力资源管理系统等其他系统共享部门档案、职员档案等信息。

（一）部门档案设置

在薪酬的会计处理业务中，无论是发放薪酬还是进行薪酬费用的汇总分配，都是通过各个部门进行的，因此，设置薪酬核算部门就是为了薪酬管理系统可以按部门完成薪酬核算和薪酬发放工作。薪酬核算部门的设置包括部门名称和部门编码的设置，并按照需要进行多级定义。部门设置应以企业的自然部门为基础，并结合薪酬发放和薪酬分配的要求进行调整。按照级别进行薪酬核算部门的定义，便于对职工薪酬实行分级管理，在汇总薪酬时，生成各个级别的薪酬汇总表，同时还可以根据职工的工作性质和内容进一步划分职工部门，以便于企业进行薪酬汇总分配时，使薪酬费用计入对应的成本、损益科目。

部门档案是多个系统共用的信息，为了保证一致性和准确性，首先，在某个系统建立或修改后，其他系统可以共享，不需要也不能重复设置；另外，当建立职工档案、进行薪酬分配设计需要设置部门时，只能从部门档案中选择，不能手工输入。

（二）职工档案设置

职工档案主要用于定义本企业薪酬发放人员的基本人事信息和有关薪酬信息，如职工代码、姓名、性别、参加工作日期、职称、职务、职工类型、岗位等。

职工档案的设置是按照职工的姓名和代码逐项输入计算机。职工代码可以采用工作证号或根据职工所在部门编号,从整个职工名册来说,每位职工的代码必须是唯一的。输入职工档案时需区分职工人员类别,设置职工类型。对部门中各个不同薪酬类别的职工,定义所具有的不同职工种类。例如,在职职工薪酬类别中有管理人员、生产人员、其他人员;离退休人员薪酬类别中有退休人员、离休人员等。人员类别与薪酬费用的分配有关,以便于按人员类别进行薪酬汇总和分配。

其中基本人事信息应该与人力资源部门的人事信息一致,在集成环境下可以控制为直接从人力资源系统中读取并同步;在非集成环境下,手工录入后需要人力资源部门人员审核通过。为了防止虚列职工支付薪酬以及薪酬定级虚高的风险,应由人力资源部门的人员确定并审核该职工的职称、级别、薪酬级别和授权扣减的项目,而薪酬计算和发放则由财务部门薪酬岗的人员来完成,通过职责不相容原则来控制风险。

(三)薪酬标准设置

薪酬标准的设置主要是为了解决等级薪酬制度的薪酬标准确定的问题,薪酬标准的设置包括薪酬标准目录、薪酬标准表或薪酬标准公式等。薪酬标准目录主要用于对各种薪酬标准的组织管理,目录可分多级,只有末级目录下可记录薪酬标准表或薪酬标准公式,可将同类的薪酬标准表、薪酬标准公式归到同一个目录下。薪酬标准提供的薪酬标准表或薪酬标准公式可以用来计算基本工资、岗位工资、职务工资、工龄工资等薪酬项目。

为了防止薪酬虚高或错误的风险,薪酬标准应由人力资源部门来确定并审核,不能由薪酬计算或发放部门来确定。另外,有些薪酬项目的设定需要遵循一定的国家规定或政策,人力资源部门还要审核薪酬标准的合规性。

(四)薪酬类别设置

薪酬类别设置主要是为了适应企业薪酬方案中不同类别的薪酬核算与管理的需要,可以对不同的职工按不同的薪酬类别分别进行核算与管理。例如,在职人员、离退人员、临时人员等。

(五)薪酬项目设置

薪酬项目设置主要是定义薪酬管理系统中薪酬项目的名称、类型以及数据长度等。一般企业的薪酬项目通常包括基本工资、岗位工资、工龄工资、绩效工资、津贴与补贴、应发工资、病事假扣款、代扣款项、实发工资等,也就是职工薪酬结算单和薪酬条上列示的薪酬内容。但随着企业薪酬核算形式和具体情况的差异,不同的企业采用不同的薪酬核算项目,如有的企业采用计时工资、有的企业采用计件工资,因此,企业应通过薪酬项目设置来建立适合自己企业情况的薪酬计算以及薪酬的计提与分配。

在薪酬项目设置过程中,除了设置薪酬结算单和薪酬条上的薪酬项目外,还可以设置一些辅助项目,以便于薪酬计算和薪酬费用的计提与分配。

例如,进行病事假扣款,需要借助日工资、病假天数、事假天数等辅助项目进行计算。

例如，可以设置非货币性福利薪酬项目以反映当月实际发生的非货币性福利。设置非货币性福利薪酬项目，第一是可以反映出当月实际发生的非货币性福利以便进行查询统计分析；第二是由于个人所得税法规定非货币性福利应缴纳个人所得税，非货币性福利可与货币性工资合并计算个人所得税；第三是在期末非货币性福利分配转账时，可以作为分配转账的计提基础。

若企业实行计件工资制，可以设置每件完工产品的单位工资和当月完工产量与计件工资额，在输入薪酬核算资料时，只要输入当月职工的完工产量，就可自动计算出职工当月的计件工资额。

在设置薪酬项目的名称时，还需要设置薪酬项目的数据类型和数据长度等参数。不同的薪酬项目，其数据类型、长度、精确度和属性标志是有差异的，企业应根据具体情况进行定义。另外在设置薪酬项目时应分别说明定义每一薪酬项目是固定薪酬项目还是变动薪酬项目，从而为薪酬数据的结转做准备。

（六）计算公式设置

在薪酬管理系统中，部分变动薪酬项目，是通过部分已知薪酬项目数据计算获得的。例如，"基本工资＋岗位工资＋其他工资＝应付工资""病事假扣款＋住房公积金扣款＋其他扣款＝扣款合计"等。因此，必须为需要计算的薪酬项目设置薪酬计算公式，除了简单的四则运算外，还可以设置一些逻辑判断的计算公式，即根据某一个薪酬项目不同情况分别设置计算公式。目前，薪酬管理系统要求能适应各类企业，有多套薪酬核算方式，并支持多币种薪酬发放形式，能够按一定比例代扣社会保险费、住房公积金及个人所得税等，能自定义薪酬栏目内容、顺序及栏目之间的计算公式，支持计时工资、计件工资、工龄工资、病假、事假、加班等各种薪酬计算方式。

为了防止虚列薪酬项目或错误计算薪酬，如虚高增项、虚低减项等，根据职责不相容原则，薪酬项目与计算公式应由人力资源部门确定并审核，也可利用程序化内部控制，控制计算公式的逻辑和计算错误。

（七）银行名称设置

发放薪酬的银行可按需要设置多个，设置的银行名称应适用于所有薪酬类别。例如，同一薪酬类别中的人员由于在不同的工作地点，需在不同的银行代发薪酬；或不同的薪酬类别中不同的银行代发薪酬，均需设置相应的银行名称。

二、业务处理

（一）数据维护

薪酬数据维护功能针对的是薪酬固定数据文件。第一次建立薪酬固定数据文件时，可以输入或读取人力资源管理系统的相关基础数据，以后每月则在薪酬固定数据文件的基础上进行薪酬计算汇总之前，根据职工当期的具体情况对薪酬数据文件进行维护即可。人员调入，应追加薪酬文件记录；人员调出，要删除薪酬文件记录；薪酬调整、浮动要修改职工薪酬的固定数据项目；职工工作类别变动、内部调整要及时修改工作类别代码数据项目。

为了防止虚拟职工、虚高薪酬级别或标准等风险，恰当的职责划分是必要的。在集成环境下，人力资源管理系统会自动向薪酬管理系统发送变动通知单，能自动保持数据的一致性，支持批量更改。但系统必须设计成能确认提出和通过申请人的身份和权限，所做的更改均要整理为报告并提交各部门主管复审。在非集成环境下，只有人力资源部门有权限来更新或在人力资源部门授权并审核下由财务部门薪酬岗来更新薪酬固定数据文件中的雇用、解雇、加薪及提升信息等人事或薪酬变动信息，相应的人力资源部门不能直接参与薪酬计算与发放。另外，人力资源部门对离职职工要签发离职通知单并尽快送达财务部门薪酬岗，以防止对已离职职工继续计算并发放薪酬。

（二）数据录入

薪酬数据录入功能针对的是薪酬变动数据文件，如工时工量、绩效、考勤、房租水电等，要根据增、减款项录入职工薪酬的变动数据项目。在集成环境下，可以自动读取生产管理系统、后勤管理系统、人力资源管理系统等的相关数据。

由于所记录的薪酬数据都代表着职工实际的劳动、业绩以及代扣款等源数据，为了防止薪酬虚高或错误的风险，生产部门、人力资源部门、后勤部门等薪酬数据来源部门应与薪酬计算与支付部门职责分离。在非集成环境下，薪酬数据来源部门负责提供并审核录入的薪酬数据，薪酬数据来源部门审核后的数据不能再修改；在集成环境下，对自动传送过来的相关数据财务部门薪酬岗人员在非授权情况下不能修改。

（三）薪酬计算

在输入或调整薪酬核算的变动数据和固定数据后，薪酬计算应根据初始化功能中定义的计算公式，自动计算出相应薪酬项目的数值。薪酬计算既包括了薪酬项目之间的四则运算，也包括按照逻辑条件进行的判断运算，这些计算公式都是已经定义的。除此之外，薪酬计算还需设置一些辅助计算功能，如薪酬实发金额的扣零运算。

由于薪酬处理过程的复杂性，尤其是税法的各种要求，很容易出错。薪酬计算出错，尤其是薪酬支票的延迟，不仅会伤害职工的工作激情，还会导致未能及时向政府缴纳合理的税金数额，可能带来罚款。因此，可设计程序化内部控制实现分批总额检验、交叉检验、薪酬结算账户合理性检查等来规避风险。

（四）薪酬汇总

薪酬汇总是按核算部门进行的，每一级核算部门都可以产生各个薪酬项目的合计数，从最低级部门向高一级部门逐级汇总而后生成整个企业的薪酬汇总表。若企业采用现金发放薪酬，则应按要求依照薪酬发放级别生成薪酬配款表及进行发放薪酬额的面值数计算，以此作为提款和发放薪酬的基础。

（五）扣缴个人所得税

在定义所得税税率后，系统自动计算个人所得税，既减轻了用户的工作负担，又提高了工作效率。要注意的是，个人所得税法规定非货币性福利应缴纳个人所得税，在当期企业发生非货币性福利的情况下，要将非货币性福利与货币性工资合并计算个人所得税。

（六）银行代发

在薪酬计算完毕后，可由银行根据薪酬结算单代发薪酬。这种做法既减轻了财务部门发放薪酬工作的繁重，有效地避免了财务部门到银行提取大笔款项所承担的风险，又提高了对职工个人薪酬的保密程度。

为了防止薪酬支票被盗或虚假发放，首先，负责发放薪酬的出纳员要独立于人事记录、工时报告、薪酬结算单的编制工作；同样，人力资源部门、生产部门、后勤部门、薪酬结算单编制人员也不得签发薪酬支票。另外，薪酬支票应预先编号并登记入账，且所有的薪酬支票都只有在有正确的文档（薪酬结算单和发放凭证）支持并由财务主管独立检查薪酬提现支票的金额与薪酬结算单的一致性的情况下，出纳员才可以签名。再者，独立的薪酬银行账户也有助于规避风险。

三、统计分析

薪酬数据统计分析主要是输出薪酬核算的结果并可对其进行分析管理，为制订薪酬方案与调整薪酬结构提供依据，可输出薪酬明细表、薪酬汇总表、面值统计表、薪酬条、银行代发薪酬表以及部门分类统计表、项目分类统计表、按月分类统计表、薪酬增长情况分析表、部门薪酬项目构成分析表、社会保险费缴交一览表、非货币性福利发放情况表等各种薪酬统计表。通常薪酬明细表的输出，是为了领款人签字；输出薪酬汇总表和面值统计表，以便于发放薪酬；输出薪酬条，以便职工核对薪酬金额；输出薪酬结算表，提供银行代发功能；输出薪酬增长情况分析表，是为了对薪酬总额、薪酬增长额、薪酬增长率、平均薪酬等进行分析，以制订或调整薪酬方案。

四、薪酬管理

在非集成环境下，在薪酬管理系统中企业应该能够对薪酬进行计划与控制。薪酬管理功能能够根据实际情况和人力资源总体规划，形成企业的薪酬计划、薪酬预算和薪酬方案，并对确定的薪酬方案的执行过程进行监控，根据监控结果结合企业人力资源规划调整薪酬计划和薪酬方案。在集成环境下，可以在人力资源管理系统、预算管理系统中实现对薪酬的计划与控制。

五、期末处理

薪酬期末处理，主要包括薪酬费用的计提和分配转账，目的是月末将薪酬计入相关成本及损益科目，完成有关薪酬费用的核算。

计提时可自定义提取项目、计提基础和计提比例，进行薪酬提取。对每次薪酬计提的相关信息进行查询。例如，计提月份、计提名称、计提的金额等。薪酬分配转账包括薪酬分配设计、转账凭证的生成、转账凭证的入账等几个环节，通过薪酬转账凭证模板，自动取数生成机制转账凭证，传送到总账系统。

（一）薪酬分配设计

薪酬分配设计是一次性定义的，类似系统的基础工作，其目的是将薪酬费用记入相关的成本及费用科目，也是薪酬核算的最终目标。企业每月编制的薪酬分配凭证基本是一样的，不同的只是分配入账的数据项，因此，薪酬分配凭证可以做一次性的定义，每月由计算机自动生成转账凭证。工资分配设计内容如表7-12所示。

表7-12 工资分配设计内容

项目名称	摘要	该栏科目	方向	核算部门	入账科目	计提基础	计提比例
入账工资	工资转账	应付职工薪酬——工资	贷	车间生产工人	生产成本——工资	应发工资	10%
入账工资	工资转账	应付职工薪酬——工资	贷	车间管理人员	制造费用——工资	应发工资	100%
入账工资	工资转账	应付职工薪酬——工资	贷	销售部门	销售费用——工资	应发工资	100%
入账工资	工资转账	应付职工薪酬——工资	贷	管理部门	管理费用——工资	应发工资	100%

薪酬分配设计是在薪酬基础设置后进行的定义，其中，"项目名称"根据薪酬分配标志，如工资、社会保险费、住房公积金等自动填写；"核算部门"根据基础设置的薪酬核算部门自动填写，并且填入的是最低级别的核算部门；"方向"始终为贷方，因为在提列薪酬费用时，只能记入"应付职工薪酬"科目的贷方；"摘要"由操作员直接输入；"该栏科目"在进行明细核算时，根据"分配标志"和"核算部门"填入明细科目，如分配标志是"工资"，核算部门是"销售部"，则该栏科目为"应付职工薪酬——工资——销售部门"，否则直接为二级科目"应付职工薪酬——工资"；"入账科目"反映薪酬费用的去向，根据"分配标志"和"核算部门"填写，计提基础为一个或多个薪酬项目。

从表7-12可以看出，按照不同部门计算汇总后的分配数据以及表中规定的科目可以生成机制转账凭证。依据上述方法，同样可以完成社会保险费、住房公积金、养老保险金、失业保险金、工会经费和职工教育经费、非货币性福利等的提列转账，以及相关代扣款项的提列转账。

（二）转账凭证的生成

转账凭证根据薪酬分配设计生成，当薪酬计算汇总后，对需要分配的金额，通过分配设计中定义的会计科目和摘要，由系统自动生成完整的机制转账凭证。

（三）转账凭证的入账

财务部门根据总账系统的当前工作日期和凭证编号，为转账凭证填写转账日期和自动编号，并将转账凭证追加到记账凭证临时文件中，完成转账凭证的入账工作。

第四节　薪酬管理系统应用案例

薪酬几乎是经营活动最复杂的程序之一，特别是在大型的组织里。由于薪酬的有效制定与执行对激励职工有着至关重要的作用，因此，企业往往采用多种灵活的薪酬和福利政策，有计时工资、计件工资、绩效工资、奖励工资、年终奖、利润分享计划、短期带薪休假和长期带薪休假、离职后福利、辞退福利等。再加上，薪酬处理政策性强，要受到外部法规的动态约束，导致薪酬数据来源广泛且变化频繁，外部数据关系复杂。薪酬管理系统不仅可以直接输入相关薪酬原始数据，也可以接收来自人事管理、时间管理、福利管理、绩效管理等人力资源管理系统和生产管理系统及后勤管理系统的原始数据，还能向成本管理系统传送有关人工费用数据，向总账系统传送有关薪酬核算数据。

一、薪酬管理系统的集成应用

薪酬管理系统可以与人力资源管理系统、后勤管理系统、生产管理系统、成本管理系统和总账系统集成应用。薪酬管理系统集成应用的主要数据关系如图 7-5 所示。

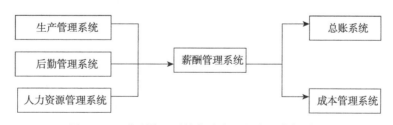

图 7-5　薪酬管理系统集成应用的主要数据关系

薪酬管理系统与其他管理系统的主要数据关系说明：

（1）生产管理系统统计生产工人的工时、完工量数据，传送到薪酬管理系统计算生产工人的计时工资或计件工资。

（2）人力资源管理系统传送薪酬计算的基本数据到薪酬管理系统，如职工代码、职工姓名、职工性质、工龄、基本工资等数据。

（3）后勤管理系统向薪酬管理系统传送水电费、暖气费等代扣款项数据。

（4）薪酬管理系统通过薪酬的计算、汇总、分配，生成薪酬及代扣税等转账凭证传送到总账系统。

（5）薪酬管理系统对生产工人及生产车间管理人员的薪酬进行结算和汇总，并直接归集或分摊到成本管理系统的成本对象，为成本计算提供直接人工费用和间接人工费用数据。

二、薪酬管理系统的应用案例

（一）薪酬项目及公式设置

2019年9月1日，蓝天装备公司启用薪酬管理系统进行薪酬核算与管理。该公司一线生产工人采用计件工资，废品按废扣工价扣款。管理人员包括企业管理人员和车间管理人员。基本薪酬包括岗位工资、薪级工资和绩效工资。绩效工资根据业绩、请假等评估数据综合评定。交通补贴按人员类别进行补贴。请假扣款按日工资×请假天数计算。该公司为员工代扣代缴住房公积金、养老保险金和医疗保险金，个人缴纳比例为基本薪酬的12%、8%、2%，单位缴纳比例为12%、20%、10%。业务处理过程如下（本例均在薪酬管理系统完成，不启用计件工资系统）：

（1）薪酬部管理员进入薪酬管理系统，执行系统菜单"设置→工资项目设置"功能，打开"工资项目设置"对话框；选中"工资项目名称"，单击"增加"按钮，工资项目列表中增加一空行，单击对话框右侧"名称参照"下拉列表框，从下拉列表中选择"岗位工资"选项；双击"类型"栏，单击下拉列表框，从下拉列表中选择"数字"选项，"长度"采用系统默认值8，"小数"栏采用系统默认值2，双击"增减项"栏，从下拉列表中选择"增项"选项；单击"增加"按钮；依次增加其他工资项目：薪级工资、绩效工资、交通补贴、请假扣款、养老保险金、住房公积金、医疗保险金、日工资、请假天数、计税基数、基本薪酬、计件工资、工废扣款、工价、废扣工价、计件数、废工数等；单击"确认"按钮，系统弹出"工资项目已经改变，请确认各工资类别的公式是否正确？"信息提示框，单击"确定"按钮，完成工资项目设置。

（2）薪酬部管理员进入薪酬管理系统，执行系统菜单"工资类别→新建工资类别"功能，打开"新建工资类别"对话框；在文本框中输入第一个工资类别"管理人员"，单击"下一步"按钮；选择"车间管理人员"和"企业管理人员"复选框，单击"完成"按钮，系统弹出"是否以2019-09-01为当前类别的启用日期？"提示信息，单击"是"按钮，返回薪酬管理系统；执行"工资类别→关闭工资类别"命令，关闭"管理人员"工资类别。参照"管理人员"的情况完成"生产人员"工资类别设置，完成工资类别设置。

（3）薪酬部管理员进入薪酬管理系统，执行系统菜单"工资类别→打开工资类别"功能，打开"打开工资类别"对话框；选择"001管理人员"工资类别，单击"确定"按钮；执行"业务工作→薪酬管理→设置→人员档案"命令，进入"人员档案"窗口；单击工具栏上的"批增"按钮，打开"人员批量增加"对话框；单击"人员类别"中的企业管理人员、车间管理人员左侧对应的"选择"栏，分别出现"是"，单击"确定"按钮，系统自动将之前录入的人员档案代入；单击工具栏上的"修改"按钮，进入"人员档案明细"对话框，在银行名称下拉列表中选择"中国工商银行中原分行隆兴支行"，补充输入银行账号信息；取消系统默认勾选的"核算计件工资"选项；单击"确定"按钮，系统弹出"写出该人员档案信息吗"提示框，单击"确定"按钮，进入下一个人员档案信息，按实验资料依次输入。完成"001管理人员"工资类别人员档案设置。

（4）薪酬部管理员进入薪酬管理系统，执行系统菜单"设置→工资项目设置"功能，打开"工资项目设置"对话框；打开"工资项目设置"选项卡，单击"增加"按钮，工资项目列表中增加一空行；单击"名称参照"下拉列表框，从下拉列表中选择"岗位工资"选项，工资项目名称、类型、长度、小数、增减项都自动代出，不能修改；单击"增加"按钮，增加其他工资项目；所有项目增加完成后，单击"工资项目设置"选项卡中的"上移"和"下移"按钮，调整工资项目的排列位置。完成"001 管理人员"工资类别薪酬项目选择。

（5）薪酬部管理员进入薪酬管理系统，在"工资项目设置"对话框中，打开"公式设置"选项卡；单击"增加"按钮，在工资项目列表中增加一空行，单击该行，在下拉列表框中选择"交通补贴"选项；单击"交通补贴公式定义"文本框，再单击"函数公式向导输入"按钮，打开"函数向导—步骤之1"对话框；从"函数名"列表中选择iff，单击"下一步"按钮，打开"函数向导—步骤之 2"对话框；单击"逻辑表达式"参照按钮，打开"参照"对话框，从"参照"下拉列表中选择"人员类别"选项，从下面的列表中选择"企业管理人员"，在"算术表达式 1"中输入"500"，在"算术表达式 2"中输入"300"，单击"完成"按钮，返回"公式设置"选项卡，单击"公式确认"按钮，此公式设置完成。依次设置"请假扣款＝请假天数×日工资""基本薪酬＝岗位工资＋薪级工资＋绩效工资""养老保险金＝基本薪酬×0.08""医疗保险金＝基本薪酬×0.02""住房公积金＝基本薪酬×0.12""计税基数＝应发合计－养老保险金－医疗保险金－住房公积金"等公式，完成"001管理人员"工资类别薪酬项目公式设置。

（6）薪酬部管理员进入薪酬管理系统，参照（3）、（4）、（5）完成"002生产人员"工资类别人员档案、薪酬项目选择和薪酬项目公式设置。

（二）薪酬分配设计及转账生成

2019 年 9 月 30 日，蓝天装备公司进行当月薪酬费用的分配设计及转账生成。业务处理过程如下：

（1）薪酬部管理员进入薪酬管理系统，执行系统菜单"业务处理→工资分摊"功能，打开"工资分摊"对话框；单击"工资分摊设置"按钮，打开"分摊类型设置"对话框；

单击"增加"按钮，打开"分摊计提比例设置"对话框；输入计提类型名称为"应发工资"，默认分摊计提比例100%，单击"下一步"按钮，打开"分摊构成设置"对话框；按表7-13设置应付工资分配设计；返回"分摊类型设置"对话框，继续设置养老保险金、医疗保险金、住房公积金等分摊计提项目，完成薪酬分配设计。

表7-13　薪酬费用分配的转账设置

部门	薪酬分配	应付工资（100%）		养老保险金（20%）		医疗保险金（10%）		住房公积金（12%）	
		借方科目	贷方科目	借方科目	贷方科目	借方科目	贷方科目	借方科目	贷方科目
管理部财务部人事部	企业管理人员	管理费用	应付职工薪酬——工资	管理费用	应付职工薪酬——离职后福利（养老保险金）	管理费用	应付职工薪酬——社会保险费	管理费用	应付职工薪酬——住房公积金
一车间二车间	车间管理人员	制造费用		制造费用		制造费用		制造费用	
一车间二车间	生产人员	生产成本		生产成本		生产成本		生产成本	

注：其中管理人员应付工资以薪酬项目"应发合计"为计提基础，其他以薪酬项目"基本薪酬"为计提基础；生产人员全部以"应发合计"为计提基础。

（2）薪酬部管理员进入薪酬管理系统，执行系统菜单"业务处理→工资分摊"功能，打开"工资分摊"对话框；选择"工资分摊"计提费用类型，确定分摊计提的月份"2019-09"，选择核算部门"管理部、财务部、人事部、生产车间"；选中"明细到工资项目"复选框，单击"确定"按钮，打开"应付工资一览表"；选中"合并科目相同、辅助项相同的分录"复选框，单击工具栏上的"制单"按钮，即生成记账凭证；单击凭证左上角的"字"位置，选择"转账凭证"，输入附单据数，单击"保存"按钮，凭证左上角出现"已生成"字样，代表该凭证已传送到总账系统；单击工具栏上的"退出"按钮，返回。依次完成"养老保险金""住房公积金""医疗保险金"等薪酬费用转账凭证的生成。

（3）财务部审核员进入总账系统，执行系统菜单"凭证→审核凭证"功能，打开"凭证审核"查询条件对话框；输入查询条件，单击"确认"按钮，进入"凭证审核"的凭证列表窗口；双击上述凭证或单击"确定"按钮，进入"凭证审核"的审核凭证窗口；检查要审核的凭证，无误后，单击"审核"按钮，凭证底部的"审核"处自动签上审核人姓名；单击"退出"按钮，完成薪酬费用转账凭证的审核。

（4）财务部记账员进入总账系统，执行系统菜单"凭证→记账"功能，进入"记账"窗口；输入要进入记账的凭证范围，单击"下一步"按钮；单击"记账"按钮，显示"试算平衡表"；单击"确认"按钮，系统开始登记有关明细账和总账；单击"确定"按钮，完成薪酬费用转账凭证的记账。

（5）若当月薪酬业务全部处理完毕，薪酬部管理员进入薪酬管理系统，执行系统菜单"处理→月末结账"功能，打开"月末结账"对话框，单击"确定"，完成薪酬管理系统的期末结账。

（6）若当月总账业务全部处理完毕，财务部会计员进入总账系统，执行系统菜单"期末→结账"功能，进入"结账"窗口；单击要结账的月份"2019.09"，单击"下一步"按钮；单击"对账"按钮，系统对要结账的月份进行账账核对；单击"下一步"按钮，系统显示"9月份工作报告"；查看工作报告后，单击"下一步"按钮；单击"结账"按钮，完成总账系统的期末结账。

（三）发放工资并上缴住房公积金、养老保险金、医疗保险金

2019年10月10日，发放上月工资并上缴住房公积金、养老保险金、医疗保险金等。业务处理过程如下：

（1）财务部录入员进入总账系统，执行系统菜单"凭证→填制凭证"功能，进入"增加凭证"窗口；单击"增加"按钮，增加一张空白凭证；选择凭证类型"付款凭证"；输入制单日期"2019/10/10"；输入附单据数"4"；输入摘要"发放工资并上缴住房公积金等"；输入科目名称"应付职工薪酬——工资"，借方金额"260 000"；输入科目名称"应付职工薪酬——社会保险费"，借方金额"25 000"；输入科目名称"其他应付款——社会保险费"，借方金额"5 000"；输入科目名称"应付职工薪酬——住房公积金"，借方金额"30 000"；输入科目名称"其他应付款——住房公积金"，借方金额"30 000"；输入科目名称"应付职工薪酬——离职后福利（养老保险金）"，借方金额"50 000"；输入科目名称"其他应付款——离职后福利（养老保险金）"，借方金额"20 000"；输入科目名称"银行存款"，输入贷方金额"420 000"；单击"保存"按钮，弹出"凭证已成功保存！"信息提示框；单击"确定"按钮，完成记账凭证的录入。

（2）财务部出纳员进入总账系统，执行系统菜单"凭证→出纳签字"功能，系统弹出"出纳签字"条件对话框；输入查询条件，单击"确认"按钮，进入"出纳签字"列表窗口，列表显示全部符合条件的凭证；双击要签字的凭证或单击"确定"按钮，进入"出纳签字"凭证窗口；检查要签字的凭证，无误后，单击工具栏中"签字"按钮，凭证底部的"出纳"处自动签上出纳员姓名；单击"退出"按钮，完成记账凭证的出纳签字。

（3）财务部审核员进入总账系统，执行系统菜单"凭证→审核凭证"功能，打开"凭证审核"查询条件对话框；输入查询条件，单击"确认"按钮，进入"凭证审核"的凭证列表窗口；双击要审核的凭证或单击"确定按钮"，进入"凭证审核"的审核凭证窗口；检查要审核的凭证，无误后，单击"审核"按钮，凭证底部的"审核"处自动签上审核人姓名；单击"退出"按钮，完成记账凭证的审核。

（4）财务部记账员进入总账系统，执行系统菜单"凭证→记账"功能，进入"记账"窗口；输入要进入记账的凭证范围，单击"下一步"按钮；单击"记账"按钮，显示"试算平衡表"；单击"确认"按钮，系统开始登记有关明细账和总账；单击"确定"，完成记账凭证的记账。

自测题

扫描此码 自学自测

练习题

练习题1

1. 目的

薪酬项目及入账设计

2. 资料

某公司员工大多为一线生产工人，基本薪酬均以小时计算。由各生产车间排定各班次标准时间，员工上下班记录通过刷卡钟自动统计，月底与员工休假记录综合计算员工当月工作时间，然后由系统计算薪酬。员工加班自动按照平时加班、节假日加班等分别计算。该公司管理员工基本薪酬按其岗位和职务标准确定。绩效薪酬以全年薪酬总额为基础，以企业经营状况为指标，综合考虑员工服务年限、岗位和职务、员工考勤、休假等情况，结合评估数据计算绩效薪酬。假设该公司为员工代扣代缴住房公积金、养老保险金和医疗保险金，个人缴纳比例为基本薪酬的12%、8%、2%，单位缴纳比例为12%、20%、10%。当月按基本薪酬的10%发放过节福利费。

3. 要求

（1）请根据资料为该公司设计薪酬项目及公式。

（2）请为该公司设计期末薪酬入账模板。

（3）请结合某一具体会计软件，描述薪酬项目及公式设置、薪酬入账模板设置的步骤。

练习题2

1. 目的

非货币性福利核算与管理

2. 资料

2019年9月10日，某企业采购20盒月饼作为中秋节福利发放给每名员工。每盒月饼采购价150元，收到增值税专用发票，适用税率13%。其中，15名员工为一线生产工人，2名员工为车间管理人员，3名员工为行政管理人员。

3. 要求

（1）请根据资料描述在薪酬管理系统中设计实现对非货币性福利的核算与管理。

（2）结合某一具体会计软件，描述非货币性福利的核算与管理的步骤。

第八章 固定资产管理系统分析和设计

> **本章学习提示**
>
> 本章重点：固定资产管理系统的模型设计，固定资产的初始设置，如原始卡片录入；
> 　　　　　固定资产日常业务的处理，包括固定资产的增减处理，固定资产的变动处理，折旧计提。
> 本章难点：固定资产的增减变动处理；折旧的计提。

第一节 固定资产管理系统文档和模型

固定资产作为企业生产经营过程中使用的主要劳动资料，其数量和质量在一定程度上反映企业生产经营规模的大小和技术装备水平的高低，对企业生产经营活动的开展，具有十分重要的作用。在许多制造企业中，固定资产在总资产中所占的比重较大，大额的固定资产构建会影响企业的现金流量，而固定资产的折旧、维修等费用是影响损益的重要因素。固定资产管理一旦失控，所造成的损失将远远超过一般的存货等流动资产。固定资产管理系统主要完成固定资产的增减和折旧核算，以及日常管理工作。企业不分性质、大小和业务规模，固定资产管理都存在很大的共性，同时固定资产管理的数据量大，核算和管理的内容与方法相对单一、规范，数据处理的频率较低，使得固定资产管理系统成为会计信息系统应用最普遍、较为通用的管理系统之一。

一、固定资产管理系统文档

固定资产管理系统中使用的主要文档如表 8-1 所示。

（一）固定资产卡片

固定资产卡片用来存储固定资产的基本属性信息，固定资产核算所需原始数据大多通过卡片形式从键盘输入，并且数据项目多。资产卡片的属性按卡片类型的不同分为基础属性和用户自定义属性，基础属性是各种卡片类型都必须有的属性，满足基本的核算管理需求，由系统规定，用户不能修改；用户自定义属性是指不同卡片类型特有的信息属性，用户可以根据需要添加。

表 8-1 固定资产管理系统中使用的主要文档

文档名称	基本目标	制作部门	接收部门
固定资产卡片	存放固定资产相关属性数据	各使用部门	财务部门
固定资产变动单	保存日常发生的固定资产增加、减少、调整的数据	各使用部门	财务部门
记账凭证	依据固定资产日常业务生成会计分录	各核算部门	财务部门

固定资产卡片项目随不同行业或不同企业有所不同，但一般应包括原值、固定资产名称、规格型号、使用部门、预计净残值、开始使用时间、使用年限、残值、累计折旧、净值、减值准备等要素。固定资产卡片如表 8-2 所示。

表 8-2 固定资产卡片

固定资产类别		卡片编号		固定资产名称	
计量单位		数量		入账日期	
规格型号		使用状况		经济用途	
存放地点		使用部门		变动方式	
制造商			供应商		
备注					
固定资产科目		累计折旧科目		折旧方法	
购进原值		购进累计折旧		累计折旧	
开始使用日期		预计使用期间数		已使用期间数	
预计净残值		净值		减值准备	

（二）固定资产变动文件

固定资产变动文件主要保存日常发生的固定资产增加、减少、调整的数据。固定资产变动文件的数据来源是日常编制的固定资产变动单。

固定资产在使用过程中，可能会有一些价值或非价值数据项目的变动。例如，固定资产原值变动、固定资产使用部门转移、使用年限调整、折旧方法调整、累计折旧调整、资产类别调整等。固定资产原值变动、在不同部门间转移、累计折旧调整引起的资产变动要通过凭证处理编制转账凭证，并传送到总账系统。固定资产变动单如表 8-3 所示。

（三）记账凭证

固定资产管理系统生成的记账凭证主要是根据固定资产的不同处理业务而产生的会计分录，包括新增固定资产业务、减少固定资产业务、某些固定资产变动业务、计提折旧、减值准备计提等。具体的记账凭证格式和内容与总账系统中记账凭证一致。

表 8-3　固定资产变动单

变动单编号_____　　　　　　　　　　　变动日期_____

卡片编号		固定资产编号		开始使用日期	
固定资产名称		规格型号		增加金额	
变动的净残值率			变动的净残值		
变动前原值			变动后原值		
变动前净残值			变动后净残值		
变动前净残值率			变动后净残值率		
变动原因					

二、固定资产管理系统模型

在手工方式下，企业从获取固定资产增减等变动数据到期末计提累计折旧和减值准备的业务循环所要经过的环节一般有：生产部门、管理部门等固定资产使用与管理部门提供固定资产增减变动数据，固定资产管理部门增加、减少或更新固定资产卡片数据；期末财务部门根据固定资产卡片数据计提折旧并根据减值测试结果计提减值准备，然后对固定资产增减等变动情况、折旧计提情况、减值准备计提情况做相应的账务处理，从而完成固定资产业务处理的全过程。固定资产管理的业务处理涉及的职能部门有生产部门、固定资产管理部门、使用固定资产的相关管理部门、财务部门等，其业务处理模型如图 8-1 所示。

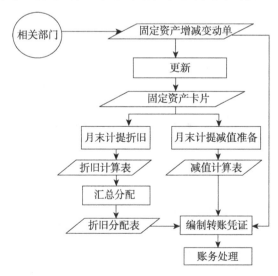

图 8-1　固定资产管理的业务处理模型

上述固定资产管理的业务处理模型包括以下内容。

（1）生产部门等相关部门传送固定资产增减变动单给固定资产管理部门，固定资产管理部门更新固定资产卡片文件。

（2）财务部门根据固定资产增减变动单编制记账凭证并登记有关账簿。

（3）月末，财务部门根据固定资产卡片文件计提折旧和减值准备并存入折旧计算表和减值计算表。

（4）财务部门根据折旧计算表进行折旧费用分配并存入折旧分配表，然后根据折旧分配表和减值计算表编制记账凭证并登记有关账簿。

第二节　固定资产管理系统流程描述

一、固定资产管理系统的数据流程重构

通过固定资产管理系统文档和模型可以看出，固定资产是企业资产的重要组成部分，固定资产管理是企业的一项重要工作。由于固定资产分散使用，涉及的部门较多，涉及的原始数据量比较大且分散，在手工方式下，非常容易出错，常要花费大量的人力和时间，管理难度较大。

在信息化方式下，利用计算机处理的特点，可以提高数据处理的效率，保证数据处理的及时性和准确性，为进一步的固定资产管理分析提供支持。固定资产管理系统通过对固定资产卡片数据和各类变动单数据的处理来完成各项固定资产的管理和核算工作，因此固定资产管理系统中需要有接收卡片数据、变动数据的功能，以及相应数据处理和业务核算的功能。

由于固定资产管理的流程和方式比较简单，在信息化方式下其业务流程没有发生太大的改变，一般包括以下几个方面。

（1）在初始化过程中，根据已有固定资产卡片进行期初原始卡片的录入。

（2）固定资产的增减变动业务处理。当发生固定资产增减变动时，首先应填制相应的单据，如固定资产交接单、报废申请单等，详细登记固定资产名称、规格、原价、使用年限、已提折旧、制造单位等内容。其次，根据原始单据建立或更新固定资产卡片等，以反映固定资产的实有数额和记录变动历史。固定资产卡片是用于记录固定资产使用情况的文档资料，它详细记录了固定资产的编码、名称、使用部门、折旧方法等项目，是进行固定资产增减变动、计提折旧的数据源。最后，按固定资产类别建立固定资产登记簿。根据固定资产变动单据登记各项固定资产的增减金额，期末结算出余额，将其与固定资产卡片的原价总值和总账中"固定资产"科目余额进行核对。固定资产增减变动单据是记录固定资产增加、减少或变动的文档资料，它详细记录了固定资产使用部门固定资产增加、减少或变动的原因，是进行固定资产增减变动工作的原始单据。

（3）月末，按相关规定计提固定资产折旧和减值准备，并做相应的账务处理，传送给总账系统和成本管理系统。

（4）根据管理需要，对固定资产卡片等资料和折旧额、减值准备进行统计分析，编制各种统计分析表。

二、固定资产管理系统的数据流程分析

（一）固定资产管理系统的数据流程

通过固定资产数据特点和业务处理流程分析，结合计算机处理技术信息化后，固定资产管理系统的顶层数据流程如图 8-2 所示。

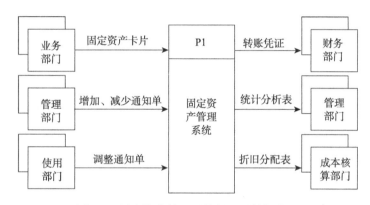

图 8-2　固定资产管理系统的顶层数据流程

固定资产卡片的基础数据一般由财务部门建立。例如，固定资产的原值、折旧方法、累计折旧额等。固定资产增减变动单据一般由企业的设备管理部门及其他相关部门填制，经过系统处理生成记账凭证传送到总账系统。期末，系统根据固定资产卡片计提折旧，生成折旧分配计算表及其转账凭证传送到总账系统和成本管理系统；根据减值测试结果计提减值准备，生成减值计提表及其转账凭证传送到总账系统。对固定资产卡片进行统计分析，生成统计分析表传送到各管理部门。将顶层图进一步分解，形成固定资产管理系统的详细数据流程，如图 8-3 所示。

固定资产管理系统的数据流程说明如下。

（1）在基础数据录入中，用户应能通过系统完成期初固定资产原始卡片的录入以及折旧科目、资产类别、增减方式、使用状况、折旧方法等项目的输入。

（2）依据固定资产增减变动数据，输入新的固定资产卡片、资产减少单、变动单，并保存在固定资产变动文件中，依据固定资产变动文件的数据更新固定资产卡片文件。

（3）月末根据固定资产卡片文件中的数据，执行折旧计算的处理并执行折旧费用分配处理，形成折旧分配计算文件，同时更新固定资产卡片文件，并将折旧费用分配的数据传送到成本管理系统，作为折旧费用进一步分配的依据。

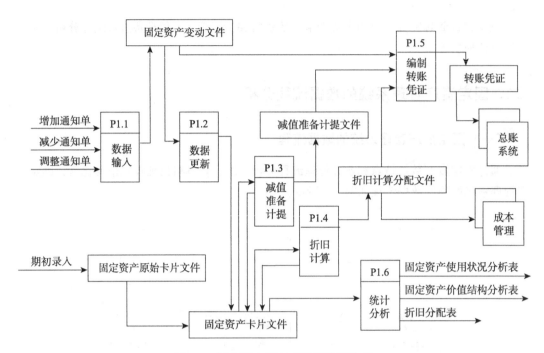

图 8-3 固定资产管理系统的数据流程

（4）月末进行减值准备测试，进行减值准备的计提处理，更新减值准备计提文件，同时更新固定资产卡片文件。

（5）系统自动将折旧分配文件、减值准备计提文件、固定资产变动文件中的数据加工成机制凭证存在记账凭证临时文件中，并通过自动转账模块传送到总账系统。

（6）根据管理的需要，依据固定资产卡片文件、固定资产变动文件、折旧分配文件的数据进行统计分析，输出固定资产核算信息，如明细账、汇总表、折旧明细表等；输出管理信息，如固定资产使用状况分析表、固定资产部门结构分析表、固定资产价值结构分析表等。

（二）固定资产管理系统的主要数据库结构

固定资产管理系统中的主要数据库文件包括固定资产卡片文件、固定资产变动文件、折旧方法文件。

1. 固定资产卡片文件

所有的固定资产卡片都存放在固定资产卡片文件中。固定资产卡片文件数据反映固定资产的实际情况。系统使用前，要将已发生的固定资产卡片数据通过基础设置全部录入固定资产卡片文件；系统运行中发生的增加、减少要通过固定资产变动文件更新固定资产卡片文件。固定资产卡片文件的基本结构如表 8-4 所示。

表 8-4 固定资产卡片文件的基本结构

序号	字段名	类型	说明
1	卡片编号	C	自动按顺序填制
2	固定资产名称	C	汉字或英文名称
3	固定资产编号	C	与固定资产一一对应
4	部门编码	C	固定资产所属部门与部门代码库对应
5	原值	N	根据相关规定确定填列
6	残值率	N	根据相关规定确定填列
7	估计残值	N	按残值率计算得到
8	使用年限	N	按同类固定资产确定
9	启用日期	D	按实际投入使用日期确定
10	折旧方法	C	与折旧方法库对应,如直线法、余额递减法、年数合计法等
11	增加方式	C	输入实际增加方式
12	单位折旧额	N	计算得到,如"30元/月"
13	已提折旧	N	累计的已提折旧额
14	净值	N	原值减已提折旧
15	对应折旧科目	C	科目名称或编码
16	录入人	C	相关人员姓名
17	录入日期	C	实际日期

2. 固定资产变动文件

固定资产发生价值或非价值变动后所填写的变动单汇总形成固定资产变动文件。该文件记录所有的固定资产的价值或非价值变动情况,固定资产变动文件的基本结构如表 9-5 所示。

表 8-5 固定资产变动文件的基本结构

序号	字段名	类型	说明
1	变动单编号	C	按顺序自动编号
2	变动日期	D	变动单输入日期
3	卡片编号	C	对应固定资产卡片编号
4	固定资产编码	C	对应固定资产编码
5	固定资产名称	C	对应固定资产名称
6	变动原因	C	根据政策或管理需要变动,如"无形损耗"
7	变动方式	C	按实际方式,如"增加,减少,计提减值准备"
8	凭证号	C	对应制单凭证号
9	原值币别	C	按实际交易币别,如"美元"
10	原值汇率	N	按实际交易时汇率,如"8.28"
11	原值原币金额	N	累计的已提折旧额

续表

序号	字段名	类型	说明
12	原值借方	N	固定资产增加或增值金额
13	原值贷方	N	固定资产减少或减值金额
14	变动后原值	N	变动后原值金额
15	变动后净值	N	变动后净值金额
16	累计折旧借方	N	累计折旧借方金额
17	累计折旧贷方	N	累计折旧贷方金额
18	累计减值准备借方	N	累计减值准备借方金额
19	累计减值准备贷方	N	累计减值准备贷方金额
20	预计净残值变化	N	根据相关政策调整
21	预计使用期间数	N	根据相关政策调整
22	变动后折旧方法	C	根据相关政策调整
23	核对	C	核对人姓名
24	制单	L	是否已制单
25	经手人	C	经手人姓名

3. 折旧方法文件

折旧方法文件是固定资产卡片文件的辅助文件，主要保存固定资产的各种折旧方法的计算公式。折旧方法文件的基本结构如表 8-6 所示。

表 8-6　折旧方法文件的基本结构

序号	字段名	类型	说明
1	折旧方法代码	C	对不同方法进行编码
2	折旧方法	C	与折旧方法库对应，如直线法、余额递减法、年数合计法等
3	折旧公式	C	对应公式
4	备注	C	折旧计算说明

第三节　固定资产管理系统功能设计

固定资产管理系统要求能接收固定资产增减变动数据及其调整数据，登记固定资产卡片、明细账，根据手工系统的固定资产卡片，一次性建立固定资产卡片文件，每次增减变动发生时，自动调整卡片文件，自动计提折旧额，输出固定资产增减明细账、折旧计算表，自动产生转账数据，传送到总账系统和成本管理系统。固定资产管理系统的功能结构如图 8-4 所示。

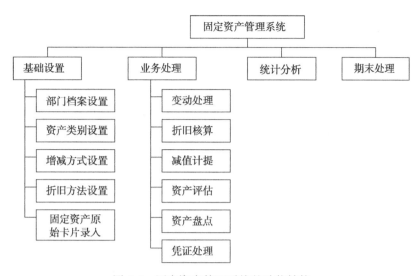

图 8-4 固定资产管理系统的功能结构

一、基础设置

固定资产管理系统的基础设置主要完成部门档案、资产类别、增减方式、折旧方法的设置以及原始卡片的数据录入。

（一）部门档案设置

与薪酬管理系统的薪酬费用汇总分配原理类似，固定资产管理系统的折旧费用的汇总分配也是依据部门进行处理的。固定资产管理系统必须将折旧费用分配到相关的成本或费用，根据不同企业的具体情况，可以按部门或按类别汇总。因为固定资产的折旧和使用部门密切相关，所以需要给每个使用部门选择一个折旧费用的归集科目，这样该部门所属的固定资产折旧费用将分配到一个比较固定的科目，便于在生成部门或资产类别折旧分配表时，每一部门或每一类别按折旧科目汇总，生成机制转账凭证。同时，在录入固定资产卡片时，选择了使用部门以后，相应的科目就会自动代入卡片中，不必逐个输入，从而提高固定资产卡片录入的效率。

（二）资产类别设置

固定资产的种类繁多、规格不一，为了强化固定资产管理，及时准确地进行固定资产核算，必须建立科学的资产分类体系，为核算和统计管理提供依据。企业可根据自身的特点和管理要求，确定一个较为合理的资产分类方法。例如，将企业的固定资产划分为土地、房屋及建筑物、机器设备、电子设备、运输设备等。

(三) 增减方式设置

增减方式包括增加方式和减少方式两类。增加的方式主要有：直接购入、投资者投入、捐赠、盘盈、在建工程转入、融资租入。减少的方式主要有：出售、盘亏、投资转出、捐赠转出、报废、毁损、融资租出等。不同的方式不仅有不同的计价方法，涉及的对应会计科目也不尽相同。为了在增减业务发生时，固定资产管理系统能根据不同的增减方式，快速生成相应的记账凭证，减少人工补充输入缺少数据的工作量，可以按照不同的增减方式设置对应的入账科目，以方便操作。例如，直接购入选择"银行存款"科目作为对应入账科目，这样在系统编制记账凭证时，"银行存款"科目将作为贷方科目的缺省值。

在固定资产的基础设置中，固定资产编码在系统中必须唯一，并且必须按照规定的编码方案进行编码，各编码对应的信息也要符合规定的项目。固定资产管理系统投入使用并存在固定资产卡片的情况下，固定资产的编码方案不能修改。如果固定资产的编码方式是自动编码，则在输入固定资产卡片时由系统自动生成编码，不能由用户自行输入。

(四) 折旧方法设置

固定资产管理系统对每一项固定资产折旧费的自动计算，是根据每一项固定资产卡片中所提供的月折旧额、月折旧率或单位工作量折旧额进行的。而这些数据并非由用户自己输入，而是根据该项固定资产的折旧方法计算出来的，系统将根据相应的折旧公式以及固定资产卡片的各项数据自动计算。不同折旧方法的折旧公式通过折旧方法的定义实现，折旧方法设置要求输入折旧方法的名称，提供各种可用于公式的折旧项目，如原值、使用年限、已计提月份、月初净残值、本月工作量、工作总量、月初累计减值准备金额、月初累计折旧等项目，这些项目可以用于月折旧率、月折旧额公式的定义。

折旧方法的设置应根据有关规定和企业实际需要。按照会计制度规定，不同性质的单位，折旧核算的内容是不同的，如按照制度规定行政事业单位的资产不需要计提折旧，而企业单位需要计提折旧；不同类型的资产，其折旧核算方法也不同，如房屋和建筑物可以采用平均年限法，而运输工具、非均衡使用的机器设备等要采用工作量法；资产处于不同状态其折旧核算处理也不同，如房屋和建筑物以外的未使用、不需用的固定资产，已提足折旧继续使用的固定资产应选择不提折旧，而在用的机器设备、运输工具、工具器具等，季节性停用、大修理停用的固定资产应该计提折旧；资产来源不同其折旧核算处理也不同，如融资租赁和以经营租赁方式租出的固定资产应该计提折旧，而经营租赁的固定资产应选择不提折旧等。

如果制度规定的折旧方法不能满足要求，系统一般应提供自定义功能，允许企业在不违反国家有关规定的前提下确定并定义其他折旧方法，定义时需要按要求定义折旧方法的名称和计算公式。折旧方法一旦设置，不得随意变更。

固定资产管理系统在运行中首先需要设置该固定资产账套是否计提折旧。固定资产管理系统初始化过程中选择的折旧方法对单个固定资产并不具有强制性，在定义具体固定资产的属性时可以重新定义所使用的折旧方法。折旧方法的计算公式的定义必须由相应权限的操作员进行定义，以保证折旧计算和分配的正确性。

（五）固定资产原始卡片录入

固定资产卡片是固定资产管理系统最为重要的管理工具，固定资产卡片文件是最为重要的数据文件。系统一般应提供通用卡片样式。例如，固定资产卡片、附属设备、大修理记录、资产转移记录、停启用记录、原值变动、减少信息等页面。固定资产卡片文件中的每一条记录包含的数据项体现为一个个卡片项目。例如，固定资产编号、固定资产名称、类别编号、类别名称、规格型号、部门名称、增加方式、存放地点、使用状况、使用年限、折旧方法、工作总量、累计工作量、工作量单位、开始使用日期、已计提月份、币种、外币原值、汇率、币种单位、原值、净残值率、净残值、累计折旧、月折旧率、月折旧额、净值、对应折旧科目等卡片项目。

固定资产原始卡片是指卡片记录的资产开始使用日期的月份大于其录入系统的月份，即已使用过并已计提折旧的固定资产卡片。企业在使用固定资产管理系统前，必须将原始卡片资料录入系统，以保持历史资料的连续性。

在固定资产原始卡片录入中，固定资产编号一般由系统自动生成，固定资产原始卡片输入必须连续编号，一张卡片对应一项固定资产。如果设定为手工编号的方式，则需要人工输入。固定资产名称需要手工输入。类别编号和类别名称可以选择输入其中任何一个。部门名称应输入可选择的使用部门。增加方式、使用状况也应选择输入。使用年限和折旧方法及币种都是默认值，可加以修改，选择输入其他的选择项。固定资产原始卡片输入中针对设置好的资产类别、存放地点、增加方式等信息需采用选择输入的方法来保证信息输入的有效性。

除此之外，在固定资产原始卡片录入中，还必须输入开始使用的日期，系统根据开始使用日期计算的已计提月份可以修改；原值必须输入，累计折旧和净值其中一项可以输入，另一个自动计算；默认的净残值率和净残值其中任何一项可以修改，另一个自动与之保持逻辑的一致性；对应的折旧科目是根据部门设置的对应科目而设的，如果是选择单个部门，可以修改默认的对应折旧科目，如果是选择多个部门，按照一定比例分配的，一般不能修改对应折旧科目。卡片中的月折旧额、月折旧率是系统自动计算的，不能修改。如果选择工作量法计提折旧，就需要输入工作总量、累计工作量和工作量单位，单位折旧由系统自动计算，不能修改。固定资产原始卡片输入过程中涉及折旧计算、基本属性信息等项目在输入完成后需要进行校验，以保证输入的完整性和后期数据处理的正确性。

二、业务处理

（一）变动处理

固定资产的变动处理包括固定资产增加、固定资产减少和固定资产调整。

1. 固定资产增加

固定资产增加一般有三个基本途径，即固定资产的调入、固定资产的购建、固定资产盘盈，其增加处理类似于固定资产原始卡片的录入。调入处理是在系统中选择固定资产的使用部门或保管部门，根据固定资产原始调拨单的数据，按照固定资产卡片的格式输入各项数据，完成固定资产的建档工作。固定资产的购建处理与资产调入类似，同样按照资产卡片格式输入各项数据，完成建档工作。固定资产的盘盈也是同样处理，除了输入固定资产的各项数据外，一般还要在卡片上注明关于资产盘盈的处理意见。

2. 固定资产减少

固定资产减少一般包括固定资产的调出、报废和盘亏三种情况。处理固定资产的减少时，根据固定资产变动的原始凭证，选择固定资产所在的部门和固定资产名称，调出固定资产卡片，填写各项有关记录，然后将固定资产从固定资产卡片文件转入固定资产备查文件。

固定资产新增业务的处理必须在相应固定资产完成建造、安装之后进行。固定资产的减少业务必须在固定资产处置完成后进行。固定资产增减业务必须由具有相关权限的操作员完成，且必须通过固定资产卡片业务来完成，在卡片管理中必须提供增减业务修改的功能。

3. 固定资产调整

固定资产调整主要涉及固定资产的原始价值变动、部门转移、使用状况调整、折旧方法调整、使用年限调整、净残值（率）调整、工作总量调整、累计折旧调整、资产类别调整、变动单管理等业务。固定资产的调整处理十分简单，一般只需调出相关的固定资产卡片进行数据修改和填写备注信息。例如，名称、编号、自定义项目等。资产变动则要按照要求输入相应的"变动单"来记录资产调整的结果。固定资产变动业务的处理必须有相应业务处理的授权，其处理通过变动单业务来完成，不能直接修改固定资产卡片。根据固定资产变动业务的不同类型确定是否需要生成相应的记账凭证。

（二）折旧核算

自动计提折旧是固定资产管理系统的主要功能之一。每期期末系统根据固定资产卡片文件的数据和基础设置中设定的该项资产折旧方法自动计算每项固定资产的折旧额，并生成折旧计算文件和折旧分配文件。根据折旧分配文件可立即制单，即系统自动根据转账处理定义的会计分录和公式及折旧分配文件的数据填制转账凭证，将本期的折旧费用自动记账。

固定资产管理系统中，折旧核算需要注意以下几点。

（1）下列资产变动会影响折旧的计算，具体包括原值变动、累计折旧调整、净残值（率）调整、折旧方法调整、使用年限调整、使用状况调整。如果上述变动发生，采用加速折旧法时当期以净值为计提原值，以剩余使用年限为计提年限计算折旧；采用直线法则仍按原公式计算折旧。系统计算折旧时一般遵循未来适用的原则，不自动调整变动前的累计折旧，如果企业采用追溯适用法，则只能手工调整累计折旧数额。

（2）发生原值调整、累计折旧调整、净残值（率）调整时，若变动单的"当期生效"被选中，则该变动单本月计提的折旧额按变化后的值计算折旧；反之，本月计提的折旧额不变，下月按变化后的值计算折旧。发生折旧方法调整、使用年限调整、工作总量调整时，当月按调整后的值计算折旧。

（3）系统在一个期间可以多次执行计提折旧功能。执行此功能，系统将自动计提各个资产当期的折旧额，并将当期的折旧额自动累加到月初的累计折旧上，因此不会发生重复累计。但是如果上次计提折旧的数据已经制单并传送到总账系统，则必须删除该凭证才能重新计提折旧。

（4）企业折旧费用归集用不同的方法，则系统有不同的处理。如果按部门归集折旧费，则必须在初始的部门档案设置中定义每一部门折旧费用的入账科目，这样折旧计提后，系统则把某一部门内资产的折旧费用归集到已经定义的明细科目上，在生成部门折旧分配文件时按折旧科目汇总，制作记账凭证；如果按类别归集折旧费，则系统按照资产类别定义的某一类资产对应的入账科目归集折旧费。折旧核算凭证直接依据折旧计提生成的折旧清单编制。

（5）企业有采用工作量法计提折旧的固定资产时，每月计提前必须录入该项资产的当月工作量数据之后才能进行折旧的计算。

固定资产管理系统的折旧计算是根据固定资产卡片设定好的折旧基础数据和方法自动完成的，计算过程和结果不能进行人工干预。

（三）减值计提

定期进行减值测试，合理地提取资产减值准备并自动生成转账凭证传送到总账，能提高资产管理的速度和准确性，使各种资产管理真正落到实处，掌握控制固定资产信息，提高经营效率，降低成本支出。其为企业资产评估、决策提供更为可靠的依据，避免企业在固定资产管理环节上可能造成的隐患，推动企业资产重置、重组和融资活动。

（四）资产评估

随着市场经济的发展，企业在经营活动中，根据业务需要或国家要求需要对部门资产或全部资产进行评估或重估，其中固定资产评估是资产评估的重要组成部分。资产评估主要完成的功能有：将评估机构的评估数据手工录入或以公式定义方式录入系统中；根据国家要求手工录入评估结果或根据定义的评估公式生成评估结果。资产评估功能提供的可评估内容包括原值、累计折旧、净值、使用年限、工作总量、净残值率。当评估变动表中评估后的原值和累计折旧的合计数与评估前数据不同时，可自动生成记账凭证并传送到总账。

（五）资产盘点

企业要定期对固定资产进行清查，至少每年清查一次，清查通过盘点实现。固定资产盘点是对固定资产进行实地清查后，将清查的实物数据录入固定资产管理系统与账面数据进行比对，并由系统自动生成盘点结果清单以及自动生成转账凭证并自动传送到总账的过程。企业经过资产的盘点后,要对盘亏盘盈结果进行审核。

(六)凭证处理

在日常业务处理中,企业发生固定资产增加、固定资产减少和固定资产调整、折旧计提、减值计提等业务时,在录入增加、减少、调整数据或折旧计提、减值计提后,可以立即制单,系统应自动调出有一部分缺省内容的不完整凭证供用户编辑完成,生成记账凭证。如果未立即制单,则可以调用凭证处理功能进行处理,也可以在期末调用批量制单的方式,调出所有尚未制单的业务,连续编制记账凭证,并传送到总账系统,避免了多次制单的烦琐。制单时,系统显示的凭证是根据不同的制单业务类型和设置的默认资产科目生成的不完整的凭证,用户可以编辑修改和补充,确认无误后保存,生成记账凭证。

三、统计分析

固定资产管理系统的输出功能主要是输出各种统计表和分析表,输出的统计表包括固定资产总账、固定资产明细账、固定资产登记簿、部门明细账、类别明细账、折旧表、折旧清单、折旧分配表、固定资产统计表、固定资产评估变动表、盘盈盘亏报告表等。输出的分析表包括固定资产部门构成分析表、固定资产使用状况分析表、固定资产类别构成分析表、固定资产价值结构分析表等。通过统计分析可以追踪固定资产,固定资产进入企业,都被详细记录,其追踪包括原值、重估价值、累计折旧、使用年限、净值残值、折旧方法等变动,以及保存情况,及时进行价值调整。分门别类地进行资产管理,设定存放地点,可对每一固定资产进行跟踪分析,提供相关审计线索。

四、期末处理

期末结账是将当月数据经过处理后结转到下月。每月固定资产数据处理完毕后均可进行期末结转。在固定资产管理系统中,有两种情况不允许结账:一是应制单业务没有制单时,系统只要存在未制单的业务,该月就不能结账,可以通过批量制单来处理;二是如果固定资产管理系统与总账系统对账不平衡,即两个系统出现偏差,导致对账不平,就不能结账,而应当予以调整。进行期末处理后,当月数据将不允许变动。

第四节 固定资产管理系统应用案例

固定资产管理系统是一体化财务系统的一部分,日常的固定资产管理系统增加资产、减少资产以及原值和累计折旧的调整等变动、折旧和减值准备的计提等处理都要将有关数据通过记账凭证的形式传输到总账系统。同时固定资产管理系统为成本管理、预算管理、项目管理、报表、财务分析等系统提供数据支持。

一、固定资产管理系统的集成应用

固定资产管理系统可以与总账系统输入端集成应用，也可以与成本管理系、报表管理系、预算管理系、项目管理系等输出端集成应用。固定资产管理系统集成应用的数据关系如图8-5所示。

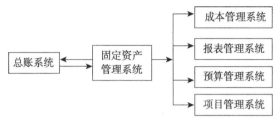

图 8-5　固定资产管理系统集成应用的数据关系

固定资产管理系统与其他系统集成应用的数据关系说明：

（1）固定资产管理系统与总账系统集成应用的数据联系。固定资产增加、固定资产减少、原值和累计折旧的调整等变动方式所产生的固定资产变动数据，可以生成相应的机制凭证传送到总账系统；月末固定资产折旧费用的计提与分配、减值准备计提等数据，也可以生成相应的机制凭证直接传送到总账系统。

（2）固定资产管理系统与成本管理系统集成应用的数据联系。固定资产管理系统在月末计提折旧后为成本管理系统提供制造费用中的折旧数据。

（3）固定资产管理系统与报表管理系统集成应用的数据联系。报表管理系统调用固定资产数据可以编制有关报表；财务分析系统调用固定资产数据可以进行资产状况及资产利用分析。

（4）固定资产管理系统与预算管理系统集成应用的数据联系。预算管理系统从固定资产管理系统获得责任中心的相关资产业务数据。

（5）固定资产管理系统与项目管理系统集成应用的数据联系。固定资产管理系统引入项目数据，可以更详细地归集固定资产建设和管理的数据，同时项目管理系统可以调用这些数据。

二、固定资产管理系统的应用案例

（一）固定资产管理系统资产增加业务处理

2019年9月3日，蓝天装备公司购入不需安装的全自动埋弧焊机一台，型号HK-666，使用年限10年，使用部门外涵机匣车间，单价30 000元，增值税税额3 900元，净残值率

5%,蓝天装备公司已收到增值税专用发票并已用转账支票支付。业务处理过程如下:

(1)资产部管理员进入固定资产系统,执行系统菜单"卡片→资产增加"功能,进入"固定资产类别档案"窗口。

(2)选中固定资产类别"生产用机器设备",单击工具栏上的"确定"按钮,进入"固定资产卡片"录入的窗口;在固定资产卡片中按照原始凭证进行信息录入:输入日期"2019-09-03",系统自动生成卡片编号"00001"、固定资产编号"01000001",输入固定资产名称"全自动埋弧焊机",规格型号"HK-666"选择输入类别名称"机器设备",部门名称"外涵机匣车间",使用状况"在用",使用年限"10年",折旧方法"平均年限法(一)",输入开始使用日期"2019-09-03",原值"30 000",其他参数,如"净残值率""净值""对应折旧科目"等会根据相关参数的选择自动代出。

(3)固定资产卡片录入完毕,单击工具栏上的"保存"按钮,弹出"是否立即制单?"提示对话框,单击"是"按钮,弹出该笔资产增加业务的凭证,凭证显示科目名称"固定资产",借方金额"30 000",科目名称"银行存款——工行存款",贷方金额"30 000",完善凭证类别为"付款凭证",录入摘要"直接购入固定资产",修改制单日期、附单据数等,单击工具栏上的"保存"按钮,保存凭证,凭证左上角显示"已生成"字样,完成记账凭证的生成。

提示:按照规定购进与生产经营有关的固定资产,取得增值税专用发票的,可以抵扣,抵扣率为13%,抵扣了增值税的,都不计入买价;那么支付应交税费的会计核算需要在总账中手工补录一张凭证,分录为:

借:应交税费/应交增值税/进项税额   3 900
  贷:银行存款——工行存款   3 900

具体填制过程见总账相关处理。

(4)固定资产管理系统生成的凭证自动传送到总账系统,在总账系统中,相关操作员对固定资产管理系统传送过来的和在总账中手工添加的凭证进行出纳签字、审核和记账。

(二)固定资产管理系统与总账系统的期末对账

为保证固定资产管理系统的资产价值与总账系统中固定资产科目的数值相等,2019年9月30日,在期末固定资产业务处理完毕后,和总账进行对账,对账结果正确。业务处理过程如下:

(1)资产部管理员进入固定资产系统,执行系统菜单"处理→期末对账"功能,系统开始自动进行数据读取并进行对账处理。

(2)对账完毕,系统弹出"与账务系统对账结果"信息提示对话框,如果固定资产管理系统和总账系统对账结果完全一致,单击"确定"按钮,完成固定资产管理系统和总账系统的对账。

提示:如果对账结果不相符,则需要进行检查,分别检查总账和固定资产的期初数以及本期发生数是否完全一致;在进行对账之前,总账系统是否已记账。对账不平衡不能进行固定资产系统的结账。

（三）期末固定资产管理系统的结账

2019年9月30日，固定资产管理系统所有业务处理完毕，并与总账系统对账平衡，进行月末结账。业务处理过程如下：

（1）资产部管理员进入固定资产管理系统，执行系统菜单"处理→月末结账"功能，打开"月末结账"对话框。

（2）单击"开始结账"按钮，系统开始自动进行数据读取并进行结账处理。

（3）结账完毕，系统弹出"月末结账成功完成"信息提示对话框，单击"确定"按钮，完成固定资产管理系统的期末结账。

练 习 题 1

1. 目的
固定资产管理系统设计处理
2. 资料
某单位2019年12月新增一台机床，价值3 132 000元，经固定资产管理系统处理完成生成新增固定资产的记账凭证，会计人员在对该记账凭证进行审核时发现固定资产借方金额为3 133 000元，可以确认为固定资产管理系统中数据输入错误。通知固定资产管理系统操作员修改后方完成审核、记账流程。
3. 要求
（1）描述上述情况中所反映的系统数据错误及其原因。
（2）设计对出错固定资产新增业务数据进行修改的流程。

练 习 题 2

1. 目的
固定资产管理系统折旧的处理

2. 资料

某公司 2019 年 12 月 5 日发生了 3 笔影响折旧计提的固定资产增减业务,资产部管理员进行了固定资产卡片的录入及变动处理并生成了两张凭证。在月末资产部管理员进行了折旧的计提分配,却发现折旧金额不正确。

3. 要求

(1) 找出折旧金额不正确的原因所在。

(2) 设计出解决对策及具体流程。

第九章 成本管理系统分析和设计

> **本章学习提示**
>
> 本章重点：成本管理系统的成本核算方法设置，产品结构定义，产品属性定义，成本费用的归集过程和分配过程，产品成本的计算。
>
> 本章难点：成本管理系统的内部数据流程与外部数据关系；成本费用的归集和分配。

第一节 成本管理系统文档和模型

企业基本经济活动是产品的生产和销售，产品的生产过程同时也是生产的耗费过程。生产中的耗费包括劳动对象（如原材料）、劳动手段（如机器设备）及劳动力（如人工）的耗费等。工业企业为生产一定种类和一定数量的产品所发生的直接材料费用、直接人工费用和间接制造费用的总和，就是产品的成本。企业的成本管理系统要求完成成本的计算过程，其中包括各项成本费用的归集和分配；完成成本的核算，即用相关账户反映成本费用的结转；并为企业的定价政策、产品估价、成本控制、成本预测等提供服务。

一、成本管理系统文档

成本管理系统中使用的主要文档如表 9-1 所示。

表 9-1 成本管理系统中使用的主要文档

文档名称	基本目标	制作部门	接收部门
产品成本计算单	依据当期费用分配文件和期初在产品成本文件	生产部门	总账部门
产品成本汇总表	根据成本计算单文件汇总编制	生产部门	总账部门
批次产品成本追踪分析表	采用分批法进行成本核算编制	生产部门	总账部门
产品成本预测表	以计划成本或历史成本为依据进行编制	生产部门	总账部门

（一）产品成本计算单

产品成本计算单依据当期费用分配文件和期初在产品成本文件，反映各产品按成本项目列示的成本信息,可以包括产品的材料费用、人工费用、制造费用、辅助生产费用等项目。该表还分别区分完工产品和在产品的成本情况。产品成本计算单如表9-2所示。

表9-2 产品成本计算单

成本项目	月初在产品成本	本月生产费用	生产费用合计	完工产品成本	月末在产品成本
材料费用					
人工费用					
制造费用					
辅助费用					
其他费用					
合计					

(二)产品成本汇总表

产品成本汇总表根据成本计算单进行汇总编制,反映企业当期所有产品的成本信息,包括产品成本的具体构成,产品的单位成本和总成本,产品生产的数量、批号等。产品成本汇总表如表9-3所示。

表9-3 产品成本汇总表

部门	产品编码	产品名称	批号	产量	材料费用	人工费用	制造费用	辅助费用	其他费用	单位成本	总成本

(三)批次产品成本追踪分析表

批次产品成本追踪分析是在用户采用分批法进行成本核算时,对同一批产品的各项数据进行跨月统计分析。批次产品成本追踪分析表如表9-4所示。

表9-4 批次产品成本追踪分析表

年	期间	产品编码	产品名称	单位	投产数量	完工数量	完工产品总成本	完工产品单位成本	投产		完工	
									年	期间	年	期间

(四)产品成本预测表

成本管理系统对产品成本预测依据分为两种:一种是以计划成本为依据;另一种是以历史成本作为依据。产品成本预测表如表9-5所示。

表 9-5 产品成本预测表

产品编码	产品名称	批号	产量	材料费用	人工费用	制造费用	辅助费用	其他费用	单位成本	总成本

二、成本管理系统模型

由于成本管理涉及的管理内容十分广泛，几乎包括了企业所有核算内容；同时，不同企业的生产工艺和制造流程各有不同，企业的管理方法和管理要求也千变万化，而成本核算要对整个生产流程进行处理，将各种费用追加分配到各个生产环节和各个产品中去，因此，成本管理系统是最复杂的系统。从成本计算方法来看，由于生产技术、生产组织形式的不同，各企业采用的成本计算方法也就不一致。例如，品种法、分批法、分类法、定额法等。不同的费用在归集和分配时的处理方法也是多种多样。例如，在产品成本的计算可以采用约当产量比例法、定额比例法、定额成本扣除法、原材料成本扣除法、年初成本扣除法等。当侧重于成本管理时，也有定额法、标准成本法、目标成本法和作业成本法等多种方法进行选择。成本管理系统需要考虑各种成本计算方法的应用。这些成本计算方法在不同产品或同一产品的不同生产阶段的应用使得成本管理系统的数据处理流程相当复杂。成本管理系统的数据处理要求几乎涉及企业的全部核算内容，除直接录入数据外，通常从总账系统、薪酬管理系统、存货核算系统、固定资产管理系统、生产管理系统读取数据；当产品成本完成了归集、分配、再归集、再分配处理过程后，又必须将当月完工产品、自制半成品的成本予以结转，并传送给总账系统，因此，成本管理系统的数据接口设计较多。成本管理系统模型如图 9-1 所示。

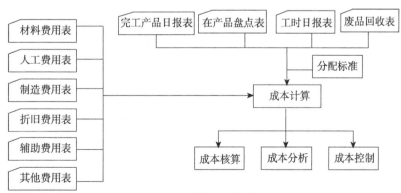

图 9-1 成本管理系统模型

成本管理系统模型的主要特点是根据选定的成本计算方法，在充分收集相关数据的前提下完成成本的计算和结转，其主要过程如下：

（1）根据手工输入和外部系统的传送接收成本计算所需要的材料费用、人工费用、制造费用、折旧费用、辅助费用以及其他费用。

（2）收集产品加工过程中所形成的各项完工产品数据、工时数据、废品损失数据。

（3）根据产品实际情况确定费用在不同产品、完工与未完工产品之间的分配标准。

（4）在成本计算资料收集齐全的情况下，根据确定的成本计算方法进行成本计算。

（5）根据成本计算单完成产品成本的核算与结转。

（6）结合历史数据完成本月产品成本的分析与统计。

成本管理系统模型设计的难点在于成本计算方法的通用性。因为不同企业的成本计算方法和过程差异较大，要想实现成本管理系统的通用性就需要尽可能地考虑到不同成本计算方法的运用和不同类型企业对成本计算的需求差异，最大限度地提供不同成本计算方法和成本计算过程的组合，供不同企业进行选择和应用。这样就加大了成本管理系统设计的难度和复杂性。因此，成本管理系统在实际应用过程中往往会结合企业的实际情况进行详细的设置，甚至二次开发，以满足企业的实际需求。

第二节　成本管理系统流程描述

成本管理系统所提供的成本信息，直接关系企业存货计价的正确性和利润核算的准确性。它和固定资产系统、薪酬管理系统、存货系统、总账系统等多个系统存在数据传送和利用关系，同时，其自身的设计也是整个会计信息系统设计中最为复杂的，因此成本管理系统在整个会计信息系统中具有重要的地位，是会计信息系统的重要组成部分。

一、成本管理系统的需求分析

在手工方式下，企业从获取成本计算数据到归集与分配成本费用，实现成本计算与管理的业务循环所要经过的环节一般有：生产部门、财务部门等部门提供成本计算的基础数据，财务部门根据基础数据采用一定的成本计算方法计算成本，然后对结转制造费用、结转辅助费用、结转盘点损失、结转工序产品等情况做相应的账务处理；财务部门利用成本历史数据和相关预测数据采用一定的方法完成成本预测、制订成本计划与编制预算、成本分析与监控等成本管理工作，从而完成成本业务处理的一个循环过程。成本管理的业务处理涉及的职能部门有生产部门、人力资源部门、财务部门等，其业务流程如图9-2所示。

成本管理的业务流程主要包括以下内容。

（1）生产部门、财务部门提供成本计算的原始数据，如产量工时数据、人工费用、材料费用、折旧费用、制造费用以及其他费用等，作为成本计算的依据。

（2）财务部门根据成本原始数据按照一定的方法和流程归集及分配费用，编制成本计算、费用分配等文件。

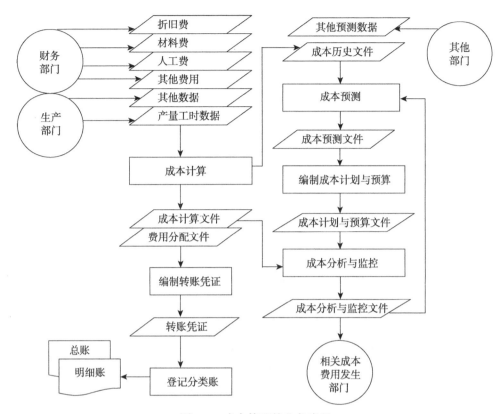

图 9-2 成本管理的业务流程

（3）财务部门根据成本计算文件、费用分配文件编制记账凭证并登记有关账簿。

（4）财务部门根据成本历史数据与其他部门或系统提供的内外部数据，采用一定的成本管理方法进行成本预测、成本计划与预算的编制、成本分析与监控。根据成本分析与监控的结果调整成本管理过程并对成本费用发生部门的成本费用进行控制和调整。

由于企业的成本管理体制和产品生产类型不同，核算的程序和计算方法也不相同，成本计算方法要根据成本计算对象、成本计算期和生产费用在完工产品与在产品之间分配的特点加以选择。

表 9-6 简单列示了不同成本核算方法的生产组织形式、生产工艺和管理的要求及适用的行业。

表 9-6 不同成本核算方法的生产组织形式、生产工艺和管理的要求及适用的行业

成本核算方法	生产组织形式	生产工艺和管理的要求	适用的行业
品种法	大批量生产	单步骤生产或管理上不要求分步骤计算成本的多步骤生产	发电、采掘等
分批法	小批单件生产	单步骤生产或多步骤生产	精密仪器、专用设备
分步法	大批量生产	管理上要求分步骤计算成本的多步骤生产	冶金、纺织、造纸等
分类法	综合性生产	分步、不分步计算成本的生产	家电、服装等

品种法是产品成本计算的最基本方法，按照一级成本核算体制，采用品种法进行成本核算体现了产品成本核算的一般程序。在手工方式下，品种法的成本管理的业务处理流程如图9-3所示。

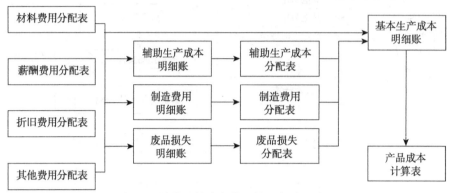

图9-3 品种法的成本管理的业务处理流程

品种法的成本管理的业务处理流程说明：

（1）核对生产过程发生的费用。根据成本开支范围的规定，区分应计入产品成本的费用，以及应列入期间费用的管理费用、销售费用和财务费用。

（2）对应计入产品成本的费用编制费用分配表。例如，根据领料单编制材料费用分配表，根据薪酬结算单编制薪酬费用分配表，只有少数业务直接根据原始凭证登记成本明细账户。各费用分配表，应列出应记入账户的名称及其有关的明细账户和金额等，据以记入"生产成本——基本生产""生产成本——辅助生产""制造费用"等账户及有关的明细账户。

（3）辅助生产费用的归集和分配。归集在"生产成本——辅助生产"账户及其明细账户的费用，要按其所服务的对象和提供的劳务数量，编制辅助生产费用分配表，据以登记"生产成本——基本生产""制造费用"等账户及有关明细账户。

（4）制造费用的归集和分配。归集在"制造费用"账户的费用，应于月终编制"制造费用分配表"，据以记入"生产成本"账户及其明细账户。

（5）废品损失的归集和分配。归集在"废品损失"账户的费用，应于月终编制"废品损失费用分配表"，据以记入"生产成本"账户及其明细账户。

（6）完工产品的结转。根据基本生产成本明细账归集的数据，编制成本计算表，完成产成品和在产品的成本结转，并将产品成本从"生产成本"过入"产成品"账户及有关明细账户。

二、成本管理系统的流程重构

成本的正确核算与有效管理，不仅影响到企业存货资产的价值，也影响到销售成本、劳务成本和最终的利润，有关成本的实际数据和分析数据是衡量企业经济效益、制定产品价格和管理人员进行预测与控制的重要依据。但是由于成本管理具有数据量大且分散、外部数据关系复杂、计算方法多样、数据处理流程复杂、通用化程度不高等特点,其核算与管理的难度较大。

在手工方式下,第一,受手工处理特点所局限,数据很难及时准确地传送,常常要花费大量的人力和时间;第二,企业在进行成本核算与管理时选择的方法受手工方式下工作量所限不一定是最适合企业需要的,可能会导致成本有误或严重偏差;第三,随着企业竞争环境的变化,企业由大批量生产转向了敏捷制造等现代生产方式,生产方式发生了较大的变化,利用传统手工方式很难正确地核算与管理成本。大批量生产中企业运行的成本主要在于直接成本,即直接材料和直接人工。在直接成本占主导地位的环境中,非直接成本(主要是车间管理成本)被平均分配到每个产品上。例如,以劳动时间来平均分配制造费用在传统会计中是很常见的。这种方法在非直接成本只占很少的部分时,对产品成本的计算影响还不大。但是,在现代生产中,企业成本中主要是非直接成本,即除去直接成本之外的所有成本,如非直接人工成本、工厂设备运行成本、销售成本、购买成本等,管理成本是非直接成本的一个重要组成部分。在非直接成本占主导地位时,按照传统成本核算方法所产出的数据就不可避免地引导企业作出错误的决策。另外,目前企业生产条件已经从大批量生产转变到顾客个性化定制生产,产品的品种多样化是企业的基本战略之一。如果继续将非直接成本平均分配到每件产品上,就不可避免地导致不同品种之间的成本分配的错误,造成复杂产品的大量非直接成本被简单产品承担,从而导致简单产品的成本比实际成本要高,而复杂产品的成本计算偏低。再者,过去,成本管理只限于生产领域,对产品设计成本没有进行控制。事实上,产品成本的高低主要取决于产品设计是否合理。设计不合理、质量过剩会造成先天性浪费和损失。随着成本中技术因素比例逐渐增长,成本管理工作向技术领域扩展,成本控制渗透到成本管理的各个环节。随着现代生产方式的变化,成本核算越来越复杂,而且精确度和及时性要求越来越高,这点在手工方式下很难完成。

在信息化环境下,成本管理系统可以与其他系统共享数据并可及时从其他系统获得所需要的数据,不仅能够提高数据的处理效率,而且能够保证数据的及时性和准确性。同时,再复杂的成本核算方法均可以实现,能够提供各种成本核算与管理方法以适应企业的不同生产工艺流程和特点,能够满足现代生产方式的变化对成本核算与管理的新要求。例如,成本管理选项功能可以帮助用户确定在企业的何处将生成何种成本,并将成本分配给产生该成本的部门。此类记录和分配不仅能够进行成本控制,也能为其他管理会计核算部门做准备。计划功能可用于成本差异汇总分析、成本差异明细分析、产品横向比较分析以及产品成本趋势分析,用于监控成本变动和次级成本。

三、成本管理系统的数据流程分析

(一)成本管理系统的数据流程

通过成本数据特点和业务处理流程分析,结合计算机处理技术信息化后,成本管理系统的顶层数据流程如图9-4所示。

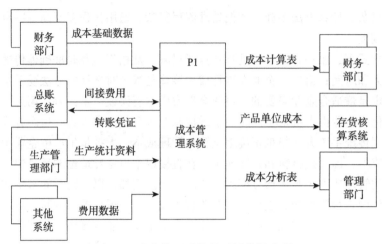

图 9-4　成本管理系统的顶层数据流程

在成本管理系统中，成本核算的数据来源包括两大类：一是从生产管理、总账、薪酬管理、固定资产管理等系统直接读取的数据；二是通过各种原始统计计算或键盘输入而取得的数据，主要是指工时、产量等与分配标准有关的数据。

成本管理系统的基础数据包括产品目录、成本项目、成本预算、分配标准等，提供成本业务处理所需的各种因素。从生产管理、总账等系统直接读取成本计算的日常数据，经过归集和分配处理，生成成本计算表及成本统计分析表。对顶层数据流程进一步分解，形成成本管理系统的详细数据流程，如图 9-5 所示。

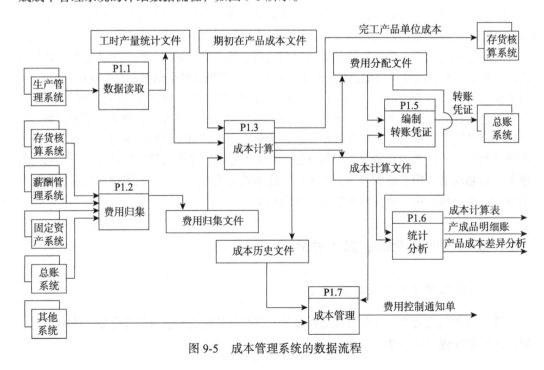

图 9-5　成本管理系统的数据流程

成本管理系统的数据流程说明如下：

（1）从生产管理系统读取或直接输入有关完工产品和在产品的产量和工时记录，保存在工时产量统计文件中，作为间接费用的分配标准和完工产品与在产品成本的分配标准。

（2）分别从存货核算系统、薪酬管理系统、固定资产管理系统、总账系统等读取费用数据，将直接费用和间接费用归集到费用归集文件。

（3）依据工时产量统计文件和费用归集文件，确定间接费用在各个产品之间的分配标准，对其进行费用分配，存入费用分配文件；将按一定分配标准分配的间接费用转入成本计算文件，根据成本计算文件数据及完工产品和在产品之间的分配标准计算完工产品和在产品的总成本与单位成本，向存货核算系统传送完工产品单位成本数据。

（4）基于成本历史文件和其他内外部数据进行成本预测、编制成本计划和预算、成本分析和监控等成本管理工作，向有关成本费用发生部门传送费用控制通知单。

（5）依据费用分配文件和成本计算文件自动加工生成机制凭证并传送到总账系统的记账凭证临时文件。

（6）根据成本计算文件和其他数据文件的数据进行统计分析，输出成本的相关统计分析报表。

（二）成本管理系统的主要数据库结构

成本管理系统可设计为四库系统，通过数据库、模型库、知识库、方法库，综合利用成本信息，以辅助高级决策者解决半结构化决策问题。DBMS（数据库管理系统）具有数据库管理及数据与模型之间接口、动态处理决策过程中的中间数据等功能；MBMS（模型库管理系统）可以自动生成模型，同时允许不同决策者选择不同的模型，可自动生成数据库结构和维护模型；ABMS（方法库管理系统）具有方法的增加、查询及合成运行等功能；KBMS（知识库管理系统）提供知识管理。为实现成本管理系统的通用性，其数据文件主要应包括分配标准公式文件、要素费用分配文件、辅助生产费用分配文件、制造费用分配文件、产品成本计算文件、产品成本计算单文件等。另外，可以根据企业实际生产情况设计数据文件，如产品目录文件、部门代码文件、在产品盘存文件等。其主要的数据文件和结构设计如下：

1. 分配标准公式文件

分配标准公式文件主要存储辅助生产费用、制造费用、共同材料、完工产品与在产品等费用的分配方法和公式，其主要数据项目包括分配标准代码、分配项目、分配方法、分配公式等。分配标准公式文件的基本结构如表9-7所示。

表9-7 分配标准公式文件的基本结构

序号	字段名	类型	说　明
1	分配标准代码	C	对分配标准进行编码
2	分配项目	C	项目名称，如"材料"
3	分配方法	C	如"直接分配法"
4	分配公式	C	由分配方法确定

2. 要素费用分配文件

要素费用分配文件主要存储各产品中原材料、外购动力、工资及其福利费、折旧费等共同费用的分配标准和金额。要素费用分配文件的基本结构如表9-8所示。

表9-8 要素费用分配文件的基本结构

序号	字段名	类型	说明
1	车间代码	C	使用车间代码
2	产品代码	C	归集为某种产品的代码
3	原材料分配标准	C	与分配标准文件对应
4	外购动力分配标准	C	与分配标准文件对应
5	薪酬分配标准	C	与分配标准文件对应
6	折旧及其他费用分配标准	C	与分配标准文件对应
7	原材料分配额	N	根据分配公式计算出金额
8	外购动力分配额	N	根据分配公式计算出金额
9	薪酬分配额	N	根据分配公式计算出金额
10	折旧及其他分配额	N	根据分配公式计算出金额
11	要素费用分配合计	N	合计金额

3. 辅助生产费用分配文件

辅助生产费用分配文件主要存储辅助生产费用分配的受益部门、入账科目和金额等数据。辅助生产费用分配文件的基本结构如表9-9所示。

表9-9 辅助生产费用分配文件的基本结构

序号	字段名	类型	说明
1	车间代码	C	使用车间代码
2	车间名称	C	与车间代码对应
3	受益量01	N	按交互分配率计算
4	受益额01	N	按交互分配率计算
5	科目代码1	C	如"辅助生产成本——供气"
6	受益量02	N	按交互分配率计算
7	受益额02	N	按交互分配率计算
8	科目代码2	C	如"辅助生产成本——供电"

4. 制造费用分配文件

制造费用分配文件主要存储制造费用的分配标准、分配公式、分配金额等数据。制造费用分配文件的基本结构如表9-10所示。

表 9-10 制造费用分配文件的基本结构

序号	字段名	类型	说　明
1	产品代码	C	归集为某种产品的代码
2	分配标准代码	C	与分配标准文件对应
3	分配公式	C	与分配标准文件对应
4	分配基数	N	相关科目归集得到
5	分配额	N	计算得到

5. 产品成本计算标准文件

产品成本计算标准文件主要存储产成品的费用总额及其数量、在产品的费用总额及其数量。产品成本计算标准文件的基本结构如表 9-11 所示。

表 9-11 产品成本计算标准文件的基本结构

序号	字段名	类型	说　明
1	产品代码	C	对应产品的代码
2	分配公式	C	根据企业政策选择
3	成本费用总额	N	归集的总数
4	产成品数量	N	由生产部门得到
5	产成品成本费用分摊额	N	计算得到
6	在产品数量	N	由生产部门得到
7	在产品成本费用分配额	N	计算得到

6. 产品成本计算单文件

产品成本计算单文件主要存储完工产品成本的具体成本项目数据，包括直接材料、直接人工、制造费用、辅助费用、废品损失等。产品成本计算单文件的基本结构如表 9-12 所示。

表 9-12 产品成本计算单文件的基本结构

序号	字段名	类型	说　明
1	产品代码	C	对应产品的代码
2	完工数量	N	对应产品的数量
3	完工单位成本	N	计算得出
4	直接材料	N	计算得出
5	直接人工	N	计算得出
6	制造费用	N	计算得出
7	辅助费用	N	计算得出
8	废品损失	N	计算得出

第三节　成本管理系统功能设计

成本管理系统设计要强调系统的通用性、灵活性。在系统设计中考虑系统的通用性，录入、查询尽量采用通用、灵活的形式，尽量减少和避免刚性设计，使系统用户能灵活参与系统运行与维护。其具有辅助制订计划功能，包括预测和编制目标总成本计划；可以分析、控制与生成有关的目标成本，包括根据成本计划及实际成本进行定量分析，以达到有效控制成本的目的；由成本分析数据，确定成本优化方案，进行各种成本决策。根据成本管理的主要内容，考虑成本管理的要求，成本管理系统可划分为基础设置、业务处理、统计分析、成本管理、期末处理等功能。成本管理系统的功能结构如图 9-6 所示。

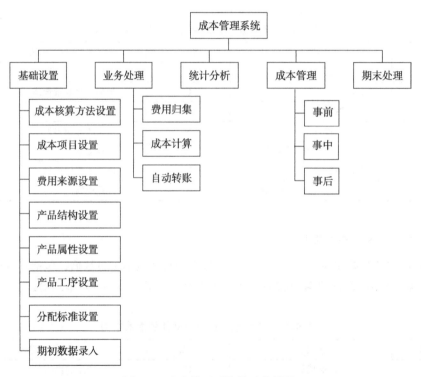

图 9-6　成本管理系统的功能结构

一、基础设置

成本管理系统的基础设置主要是设置系统正常工作必不可少的各种编码信息和初始数据。由于各企业成本管理存在很大的差异性和特殊性，同一个企业采用不同的核算方法也会使成本核算和管理产生很大不同，因此为了提高成本核算系统的通用性，成本管理系统的基础设置内容很多，通常包括成本核算方法设置、成本项目设置、费用来源设置、产品结构设置、产品属性设置、产品工序设置、分配标准设置、期初数据录入等。

（一）成本核算方法设置

成本核算方法通常有品种法、分批法、分步法和分类法等，在系统中可以抽象为一种基本的成本核算方法，同时为了省略不必要的属性设置，可以设定一些不同的成本核算方法，以满足不同的管理需要。

1. 品种法

品种法基本上不涉及企业的生产工艺流程，成本核算主要完成各种费用在不同品种的产品之间进行分配，一般采用成本计算单规定各种费用的分配标准，在成本计算单中规定分配计算公式就可以完成成本核算工作。

2. 分批法

分批法以产品生产批次为成本对象归集生产费用，计算产品成本。分批法一般以生产周期作为成本核算的计算期，也称定单法。采用分批法进行成本核算，要按照产品批次建立成本计算单，并按照生产批次归集生产费用，而且只在成本计算单中设计分配标准栏目是不够的，通常要增设提供分配标准的成本核算报表。通过成本计算单反映直接记入各批产品成本的成本项目，在分配标准报表中输入分配标准，体现不同批次产品负担的共同费用，用来完成间接费用的分配，并将结果传送给成本计算单。

3. 分步法

分步法是按产品成本的生产步骤和产品品种归集生产费用，进行成本核算。为满足不同的核算要求，分步法又可以分成逐步结转分步法和平行结转分步法，逐步结转分步法又可以分成综合结转法和分项结转法。根据生产工艺流程定义成本核算步骤在分步法反映得最明显，要根据每一个生产步骤定义成本计算单。利用一系列的成本计算单追踪成本核算步骤，完成整个成本核算过程。其定义过程是一步步定义成本核算资料，包括使用的成本计算单分配资料，每一步骤之间要涉及数据传送关系，保证上一个步骤的计算结果可以传送到下一个步骤，因此这时成本计算单上的数据主要是从其他步骤的成本计算单获取的。

4. 分类法

分类法类似于品种法，当产品品种很多时，首先按产品大类归集、分配、计算成本，同一类内按各产品品种定额分配成本。

（二）成本项目设置

成本项目即成本计算单的构成，是成本核算采用的重要单据，大多数企业以成本计算单代替产品成本明细账，企业可根据核算要求自定义成本项目。根据企业生产工艺和流程，建立的产品目录是各不相同的。有些企业的产品种类型号比较多，产品目录应该以产品编码为基础建立，同时要建立产品编码与生产成本科目之间的对应关系，以便于账务处理。有些企业生产的产品比较固定，种类比较单一，则可以直接通过会计科目定义产品目录，即产品编号和会计科目代码相一致；部分企业重复生产某些固定产品，则建立的产品目录要能够反映生产批次；部分企业按成本定额进行产品成本核算，在建立产品目录的同时可以确定产品的定额成本。产品成本计算单中的另一个主要内容是成本核算项目。成本核算项目可以根据使用单位的核算要求和有关规定进行定义，通常包括直接材料、直接人工、制造费用、废品损失等。

（三）费用来源设置

费用来源设置包括人工费用、折旧费用、存货数据、制造费用及其他费用来源的设置。

1. 人工费用

人工费用来源于薪酬管理系统，这里不仅包含了在生产成本中核算的人工费用，也包含了在制造费用中核算的人工费用。如果从薪酬管理系统读取数据，就需要选择各个薪酬分摊类型，一般应该选择涉及生产成本和制造费用的所有薪酬分摊类型。一个企业的薪酬管理系统中可以设置多个薪酬类别，但作为人工费用来源的只能是其中一种，这就要求所有的车间管理人员和车间的生产人员都必须在一个薪酬类别中，以保证人工费用的完整性；选择记入制造费用和直接人工费用的人员类别，不同的人员类别只能属于制造费用和直接人工费用中的一种，所以在设置人员类别时，需要区分车间管理人员和车间的生产人员。为了避免薪酬多次分摊造成薪酬最终分摊数据与成本读取的数据不符的情况，只有在薪酬分摊并生成分摊凭证后，成本管理系统才能从薪酬管理系统提取人工费用数据。

2. 折旧费用

折旧费用来源于固定资产管理系统，固定资产管理系统计提折旧后就可向成本管理系统提供数据，且成本管理系统取数后即在数据库做好取数标志。例如，固定资产系统需要再次计提折旧，系统则提示成本系统已取数，不能重新计提。所以必须在成本管理系统执行恢复月初状态功能，取消该取数标志后，再重新进行折旧计提，然后成本管理系统读取折旧费用数据，以保持数据的一致性。

3. 存货数据

存货数据来源于存货核算系统，在出库类别中选择记入直接材料费用的出库情况，如材料领用出库；在入库类别中选择记入入库数量的入库情况，如产成品入库。要正确取数，应当保证存货核算系统提供的数据满足相应成本核算方法的需要。

4. 制造费用及其他费用

制造费用及其他费用来源于总账系统，如车间管理的办公费、差旅费等，通过总账系统记账归集后，传送给成本管理系统。

（四）产品结构设置

产品结构设置是用来定义产品结构，即产品的组成，以便用于配比出库、消耗定额、产品材料成本、采购计划、成本核算等引用。产品结构中引用的物料必须首先在存货档案中定义，然后才能在产品结构中引用。有多级结构的产品需要一级一级输入。例如，计算机由显示器、主机、键盘、鼠标组成；主机由机箱、内存条、硬盘、主板、CPU（中央处理器）等组成。产品结构设置包括父项编号、生产部门、子项编号、用料车间、用料工序、存放仓库等数据项目。

（五）产品属性设置

在产品结构中定义的产品是属于成本核算范围的产品，对这些产品需进行属性的定义，包括产品的生产工序（如果基本生产部门定义了工序）和产品的大类等属性。如果成本核算方法未选择"分类法"，则不能够定义产品大类。通过产品属性的定义，可确认成本核算系统的产品核算范围，定义产品的所属工序和大类，并且在成本报表的查询中，可以按产品的工序或大类进行查询。

（六）产品工序设置

产品工序设置目的是确定成本中心，同时也支持辅助生产部门的辅助服务的定义。成本在基本生产车间可以按照不同工序来归集，不同工序对应于产品结构中定义的该车间的各种父项产品；在辅助生产车间，可以按照不同的服务来归集。因此这里需要参与设置的是需要进行成本核算的基本成本核算部门，包括基本生产部门和辅助生产部门。

（七）分配标准设置

料、工、费的来源设置完以后，已基本完成了成本费用的初次分配和归集，即将大部分专用费用归集到各产品名下，将其他间接成本费用归集到各生产部门范围内。为了计算最终产成品的成本，还必须将按部门归集的成本费用在部门内部各产品之间、在产品和完工产品之间进行分配，因此，在成本管理系统中，需要定义各种分配率，为系统自动计算产品成本提供计算依据。需要定义分配率的情况是共用材料、直接人工费用、制造费用、在产品成本、辅助费用和辅助部门费用。分配方法有按平均分配、按实际工时、按定额工时、按产品产量、按产品约当产量和按材料定额成本等，不同的方法决定了不同的分配标准和计算方法。

（八）期初数据录入

在启用成本管理系统后，开始日常业务处理之前，要手工输入成本的初始余额。为了完成从手工核算向管理系统的转换，要做好期初数据的录入，盘点好在产品的数据，结合手工账，将正确的初始数据录入成本管理系统。

二、业务处理

（一）费用归集

可通过定义从总账系统的费用科目直接读取成本费用数据，或从其他管理系统中自动获取。成本核算中使用的原始数据可以分成三种情况：一是其他管理系统中归集的各项成本费用；二是各个生产部门和生产环节提供的统计数据，这些数据一般作为成本费用的分配标准参与成本计算；三是成本核算中的固定数据，如产品的定额成本、约当产量的完工系数等。

（二）成本计算

可核算出车间任务成本，并且自动计算成本差异，自动计算某一物品的累计成本（卷积成本）。初始化中定义的成本计算单、各种成本核算表以及输入的原始数据，都是为执行成本计算服务的。成本计算，实际上就是对成本计算单和各种核算表的计算。成本计算处理比较简便，由于初始化和原始数据录入环节已完成了大量工作，因此只需按照事先定义的成本计算表、成本核算步骤、成本计算公式和成本核算原始数据进行成本运算即可。但在进行成本计算前，应检查各个成本核算项目的生产费用是否已经全部归集，检查初始化设计的各种文件、核算步骤、计算公式是否完整，检查是否已经输入了成本核算必需的原始数据。

ERP 成本计算方法采用滚加法，是按物料清单所规定的物料之间的层次、需求关系和制造过程，从产品结构的最低层次开始，从低层向高层逐层累计。成本的发生和累计与生产制造过程同步，随着生产制造过程的进行，在材料、计划生产信息动态产生的同时，成本信息也随之产生，使得在计划与控制物流的同时，也控制了资金流，做到了物流、信息流和资金流的统一。成本计算的依据就是产品的物料清单。在物料清单中，处于各个不同层次的物料项目的成本都包含本层发生的成本和低层累计的成本两部分。如果采用作业成本法，费用分摊后生产成本中心的费用既包括自己的预算费用（已指定作业类型），又包括来自生产支持成本中心的预算费用（未指定作业类型），将这些预算费用按一定的比例指定相应作业类型的过程就称为按作业分摊。

（三）自动转账

同其他管理系统类似，成本核算的结果也是通过记账凭证反映的，由计算机自动编制的成本核算凭证记入总账系统后，成本核算工作才算全部完成。自动转账包括转账凭证定义和转账凭证生成，转账凭证定义主要是确定凭证的科目和数量、金额的数据来源，科目可以直接规定或通过成本计算单和其他成本核算表中的产品编码或费用项目获取，数量和金额数据也是根据成本计算单和各种成本核算表的计算结果自动填写的，凭证内部的计算可以通过计算公式进行定义。转账凭证生成主要是按照已经定义的转账凭证分录生成凭证并传送到总账系统记账凭证临时文件的过程，系统一般应提供批量生成和选择生成两种生成凭证的方式。成本管理系统涉及的转账凭证一般分为四种：结转制造费用、结转辅助生产成本、结转盘点损失、结转工序产品耗用。

三、统计分析

成本管理系统的统计分析主要是输出各种账表，成本统计包括成本明细表和成本汇总表，如在产品成本明细表、完工产品成本明细表、入库产品成本明细表、辅助服务成本明细表和部门成本核算表、在产品成本汇总表、完工产品成本汇总表、完工产品成本台账、入库产品成本汇总表、辅助服务成本汇总表和批次成本汇总表等；成本分析包括成本预测、成本分析和成本计划形成的管理报表，如部门成本预测、趋势预测、产品成本预测、批次产品成本追踪分析、部门内部利润分析、产品成本差异分析、成本项目构成分析、材料消耗差异分析和计划成本表等。

四、成本管理

成本管理是有组织地、系统地运用预测、计划、控制、核算、分析、考核等方法，对构成产品成本的各种因素及影响产品成本的各个经营环节实施管理，以达到降低成本、提高经济效益的目的，主要包括成本分析、成本预算、成本预测。成本管理系统应当具有成本拷贝与成本模拟功能，并支持成本计划的制订和分析，提供废品损失计算和分析，对各责任中心或部门、班组、人员进行成本考核，计算其成本差异，确定成本指标的完成情况，以作为成本评价的依据等。成本管理分事前、事中、事后三个阶段。

（一）事前

成本管理系统的事前管理包括成本预测、决策与预算。成本预测是根据有关情况和资料，按照成本的特性，运用恰当的方法对未来的成本水平及其变动趋势作出科学的估算。例如，可采用直线回归法、多元统计回归法。科学的成本预测是企业管理人员选择最优方案、作出正确决策、确定目标成本、制定成本预算的基础。成本决策是根据成本预测，分析所得与所耗，寻找提高经济效益的有效途径，选定最优方案。成本预算是根据决策所定的方案和对成本的预测，以货币的形式预计预算期内生产经营的各种耗费和各种产品的成本水平。成本决策一般在产品正式投产前进行，主要进行产品设计与试制，根据成本预测选择和确定生产产品、生产工艺和生产设备等；在生产方案已确定，企业处于稳定的生产过程中时，事前控制主要是成本预测与编制成本预算。其主要工作是根据企业的规模和具体情况（如固定资产、人员、市场、产品加工方案等），根据以前多期实际成本的资料、同行业同类型产品的成本资料和有关情况的变化（如材料价格、人工工资的提高等），进行成本预测,制定各项成本(材料、人工、费用等)标准,并据此编制成本的弹性预算和企业全面预算中成本的预算,以作为控制成本支出、考核成本指标完成情况的依据。

(二)事中

成本管理系统的事中管理包括成本的日常核算与控制。成本核算是对生产经营过程中费用的发生和产品成本的形成,按一定的方法进行归集与分配,确定实际发生的成本。核算结果一方面为编制财务报告提供成本信息,另一方面为成本控制提供所需资料,因此成本核算是成本管理最重要的一环。期间成本的核算较简单,只要按期间简单归集各项成本即可。产品成本的核算较复杂,常用的方法有多种,企业可根据不同的具体情况选用。

(三)事后

成本管理系统的事后管理提供了丰富的报表分析功能。成本报表可分两类:通用报表和用户自定义报表。通用报表主要包括在产品成本明细表、完工产品成本明细表、完工产品成本汇总表、完工产品成本台账等。自定义报表指用户可根据企业管理的要求,在报表管理系统中通过成本取数公式定义的成本报表,其格式灵活。

五、期末处理

成本管理系统的期末处理主要是完成产品成本核算的结账工作,根据不同的成本核算方法要进行不同的处理。有些成本核算方法的期末处理比较简单,如品种法;有些则比较复杂,涉及的内容比较多,如分批法在期末结账处理中,要定义与总账对账的科目,系统将自动进行对账,并显示对账结果。

第四节 成本管理系统应用案例

成本管理系统是一体化财务系统的一部分,也是会计信息系统中与外部系统接口最多、相对较复杂的一个。其日常业务处理的结果最终要在总账系统中反映,通过制单处理以凭证形式把数据传送到总账系统;同时,与其他管理系统通过结算单、分析报表等形式传送数据。

一、成本管理系统的集成应用

成本管理系统可以与总账系统、生产管理系统、薪酬管理系统、固定资产管理系统、存货核算系统等输入端集成应用,也可以与财务报表系统、财务分析系统、管理报告系统等输出端集成应用。成本管理系统集成应用的数据关系如图9-7所示。

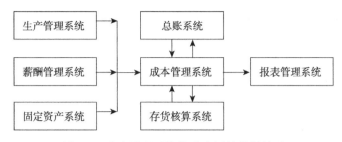

图 9-7 成本管理系统集成应用的数据关系

成本管理系统与其他管理系统的数据关系说明：

（1）生产管理系统为成本核算提供生产任务的投入产量数据和实际工时数据。

（2）成本管理系统从薪酬管理系统中读取各部门的人工费用应属于产品成本范围的分配数据。

（3）成本管理系统从固定资产管理系统中读取各部门折旧费用应属于产品成本范围的分配数据。

（4）总账系统的折旧费用、人工费用、其他费用凭证是成本管理系统折旧费用、人工费用、其他费用的数据来源。成本管理系统将结转制造费用、结转辅助费用、结转盘点损失、结转工序产品耗用等业务数据生成的凭证传送到总账系统。

（5）成本管理系统可以直接读取存货核算系统的材料出库核算、产品出库核算、自制入库核算数据；存货核算系统读取成本管理系统的完工产品单位成本数据，经存货核算系统对产成品成本分配后，填写未记账的产成品入库单的单价和金额。

（6）报表管理系统通过应用服务函数读取成本管理系统的计算结果和统计数据，提供用户自定义的成本报表。

二、成本管理系统的应用案例

（一）成本管理系统结转成本凭证处理

2019 年 9 月 29 日，蓝天装备公司成本核算中心汇总计算本期产成品成本，主要包括材料成本、人工费用、折旧费用以及其他费用。其中，材料成本的处理过程如下：

（1）财务部门成本核算员进入成本管理系统，执行系统菜单"成本管理→数据录入→材料及外购半成品"功能，弹出"过滤选择条件"对话框。

（2）单击"过滤"按钮，进入"材料及外购半成品耗用表"窗口，单击工具栏中"取数"按钮，系统弹出"选项"对话框。

（3）在"方式设定"选项卡设置共有材料"取数"，专用材料"取数"。

（4）单击"范围设定"选项卡，单击"全选"按钮后，单击"执行"按钮，系统自动从存货核算系统取数，并在执行结果栏显示取数情况。

（5）取数完毕，单击"退出"按钮，返回"材料及外购半成品耗用表"窗口。

（6）单击"材料及外购半成品耗用表"窗口左上角叉号按钮，返回主界面。

人工费用和折旧费用结转的处理过程如下：

（1）执行系统菜单"成本管理→数据录入→人工费用表/折旧费用表"功能，进入"人工费用表/折旧费用表"窗口。

（2）单击工具栏中"取数"按钮，系统开始自动取数。

（3）取数完毕，单击"人工费用表/折旧费用表"窗口左上角叉号按钮，返回主界面。

需要注意的是，必须在存货核算系统记账完成、工资分摊结果生成凭证、固定资产系统计提折旧之后，成本管理系统才能读取相应的数据。

（二）成本管理系统自动生成凭证处理

（1）执行系统菜单"成本管理→核算→凭证处理→自动生成凭证"功能，进入"自动生成凭证"窗口。

（2）单击工具栏中的"刷新"按钮，在自动生成凭证窗口显示已定义的所有凭证模板。

（3）双击摘要为相应内容行的标志栏，出现"Y"后，单击工具栏中的"制单"按钮，弹出"填制凭证"窗口。

（4）单击工具栏中的"保存"按钮，凭证左上角出现"已生成"标志，单击工具栏中"退出"按钮。完成成本管理系统凭证的生成。

（5）审核员进入总账系统，执行系统菜单"凭证→审核凭证"功能，打开"凭证审核"查询条件对话框；输入查询条件，单击"确认"按钮，进入"凭证审核"的凭证列表窗口；双击要审核的凭证或单击"确定"按钮，进入"凭证审核"的审核凭证窗口；检查要审核的凭证，无误后，单击"审核"按钮，凭证底部的"审核"处自动签上审核人姓名；单击"退出"按钮，完成记账凭证的审核。

（6）记账员进入总账系统，执行系统菜单"凭证→记账"功能，进入"记账"窗口；输入要进入记账的凭证范围，单击"下一步"按钮；单击"记账"按钮，显示"试算平衡表"；单击"确认"按钮，系统开始登记有关明细账和总账；单击"确定"，完成记账凭证的记账。

自测题

自学自测 扫描此码

第十章　报表管理系统分析和设计

> **本章学习提示**
>
> 本章重点：报表管理系统的函数设置、基本公式定义、关键字定义；报表模板设置；合并报表的编制流程与设计。
>
> 本章难点：报表管理系统的内部数据流程与外部数据关系；报表公式的定义。

第一节　报表管理系统文档及其编制

财务报表是以日常会计核算和管理数据为主要依据，总括反映企业某一特定日期财务状况和某一会计期间经营成果、现金流量的会计信息。报表管理系统是任何会计信息系统都不可缺少的重要组成部分，利用报表管理系统可以完成财务报表的自动编制工作，改变手工财务报表编制的程序、方法以及编制手段，使得财务报表电子化。它使外部投资者、债权人以及相关利益人可以通过网络，及时、全面地了解企业的财务信息，更好地发挥财务报表的作用。同时，电子化财务报表的多样性和实时生成，也为内部管理者决策、控制提供了更好的支持。

一、报表管理系统文档

报表管理系统中使用的主要文档如表 10-1 所示。

表 10-1　报表管理系统中使用的主要文档

文档名称	基本目标	制作部门	接收部门
资产负债表	依据资产、负债、所有者权益的总账和明细科目余额分析计算填列	财务部门	信息使用者
利润表	依据收入、费用、利润的总账和明细科目发生额分析计算填列	财务部门	信息使用者
现金流量表	依据资产负债表、利润表分析计算填列	财务部门	信息使用者
所有者权益变动表	依据所有者权益的总账和明细科目发生额、余额分析计算填列	财务部门	信息使用者
附注	依据资产负债表、利润表、现金流量表和所有者权益变动表等描述	财务部门	信息使用者

（一）资产负债表

资产负债表是反映企业在某一特定日期（如月末、季末、年末）财务状况的财务报表，是揭示企业在一定时点财务状况的静态报表。资产负债表根据"资产＝负债＋所有者权益"的平衡原则，将符合会计原则的资产、负债、所有者权益类的科目分为"资产"和"负债及所有者权益"两大区块，在经过分录、转账、分类账、试算、调整等会计程序后，以特定日期的企业经营活动情况为基准，浓缩成一张报表。资产负债表如表10-2所示。

表10-2 资产负债表

会企01表

编制单位：　　　　　　　　　　　　年　月　日　　　　　　　　　　　　单位：元

资产	期末余额	年初余额	负债和所有者权益	期末余额	年初余额
流动资产：			流动负债：		
货币资金			短期借款		
……			……		
流动资产合计			流动负债合计		
非流动资产：			非流动负债：		
可供出售金融资产			……		
……			非流动负债合计		
			负债合计		
			所有者权益：		
			实收资本		
			……		
非流动资产合计			所有者权益合计		
资产总计			负债和所有者权益总计		

（二）利润表

利润表是反映企业在一定会计期间经营成果的财务报表，是揭示企业某一期间经营成果的动态报表。利润表是根据"收入－费用＝利润"的基本关系来编制的，其具体内容取决于收入、费用、利润等会计要素及其内容，利润表项目是收入、费用和利润要素内容的具体体现。利润表如表10-3所示。

（三）现金流量表

现金流量表是反映企业在一定会计期间经营活动、投资活动和筹资活动对现金及现金等价物所产生影响的财务报表。现金流量表分为主表和附表（补充资料）两大部分。主表的各项目金额实际上就是每笔现金流入、流出的归属，而附表的各项目金额则是相应会计账户的当期发生额或期末余额与期初余额的差额。现金流量表如表10-4所示。

第十章 报表管理系统分析和设计

表 10-3　利　润　表

会企 02 表

编制单位：	年　月　日	单位：元
项目	本期金额	上期金额
一、营业收入		
…		
二、营业利润		
…		
三、利润总额		
…		
六、综合收益总额		
七、每股收益		

表 10-4　现金流量表

会企 03 表

编制单位：	年　月　日	单位：元
项目	本期金额	上期金额
一、经营活动产生的现金流量：		
…		
二、投资活动产生的现金流量：		
…		
三、筹资活动产生的现金流量：		
…		
四、汇率变动对现金及现金等价物的影响		
五、现金及现金等价物净增加额		
六、期末现金及现金等价物余额		

（四）所有者权益变动表

所有者权益变动表是反映企业本期（年度或中期）内所有者权益变动情况的报表。通过所有者权益变动表既可以为报表使用者提供所有者权益总量增减变动的信息，也能为其提供所有者权益增减变动的结构性信息，特别是能够让报表使用者理解所有者权益增减变动的根源。所有者权益变动表如表 10-5 所示。

（五）附注

财务报表附注是对资产负债表、利润表、现金流量表和所有者权益变动表等报表中列示项目的文字描述或明细资料，以及对未能在这些报表中列示项目的说明等，可以使报表使用者全面了解企业的财务状况、经营成果和现金流量。其主要包括：企业所采用的主要

表 10-5 所有者权益变动表

会企 04 表

编制单位： 年 月 日 单位：元

项目	本期金额				上期金额			
	实收资本	资本公积	盈余公积	…	实收资本	资本公积	盈余公积	…
一、上年年末余额								
…								
二、本年年初余额								
三、本年增减变动金额								
（一）综合收益总额								
（二）所有者投入和减少资本								
…								
四、本年年末余额								

会计处理方法；会计处理方法的变更情况、变更的原因及对财务状况和经营业绩的影响；发生的非经常性项目；一些重要报表项目的明显情况；或有事项；期后事项；其他对理解和分析财务报表重要的信息。

二、报表管理系统文档编制

财务报表的编制是通过对日常会计核算记录的数据加以归集、整理，使之成为相对集中、完整的会计信息。

（一）资产负债表编制

（1）根据总账科目余额直接填列。例如，"应收票据"项目，根据"应收票据"总账科目的期末余额直接填列；"短期借款"项目，根据"短期借款"总账科目的期末余额直接填列。

（2）根据总账科目余额计算填列。例如，"货币资金"项目，根据"现金""银行存款""其他货币资金"科目的期末余额计算填列。

（3）根据明细科目余额计算填列。例如，"应付账款"项目，根据"应付账款""预付账款"科目所属相关明细科目的期末贷方余额计算填列。

（4）根据总账科目和明细科目余额分析计算填列。例如，"长期借款"项目，根据"长期借款"总账科目期末余额，扣除"长期借款"科目所属明细科目中反映的、将于一年内到期的长期借款部分，分析计算填列。

（5）根据科目余额减去其备抵科目后的净额填列。例如，"短期投资"项目，根据"短期投资"科目的期末余额，减去"短期投资跌价准备"备抵科目余额后的净额填列。

资产负债表的"年初余额"栏内各项数字，根据上年末资产负债表"期末余额"栏内各项数字填列,"期末余额"栏内各项数字根据会计期末各总账账户及所属明细账户的余额填列。如果当年度资产负债表规定的各个项目的名称和内容同上年度不一致,则按编报当年的口径对上年末资产负债表各项目的名称和数字进行调整,填入本表"年初余额"栏内。

(二)利润表编制

(1)依据试算平衡表损益类账户的发生额,结合有关明细账户的发生额,计算填列利润表的各项目。

(2)计算营业利润。以主营业务收入为基础,减去主营业务成本、税金及附加、销售费用、管理费用、财务费用、资产减值损失,加上公允价值变动收益(减去公允价值损益)和投资收益(减去投资损失),计算出营业利润。

(3)计算利润总额。以营业利润为基础,加上营业外收入,减去营业外支出,计算出利润总额。

(4)计算净利润(或净亏损)。以利润总额为基础,减去所得税费用,计算出净利润。

"本期金额"栏反映各利润表项目的本期实际发生额,"上期金额"栏反映各利润表项目的上年同期实际发生额。如果上年度利润表与本年度利润表的项目名称和内容不相一致,则按编报当年的口径对上年度利润表项目的名称和数字进行调整,填入本表"上期金额"栏。在编报中期和年度财务会计报告时,将"本月金额"栏改成"本期金额"栏,"本期金额"栏反映各项目自年初起至报告期末止的累计实际发生额。

(三)现金流量表编制

现金流量表的编制程序包括工作底稿法和T形账户法。

1. 工作底稿法

采用工作底稿法编制现金流量表,是以工作底稿为手段,以利润表和资产负债表数据为基础,对每一个项目进行分析并编制调整分录,从而编制出现金流量表。

(1)将资产负债表的期初数和期末数过入工作底稿的期初数栏和期末数栏。

(2)对当期业务进行分析并编制调整分录。

(3)将调整分录过入工作底稿中的相应部分。

(4)核对调整分录,借贷合计应当相等,资产负债表项目期初数加减调整分录中的借贷金额以后,应当等于期末数。

(5)根据工作底稿中的现金流量表项目部分编制正式的现金流量表。

2. T形账户法

采用T形账户法,是以T形账户为手段,以利润表和资产负债表数据为基础,对每一项目进行分析并编制出调整分录,从而编制出现金流量表。

(1)为所有的非现金项目(包括资产负债表项目和利润表项目)分别开设T形账户,并将各自的期末期初变动数过入各自账户。

会计信息系统（第二版）

（2）开设一个大的"现金及现金等价物"T形账户，每边分为经营活动、投资活动和筹资活动三个部分，左边记现金流入，右边记现金流出。与其他账户一样，过入期末期初变动数。

（3）以利润表项目为基础，结合资产负债表分析每一个非现金项目的增减变动，并据此编制调整分录。

（4）将调整分录过入各T形账户，并进行核对，该账户借贷相抵后的余额与原先过入的期末期初变动数应当一致。

（5）根据"现金及现金等价物"T形账户编制正式的现金流量表。

（四）所有者权益变动表编制

所有者权益变动表各项目均需填列"上期金额"和"本期金额"两栏。

1．"上期金额"

所有者权益变动表"上期金额"栏内各项数字，应根据上期所有者权益变动表"本期金额"内所列数字填列。上期所有者权益变动表规定的各个项目的名称和内容同本期不一致的，应对上期所有者权益变动表各项目的名称和数字按照本期的规定进行调整，填入所有者权益变动表的"上期金额"栏内。

2．"本期金额"

所有者权益变动表"本期金额"栏内各项数字一般应根据"实收资本""资本公积""盈余公积""利润分配""库存股""以前年度损益调整"科目的发生额分析填列。

（五）财务报表附注编制

财务报表附注披露框架一般包括：企业的基本情况；财务报表编制基础；遵循企业会计准则的声明；重要会计政策和会计估计；会计政策和会计估计变更及差错更正的说明；重要报表项目的说明；其他需要说明的重要事项。

第二节　报表管理系统流程描述

一、报表管理系统的流程重构

（一）报表管理系统的基本术语

1．状态

报表管理系统将报表区分为格式状态和数据状态，即报表格式设计工作（包括公式定义）和报表数据处理工作，这两部分工作是在不同状态下完成的。

（1）格式状态。在报表格式状态下进行有关格式定义的操作，如表尺寸、行高列宽、单元属性、单元风格、组合单元、关键字、可变区等，以便定义报表的单元公式、审核公式及舍位平衡公式。在格式状态下所看到的只是报表的格式，而报表的数据全部隐藏。在格式状态下所做的操作对本报表所有的表页都发生作用。在格式状态下不能进行数据录入、计算等操作。

（2）数据状态。在报表数据状态下管理报表的数据，如输入数据、增加或删除表页、审核、舍位平衡、制作图形、汇总、合并等。在数据状态下不能修改报表的格式，用户看到的是报表的全部内容，包括格式和数据。

2. 单元、组合单元和区域

（1）单元。单元是组成报表的最小单位，单元名称由所在的行、列标识，行号用数字1~9 999 表示，列标用字母 A~IU 表示。例如，D18 表示第 4 列第 18 行的交汇单元。报表管理系统的单元类型分为数值单元、字符单元、表样单元。

①数值单元。数值单元用于存放报表的数据，在数据状态下输入，数值单元的内容可以直接输入或由单元中存放的单元公式计算生成。建立一个新表时，所有单元的缺省类型为数值型。

②字符单元。字符单元也是报表的数据，也应在数据状态下输入。字符单元的内容可以是汉字、字母、数字及各种键盘可输入的符号组成的字符串，可以直接输入，也可由单元公式生成。

③表样单元。表样单元是报表的格式，是定义一个没有数据的空表所需的所有文字、符号或数字。一旦单元被定义为表样，那么输入的内容对所有的表页都有效。表样单元只能在格式状态下输入或修改。

（2）组合单元。组合单元由相邻的两个或更多单元组成，这些单元必须单元类型完全相同，如表样、数值、字符等，报表管理系统在处理报表时将组合单元视为一个单元。可以组合同一行相邻的几个单元，可以组合同一列相邻的几个单元，也可以把一个多行多列的平面区域设为一个组合单元。组合单元的名称可以用区域的名称或区域中的任何一个单元的名称来表示。例如，将 B2 到 B3 定义为一个组合单元，这个组合单元可以用 "B2" "B3" 或 "B2:B3" 表示。

（3）区域。区域由一张表页上的相邻单元组成，自起点单元至终点单元是一个完整的长方形矩阵。在报表管理系统中，区域是二维的，最大的区域是整张表页，最小的区域是一个单元。例如，A6 到 C10 的长方形区域表示为 A6:C10。

（4）表页。一个报表管理系统最多可容纳 99 999 张表页，每一张表页是由许多单元组成的。一张报表中的所有表页具有相同的格式，但其中的数据不同。表页在报表中的序号在表页下方以标签的形式出现，称为"页标"。页标用"第 1 页"至"第 99999 页"表示，如果当前表为第 2 页，则可以表示为"@2"。

（5）二维表和三维表。确定某一数据位置的要素称为"维"。在一张有方格的纸上填写一个数，这个数的位置可通过行和列（二维）来描述。如果将一张有方格的纸称为表，那么这个表就是二维表,通过行和列可以找到这张二维表中的任何位置的数据。

如果将多个相同的二维表叠在一起,找到某一个数据的要素需增加表页号(Z轴)。这一叠表称为一张三维表。如果将多张不同的三维表放在一起,要从这多张三维表中找到一个数据,又需增加一个表名要素。三维表中的表间操作称为"四维运算"。

3. 关键字

关键字是游离于单元之外的一种特殊的数据单元,可以唯一标识一个表页,用于在大量表页中快速选择表页。例如,一张资产负债表的表文件可存放一年12个月的资产负债表,甚至多年的多张表,要对某一张表页的数据进行定位,就要设置一些定位标志,在报表管理系统中被称为"关键字",报表管理系统共提供了6种关键字,包括企业名称、企业编号、年、季、月、日。除此之外,报表管理系统还增加了一个自定义关键字,当定义名称为"周"和"旬"时有特殊意义,可在业务函数中代表取数日期。关键字的显示位置在"格式"状态下设置,关键字的值则在"数据"状态下录入,每张报表可以定义多个关键字。

4. 固定区及可变区

固定区中组成该区域的行和列的数量是固定的数目。一旦设定好以后,在固定区内其单元总数是不变的。

可变区中屏幕显示该区域的行(列)数是不固定的数字,可变区的最大行数或最大列数是在格式设计中设定的。在一张报表中只能设置一个可变区,或是行可变区,或是列可变区,行可变区是指可变区中的行数是可变的;列可变区是指可变区中的列数是可变的。

设置可变区后,屏幕只显示可变区的第一行或第一列,其他可变行(列)隐藏在表体内。在以后的数据操作中,可变行(列)可随需要而增减。

有可变区的报表称为可变表。没有可变区的表称为固定表。

5. 函数

企业常用的财务报表数据一般来源于总账系统或报表系统本身,取自报表的数据又可以分为从本表取数和从其他报表的表页取数。报表管理系统中,取数是通过函数实现的。

函数的基本格式:函数名("科目编码",会计期间,["方向"],[账套号],[会计年度],[编码1],[编码2])。其中:科目编码也可以是科目名称,且必须用双引号括起来;会计期间可以是"年""季""月"等变量,也可以是具体表示年、季、月的数字;方向即"借"或"贷",可以省略;账套号为数字;会计年度即数据取数的年度,可以省略;编码1与编码2和科目编码的核算账类有关,可以取科目的辅助账,如职员编码、项目编码等,若无辅助核算则省略。

(1)自总账取数的函数。自总账取数的函数可以称为账务函数。账务函数可实现报表管理系统从账簿、凭证中采集各种会计数据生成报表,实现证账表一体化。例如,期初额函数包括金额式 QC()、数量式 SQC()、外币式 WQC()等。

(2)自本表页取数的函数。自本表页取数的函数用于在本表页的指定区域完成求和、求平均值等统计运算，实现表页中相关数据的计算、统计功能。例如，PTOTAL（B2：F8）表示求区域 B2 到 F8 单元的总和；PMAX（B2：F8）表示求区域 B2 到 F8 单元的最大值。

（3）自本表其他表页取数的函数。对于取自本表其他表页的数据可以利用某个关键字，作为表页定位的依据或直接以页标号作为定位依据，指定取某张表页的数据，可以使用 SELECT()函数从本表其他表页取数。

（4）自其他报表取数的函数。对于取自其他报表的数据可以用"报表［.REP］－>单元"的格式指定要取数的某张报表的单元。

6. 筛选和关联

筛选是在执行报表管理系统的命令或函数时，根据用户指定的筛选条件，对报表中每一张表页或每一个可变行（列）进行判断，只处理符合筛选条件的表页或可变行（列），不处理不符合筛选条件的表页或可变行(列)。筛选条件分为表页筛选条件和可变区筛选条件。表页筛选条件指定要处理的表页，可变区筛选条件指定要处理的可变行（列）。筛选条件在命令、函数的后面，用"FOR <筛选条件>"来表示。

报表管理系统中的数据有着特殊的经济含义，因此，报表数据不是孤立存在的，一张报表中不同表页的数据或多张报表中的数据可能存在着多种经济关系或勾稽关系，要根据这种对应关系找到相关联的数据进行引用，就需要定义关联条件。报表管理系统在多张报表之间操作时，主要通过关联条件来实现数据组织。关联条件在命令、函数的后面，用"RELATION <关联条件>"来表示。如果有筛选条件，则关联条件应跟在筛选条件的后面。

7. 报表文件

在报表管理系统中，报表是以文件的形式存在的，报表系统的打开、关闭、保存等命令都是针对报表文件进行操作的，如以"资产负债表"作为一个报表文件名。不同的报表系统中，报表文件有不同的扩展名。每个报表文件可以存放多张表页，为了便于操作和管理，一般将经济意义相近的报表存放在一个报表文件中，如在"资产负债表"报表文件中就可以存放某年 1 月到 12 月共 12 张资产负债表，每张资产负债表都是一个二维表，多个二维表叠在一起形成一个三维表，因此，一个报表文件就是一张三维表。

（二）报表的基本结构

报表格式构建起了一张报表的基本框架。在报表管理系统中，报表格式实质上是一个保存在计算机中的模板，使用这个模板可以无限复制相同格式的表格供用户使用。报表的基本结构包括标题、表头、表体和表尾，基本结构定义后，相当于绘制出一张只缺具体数字的空白报表，即报表格式。已经建立的报表格式，只要稍加改动，如修改报表日期或编制单位等，便可重复使用。

1. 标题

标题是指表格边框以上的部分，主要是报表名称以及编制单位、报表日期或期间、报表编号、报表数据单位等，其中编制日期随时间改变，其他内容则每期固定不变。标题如表 10-2 中的"资产负债表""会企 01 表""编制单位：""年月日""单位：元"等。

2. 表头

表头是指表格上部包括各栏目名称的一行或几行。报表的栏目名称定义了报表的列，有的报表栏目比较简单，只有一层，称为基本栏，如资产负债表等简单表；而有的报表栏目却比较复杂，分若干层次，即大的栏目下分若干小栏目，小栏目又再细分更小的栏目，这种栏目称为组合栏。表头如表 10-2 中的"资产""期末余额""年初余额""负债和所有者权益""期末余额""年初余额"等。

3. 表体

表体指表格中包括数据及其说明文字的主体部分。表体是一张报表的核心，是报表数据的主要展现区域，由报表项目名称和报表数据单元组成。报表数据单元由表体中除报表项目名称之外的行和列构成的若干方格组成，这些方格用于填写表中的数据，这些方格称为基本表单元（表元）。表元是组成报表的最小基本单位，每个表元都可以用它所在的列坐标和行坐标来表示，通过行和列可以找到二维表中任何位置的数据。在报表编制过程中，向报表单元中填入的内容一般只有两种：一种是字符；另一种是数字。其中文字部分通常用来表示报表的项目名称，报表项目名称定义了报表的行，例如，表 10-3 中的"一、营业收入"就是利润表的第一个报表项目。除报表栏目名称和报表项目名称之外，就是报表数据单元。

4. 表尾

表尾是指表格边框以下的部分，主要是补充资料及备注等。表尾是报表表体以下的备注、说明，既有固定的文字说明，也有少量的数值数据。

（三）报表的基本公式

报表公式是指在表单元中填列的公式，通常包括单元公式、审核公式、舍位平衡公式。

1. 单元公式

单元公式定义了报表数据之间的运算关系以及从其他管理系统的取数关系。单元公式包括计算公式和取数公式。计算公式定义了报表内部单元以及报表数据之间的运算关系。取数公式通常有科目取数公式、核算项目取数公式、数量取数公式、表内单元取数公式、表间取数公式、四舍五入公式等。如果输入的内容是以"="开头的，则该单元系统自动定义为取数公式。在系统中应设置一些财务函数，方便取数公式的设置。例如，QC()表示期初余额、SQC()表示期初数量、WQC()表示期初外币、FS()表示发生额、QM()表示期末余额、LFS()表示累计发生额等。

2. 审核公式

审核公式是用于审核报表内或报表之间的勾稽关系是否正确的公式。在经常使用的各类报表中的每个数据都有明确的经济含义,并且各个数据之间存在一定的勾稽关系,如在一张报表中,小计等于各分项之和,合计又等于各小计之和,等等。在实际工作中,为了确保报表数据的准确性,经常用这种报表之间或报表之内的勾稽关系对报表进行检查。一般来讲,称这种检查为数据审核,将报表数据之间的勾稽关系用公式表示出来,称之为审核公式,如资产=负债+所有者权益。在数据处理状态中,当报表数据录入完毕后,应对报表进行审核,以检查报表各项数据勾稽关系的准确性。

3. 舍位平衡公式

舍位平衡公式是指用于报表数据进行进位或小数取整时调整数据的公式。报表数据在进行进位时,如以"元"为单位的报表在上报时可能要求转换为以"千元"或"万元"为单位的报表,原来满足的数据平衡关系可能被破坏,因此需要进行调整,使之符合指定的平衡关系。如原始报表数据平衡关系为 $50.23 + 5.24 = 55.47$,若舍掉一位数,即除以 10 后数据平衡关系成为 $5.02 + 0.52 = 5.54$,原来的平衡关系被破坏,应调整为 $5.02 + 0.53 = 5.55$。报表经舍位之后,重新调整平衡关系的公式称为舍位平衡公式,其中,进行进位的操作叫作舍位,舍位后调整平衡关系的操作叫作平衡调整公式。定义舍位平衡公式需定义舍位表名、舍位范围、舍位位数。

(四)报表管理系统的流程

根据对报表基本结构、基本公式的需求分析,报表管理系统的流程应划分为如下几个步骤。

1. 报表定义

报表定义是指对报表的结构和单元数据的定义。报表结构定义是指标题定义、报表表头和表尾定义,包括绘制报表表格、定义报表栏目、定义表尾。报表表体定义,用来定义单元的值或单元值的计算方法。

2. 报表编制

报表编制应当是一个系统自动处理的过程,即由系统根据上述已定义的报表模板,自动产生报表。报表编制过程是一个重复执行的过程,因此,用户只需一次性定义,就能多次编制不同时期、不同企业的报表。

3. 报表审核

报表审核是对已经生成的报表数据的正确性进行审核,一般是在报表定义时预先定义一些对报表数据进行审核的公式,由系统执行该审核公式,从而验证报表数据的编制是否正确。

4. 报表分析

报表分析是根据财务报表提供的数据和其他来源的相关数据,完成相关的财务分析。

二、报表管理系统的数据流程分析

(一) 报表管理系统的数据流程

通过报表数据来源的特点和业务处理流程,结合计算机处理技术,可抽象出报表管理系统的顶层数据流程,如图 10-1 所示。

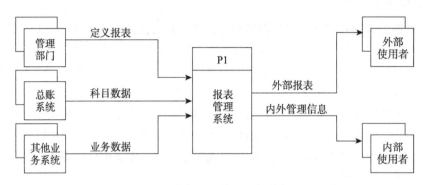

图 10-1　报表管理系统的顶层数据流程

财务部门、决策层等管理部门根据会计制度和内部管理的需要,定义报表结构及取数公式,从总账系统以及薪酬管理、采购管理、销售管理等系统读取数据,生成各类报表,并传送给外部使用者和内部使用者。将顶层数据流程进一步分解,形成报表管理系统的详细数据流程,如图 10-2 所示。

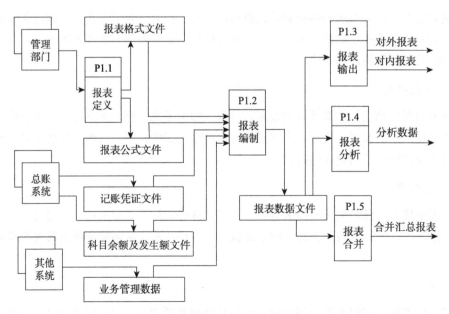

图 10-2　报表管理系统的数据流程

（二）报表管理系统的主要数据库结构

在报表管理系统中，对于报表的处理通常采用两种方法：一种方法是对每一份报表设一个对应的数据库，并编制一个专门的程序来生成表中的数据，但这种方法导致系统中报表数据文件过多、适应性较差、维护工作量大。由于每一个报表的数据生成都由一个专门的程序来完成，一旦报表发生变化，或会计科目发生变化，或报表编制方法发生变化，都要改动报表数据生成程序，因此大大降低了系统的通用性和实用性。另一种方法是报表的格式和报表的数据来源都由用户自己定义，然后由一个通用程序根据定义来生成报表。这种方法的优点是通用性强，但可操作性差。报表管理系统中，主要的数据文件有报表目录文件、报表格式文件、报表公式文件、报表数据文件等。

1. 报表目录文件

报表管理系统中所有报表在创建时都必须注册登记报表名称数据文件，该文件主要存放报表编号（报表文件名）、报表名称、表头行数、表体栏数、表尾行数等。报表目录文件结构如表10-6所示。

表10-6 报表目录文件结构

序号	字段名	类型	说　　明
1	报表编号	C	标识作用
2	报表名称	C	与报表编号对应
3	表体行数	N	根据具体报表确定
4	表体栏数	N	根据具体报表确定
5	表头行数	N	根据具体报表确定
6	表尾行数	N	根据具体报表确定
7	报表性质	C	属于内部报表还是外部报表
8	是否合并	L	标识

2. 报表格式文件

报表格式文件是对报表标题、栏目名称、报表项目、表尾、类型和宽度等的描述，相当于报表文件的结构描述文件，一种报表对应一个报表格式文件，报表的栏目表明列的属性，不同的报表有所不同。例如，资产负债表包括的栏目有资产、期末余额、年初余额、负债和所有者权益、期末余额、年初余额等栏目。报表项目是报表的行属性，如资产负债表中的货币资金、短期借款等。报表格式文件结构如表10-7所示。

3. 报表公式文件

报表公式文件是对表体各单元数据来源的描述。如果行列指定的单元是固定不变的数据项目，如资产负债表中的资产或负债项目名称和栏目标题等，则该记录表达式中直接存放该单元数据项目的值；如果行列指定的单元是变动数据项目，如资产负债表中的资产或负债的期末余额、年初余额等，则该记录表达式存放输入的取数公式或运算公式。报表公式文件结构如表 10-8 所示。

表 10-7 报表格式文件结构

序号	字段名	类型	说明
1	报表编号	C	标识作用
2	标题行数	N	根据具体报表确定
3	表体行数	N	根据具体报表确定
4	标题名称	C	根据具体报表确定
5	关键字名称	C	如"年、月、日"
6	表头行数	N	根据具体报表确定
7	表列数	N	根据具体报表确定，如"表列数 = 5"
8	栏目 1	C	根据具体报表确定
9	栏目 2	C	根据具体报表确定
10	栏目 3	C	根据具体报表确定
11	栏目 4	C	根据具体报表确定
12	栏目 5	C	根据具体报表确定
13	报表项目数	N	根据具体报表确定，如"表项目数 = 4"
14	项目 1	C	根据具体报表确定
15	项目 2	C	根据具体报表确定
16	项目 3	C	根据具体报表确定
17	项目 4	C	根据具体报表确定
18	表尾行数	N	根据具体报表确定
19	表尾内容	C	根据具体报表确定

表 10-8 报表公式文件结构

序号	字段名	类型	说明
1	公式编号	C	标识作用
2	行号	N	报表单元所在行
3	列号	N	报表单元所在列
4	表达式	C	计算公式

4. 报表数据文件

报表数据文件是由系统根据报表格式文件和报表公式文件自动生成的，用来存放某张报表的具体数据。该文件的结构是由报表格式文件各记录内容生成的，文件内容是根据报表公式文件中的内容通过取数、运算形成的，其中，该文件的记录号、字段序号与报表公式文件的行列对应。

第三节 报表管理系统功能设计

报表管理系统的基本功能主要包括报表定义、报表编制、报表审核、报表分析、报表汇总合并等。因此,报表管理系统可设置的功能模块包括基础设置、业务处理、报表输出、报表分析、报表汇总合并。报表管理系统的功能结构如图 10-3 所示。

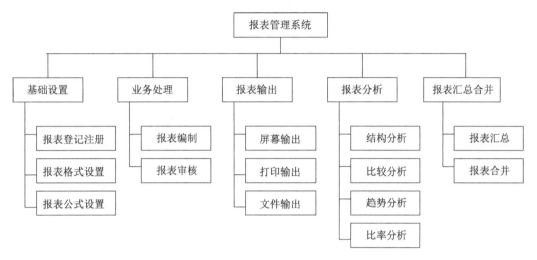

图 10-3 报表管理系统的功能结构

一、基础设置

报表管理系统的基础设置是建立一个新的报表体系,主要包括报表登记注册、报表格式设置和报表公式设置。

(一)报表登记注册

报表登记注册是把所有需要用报表管理系统处理的报表在系统中进行登记。登记的内容一般包括报表编号、报表名称和报表属性。系统将以登记注册的报表编号作为报表的标识,使用户在其他功能中方便调用。不同的报表,报表名不能相同,报表名是供用户调用设定的报表结构使用的,与报表的标题无直接关系。登记注册报表是首先在报表目录数据文件中增加一条记录,并对该报表的特征进行描述;然后在报表参数文件中按列数追加相应的记录;最后按报表编号为该报表建立报表数据文件和报表格式文件。

(二)报表格式设置

报表格式设置主要是建立报表的模板。在报表管理系统中,报表格式实质上是保存在计算机内的模板,使用模板可以随时复制相同格式的报表供用户使用,它是数据输入和数据计算处理的基础,是对报表数据的描述。

外部报表的格式是统一的,系统一般应提供主要财务报表的模板,并且预置在系统中。但随着会计制度和经济业务的变化,外部报表也可能进行相应的调整,因此,系统应提供报表的自定义功能,即当用户的报表和规定的报表有差异时,系统提供增减报表内容和定义计算公式等功能。内部报表一般没有统一的格式,企业可根据管理需要自定义。

报表格式设置相当于手工会计环境下绘制一张空白的报表,其设置内容包括表尺寸、行高和列宽、表格线、单元属性、单元风格、组合单元、可变区、关键字等。

(三) 报表公式设置

报表公式设置是实现系统自动处理报表数据的关键,是指设置表中每个变动单元的取数公式或运算公式,以便编制报表时系统能从相关业务管理系统数据库文件取数,并运算生成表中全部数据。报表审核公式设置包括报表舍位平衡公式、报表勾稽关系审核公式,是为了保证报表的正确性而进行的设置。

报表数据来源包括系统内凭证、账簿和报表、其他业务系统数据。报表标题、表头、表体、表尾中固定不变的文字和数据项目,在系统中比较容易设置,而对于表体中各变动单元,则需要认真分析其数据来源,设定取数公式或计算公式。表体变动单元的数据来源有三种方式:系统取数、手工录入和运算获得。

1. 系统取数

系统取数是从账簿、报表或其他业务管理系统的数据文件中取数。在设计取数公式时要指出数据的来源及去向:来自某年月、某个科目或某种报表、某种数据;还应指出应该把数据放到报表的哪个位置(行、列、页)。取数包括获取账务数据公式、表页间取数公式和不同报表间的取数公式三种类型。

从账簿中取数时可由总账产生、由明细账各科目的发生额或余额产生、由明细账统计产生。

从报表中产生时可由本表产生、由其他报表产生,或由其他资料产生。对某一单元进行数据来源定义时,将其定义为从其他报表中取数,通常计算公式中应说明报表名称、报表单位、报表日期、取数报表单元,即在对某一个单元进行数据来源定义时,将其定义为从本表中其他单元取数。

从其他数据库取数是在对某一单元进行数据来源定义时,将其定义为从其他数据库取数。通常计算公式中应说明数据库名称、取数字段和取数条件。一些变量如日期、单位名称等可通过设置变量取数,即在报表中定义变量,如定义了报表单位名称、报表日期变量,这些定义的变量在报表管理系统日常运行过程中,将由系统自动按照设定内容替换成当前报表单位名称和当前日期。

2. 手工录入

手工录入是通过键盘直接向报表的某些单元填入相应数据,对某一单元无须进行数据来源定义,此项数据在报表管理系统日常运行时,由手工进行输入。手工录入主要用于补充输入一些不能从账簿或报表取得的数据。例如,某些计划、控制标准或统计数据等。

3. 运算获得

运算获得是通过对以上两种渠道获得的相关数据进行计算所取得的数据。报表中有些单元的数据不能直接获得,必须通过若干数据项计算获得。例如,资产负债表中的固定资产净值、流动资产合计、资产总计等。因此,系统必须设计一系列表页内的计算公式,以得到相应的数据。运算公式的类型应尽量丰富,不仅要有若干数据的算术运算和逻辑运算,还应有整行、整列甚至是整张表全部数据的运算功能,如汇总同样结构的表格并生成一张汇总表等。

在各类报表中,每个数据都有明确的经济含义,并且数据间往往存在着某种对应勾稽关系,如资产负债表的资产合计应等于负债与所有者权益合计;同时,在各类报表间也存在勾稽关系,如利润分配表的期末未分配利润应当等于资产负债表的未分配利润,利润表的净利润应等于现金流量表补充资料的净利润,资产负债表的期末期初货币资金差额应等于现金流量表的现金流量净额。为了满足编制报表时对数据审核功能的要求,报表管理系统应提供数据审核功能,用户只需将报表数据之间的勾稽关系用审核公式表示出来,系统即可按照审核公式定义的勾稽关系自动对报表进行审核。

报表格式和报表公式的设置虽然比较烦琐细致,但却是一劳永逸的,只需一次性设置,调试好后可在各会计期间重复使用。因为会计制度具有相对稳定性,所以财务报表的结构、格式和编制方法也是不轻易变动的,即使需要修改报表结构和编制方法,也不需要修改程序系统本身,只要重新定义或修改部分基础设置即可。每期期末编制报表时,只要输入编制日期,系统便可自动生成当期报表。

二、业务处理

(一)报表编制

在报表设置完成之后,报表编制功能可以根据已经定义的标题、栏目、固定表元的值、变动表元的计算公式等,生成当期的报表。一般情况下,报表管理系统应设置相应的数据文件进行保存,以供后续的输出和分析。对用户而言,报表编制功能是一个数据的自动处理过程,每次执行该功能时,系统根据用户已定义的报表格式和取数公式自动读取相应系统的数据完成处理,整个过程不需要用户的干预。

在报表编制期末改动的情况下,报表的一次编制和多次编制结果是相同的。每次编制报表时,只要输入年月,系统自动根据报表注册文件、报表格式文件、报表公式文件,从总账系统、成本管理、薪酬管理、销售管理等系统的数据文件取数,并自动运算和试算平衡，生成所需要的报表。系统生成的报表数据用户是不能再修改的。

（二）报表审核

报表审核主要是完成报表勾稽关系的核对和验证。为了保证报表的合法性、正确性，在报表公式设置中，一般需要定义有关的审核公式，审核公式是一些用来检查和验证报表数据之间关系的公式，通常描述的是报表的勾稽关系。在报表编制完成之后，可以执行报表审核功能，此时报表管理系统会根据用户已经定义的审核公式，自动对编制的报表数据进行计算、检查和验证。

三、报表输出

为了便于用户阅读，应当对生成的报表数据进行输出处理，以提供合乎规范、便于阅读而且通俗易懂的报表。财务报表的输出方式有屏幕输出、打印输出、文件输出。

（一）屏幕输出

报表查询是会计信息系统的一项重要内容。在手工方式下，使用者在对历史的、现时的书面报表进行查阅时，耗时大，工作效率低。在信息化方式下，报表查询工作变得方便迅速。使用报表管理系统，可快速查询出系统生成的各种报表，并将查询结果显示在屏幕上，供使用者浏览。

（二）打印输出

打印输出包括打印预览、报表打印设置和输出功能。报表管理系统不仅可以打印已编制完成的各种报表，而且可以打印输出报表的空表样、运算公式和审核公式。打印输出报表空表样能帮助使用者检查报表结构定义的正确性；打印输出运算公式和审核公式，能帮助用户检查报表编制方法和审核方法定义的正确性。为了美化报表打印输出效果，用户可根据需要设置报表打印参数，帮助用户灵活设置报表的字形、字号、长宽、行距、列距、页边距、页眉、页脚、纸张大小和纸张来源等，从而输出用户需要的纸质报表。

（三）文件输出

文件输出分为磁盘输出和网络输出两种方式。磁盘输出是指将所需要的报表以文件的形式输出到磁盘上，报表的使用者，特别是上级主管部门、母公司可以直接用磁盘中的数据进行报表汇总。对需要长期保存的财务报表，除打印在纸介质上，还需存储在磁盘上。所有报表系统现在的纸质化输出一般均符合会计制度的报表格式要求，但是随着计算机网络技术的发展以及数据共享、数据全方位、深层次的应用，报表数据更多地向无纸化输出发展，系统可以采用多种文件格式输出。例如，Access、Oracle、Excel 等文件格式。

四、报表分析

报表管理系统应提供结构分析、比较分析、趋势分析和比率分析等常用的财务分析方法,以便用户对需要的财务指标进行分析。

(一)结构分析

结构分析是指对构成某一指标的各组成部分占总体的比重所进行的分析。结构分析可用于任何一个由部分构成总体的指标。例如,应收账款中各客户余额的百分比、产品销售收入中各产品占总收入的比重等。另外可进行科目结构分析和部门结构分析,科目结构分析指在企业科目结构中,选定任一非末级科目为总体,以该科目下一级为部分,计算百分比,进行科目结构分析,分析科目为总账系统的所有非末级科目。部门结构分析用于分析每个末级部门下各科目的比重及各科目下每个末级部门的比重。

(二)比较分析

比较分析是指对同口径的任何一个财务指标在两个期间或一个期间与其预算数之间进行比较,借以揭示其增减金额及增减幅度的方法。报表分析的期间可能为月,也可能为季、年,因此,报表管理系统应提供月、季、年等不同期间的比较分析。

(三)趋势分析

趋势分析是揭示指标的变动规律,借以对未来的经济活动进行预测和规划。趋势分析由于分析角度不一样,又可分为绝对数趋势分析和相对数趋势分析。绝对数趋势是指某一指标在本年各月份之间、各季度之间或各年度之间并行排列,借以观察其未来的趋势和规律。相对数趋势有一个基础,是指某期与一个基期相比的变化趋势,由于其基础的不同,又分为定基趋势和环比趋势。定基趋势是指各期间与指定基期相比的变动额、变动幅度等趋势,环比趋势指各期间指标分别与上期相比的变动趋势。

(四)比率分析

比率分析是报表分析的核心,是指通过计算各种财务指标比率来了解企业的经营和收益情况的分析方法。通常计算财务指标是指同一期报表中的相关项目互相比较,求出它们间的比率,以说明报表所列项目与项目之间的关系,从而揭示企业的财务状况。系统应提供评价经济效益的指标体系。例如,盈利能力、营运能力、偿债能力、发展能力等方面的常用指标。

五、报表汇总合并

在集团总公司、股份制企业、企业主管部门等单位中,不仅要编制本单位的财务报表,而且要编制反映本单位及其下属单位总的财务状况和经营成果的汇总和合并财务报表。

(一) 报表汇总

报表汇总是将结构相同、数据不同的两张报表叠加生成一张新表。报表汇总功能可以对不同核算单位或同一核算单位不同月份的报表进行汇总,并自动进行舍位平衡。报表汇总包括月报表、季报表、年报表的汇总;上级单位向基层单位下发报表,基层单位汇总为上级报表。同种报表不同期间的汇总实际上是将按照统一格式管理的多页数据报表进行叠加的过程,而主管部门汇总基层单位报表,是在信息化条件下,主管部门负责制定本部门所属单位各种会计规范,制作并下发基层单位各种报表表样、说明书、报表格式和审核公式文件,基层单位将根据报表格式文件录入报表数据或运行计算公式生成报表,制作并上报本单位报表。

(二) 报表合并

合并财务报表与汇总财务报表有较大的区别,汇总财务报表主要是为了满足上级主管部门对所属企业财务经营状况的了解,而合并财务报表则主要是为了满足使用者了解企业集团整体财务状况和经营成果的需要。汇总财务报表是以企业财务隶属关系作为确定编报范围的依据,而合并财务报表则是以母公司对另一企业的控制关系作为确定编报(合并)范围的依据。汇总财务报表主要采用简单加总方法编制,而合并财务报表则必须在抵销内部投资、内部交易及内部债权债务、关联方交易等内部会计事项对个别财务报表的影响后编制。

合并财务报表主要包括合并资产负债表、合并利润表、合并现金流量表。合并资产负债表编制时需要抵销的主要项目包括:母公司对子公司权益性资本投资与子公司所有者权益;母子公司之间、子公司之间发生的债权债务;存货、固定资产和无形资产项目中包含的集团内部未实现内部销售利润;对以前年度和本年度提取的盈余公积等进行抵销处理。其是以母公司和纳入合并范围的子公司的个别利润表为基础,抵销企业集团内部销售业务对个别利润表的影响后,合并各项目的数额进行编制。合并现金流量表是以合并资产负债表、合并利润表以及影响企业集团一定会计期间现金流入、现金流出的资料为依据而编制的。

如果企业需要参与报表合并,选择参与报表合并(汇总)后,通过接收模板功能,就可以接收母公司下发的报表合并模板数据。企业查看接收模板中的报表项目清单以及内部单位清单,选择本公司的内部单位码,系统就可以将上级公司下发的模板数据接收过来,并上报报表数据。

合并财务报表的主要操作步骤如下:

(1) 母公司提供合并报表模板。系统一般提供多个行业的合并报表模板,用户可以直接套用。如果报表模板不完全符合用户的需求,用户可以对报表进行修改。

(2) 母公司提供自定义合并报表。除了使用系统提供的报表模板,用户还可以增加多个自定义的合并报表,报表格式由用户自由定义。例如,某集团内部规定各子公司每月上报"财务快报",由母公司进行合并生成"财务快报"的合并报表。则母公司可以在合并报表内定义自定义报表"财务快报",并设计格式,然后下发。母公司通常预先定义有关报表的格式和公式,然后下发到各个下属公司;各下属公司不能对这些报表的格式和公式进行修改,只能直接根据公式产生数据,或在规定的表元输入数据,从而产生本公司的数据文件。

(3)母公司提供自定义抵销分录项目。在系统中已经预置了常用的抵销分录项目,如果不能满足母公司的需求,则母公司可以增加多个自定义的抵销分录项目。

(4)母、子公司提供录入报表数据和抵销分录数据功能。子公司收到母公司的模板后,接收合并报表格式和抵销分录项目,然后录入数据。子公司产生报表数据文件后,需按月(按季、按年)上报给母公司,以便母公司汇总合并报表。

(5)母公司提供自动抵销功能。母公司执行合并时,系统可以根据各公司的报表和抵销数据自动计算合并价差、少数股东权益、少数股东损益等抵销分录数据。

(6)母公司自动审核报表和内部交易数据。母公司执行合并时,系统自动审核报表内和报表之间的平衡关系。报表审核通过之后,系统自动审核集团内各公司之间的内部交易数据是否平衡。数据不平衡时,系统自动列出不平衡的明细数据和对应公司,便于母公司调整数据。

(7)母公司执行合并时,可以指定合并报表。母公司在执行合并时,可以在定义的所有报表中选择要合并的报表。例如,某集团规定每月合并"财务快报",每季合并资产负债表、利润表。则在合并时即可根据会计期的不同选择不同的报表。

(8)母公司执行合并时,可以指定参加合并的公司范围。母公司在执行合并时,可以在所有子公司内选择参加本次合并的子公司。例如,某集团内有不同行业的子公司,有电子行业的、金融行业的、房地产行业的子公司。在合并时,可以选择某行业的子公司参加合并,以便母公司了解此行业子公司的经营状况。

(9)母公司提供丰富的数据查询功能。母公司可以查询任意会计期的各类数据,可以查询各子公司的个别财务报表,查询合并报表及其工作底稿,也可以查询本次合并的抵销分录凭证。

第四节 报表管理系统应用案例

报表管理系统的基本任务就是利用计算机来解决表格结构的绘制,以及表中数据的填列。报表管理系统可由用户定义报表格式和内容,不仅可以生成对外的固定格式的财务报表,而且可以根据企业管理的需要生成对内的各种业务报表。

一、报表管理系统的集成应用

报表管理系统可以读取总账系统、薪酬管理、固定资产管理、存货核算、成本管理、采购管理、库存管理、销售管理、应收款管理、应付款管理等系统的数据，生成外部报表和内部报表，实现报表管理系统的集成应用。报表管理系统集成应用的数据关系如图10-4所示。

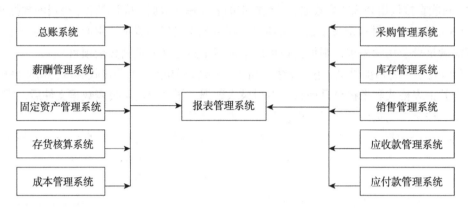

图10-4 报表管理系统集成应用的数据关系

虽然会计信息系统的总账系统及各业务管理系统均有自身通用的统计分析报表输出，但报表管理系统为企业的自定义内部报表提供了非常便捷的自定义平台，企业可以通过报表管理系统自定义输出管理所需要的报表。

二、报表管理系统的应用案例

（一）调用通用报表模板

2019年9月30日，蓝天装备公司财务部会计员完成总账系统的期末结账，报表员直接调用报表管理系统自带的资产负债表模板，生成公司9月30日的资产负债表，核对、确认资产负债表模板中的取数公式和计算公式是否适用本公司的会计业务处理，以便通过模板调整，形成本公司的资产负债表模板。业务处理过程如下。

（1）财务部报表员进入报表管理系统，执行系统菜单"格式→报表模板"功能，打开"报表模板"对话框，选择所在行业为"制造业"，财务报表为"资产负债表"；单击"确认"按钮，弹出"模板格式将覆盖本表格式！是否继续？"提示对话框；单击"确定"按钮，打开"资产负债表"模板，完成系统自带模板的调入。

（2）执行系统菜单"文件→保存"命令，如果是第一次保存，则打开"另存为"对话框；选择保存文件夹，输入报表文件名"资产负债表"，选择保存类型"*.REP"；单击"保存"按钮，完成调用模板的保存。

（3）在"数据"状态下，执行系统菜单"数据→关键字→录入"命令，打开"录入关键字"对话框；输入单位名称"蓝天装备公司"；再输入年"2019"，月"09"，日"30"；单击"确认"按钮，弹出"是否重算第1页？"对话框；单击"是"按钮，系统会自动根据单元公式计算 9 月数据,完成报表的计算。

(4)在"数据"状态下,执行系统菜单"数据→表页重算"命令,打开"是否重算第 1 页?"对话框;单击"是"按钮,系统会自动在初始账套和会计年度范围内根据单元公式计算生成数据,完成报表的生成。

(5)在"格式"状态下,执行系统菜单"格式→报表模板"命令,打开"报表模板"对话框,选择"资产负债表",单击"确定"按钮,打开"资产负债表"模板,根据本公司的实际情况,调整报表格式,修改报表公式;保存调整后的报表模板,完成报表模板的修改。

(二)自定义报表模板

2019 年 9 月 30 日,蓝天装备公司财务部会计员完成总账系统的期末结账,报表员通过报表管理系统自定义一张简易的资产负债表模板,并生成公司 9 月 30 日的资产负债表(简表),资产负债表(简表)如表 10-9 所示。

表 10-9 资产负债表(简表)

编制单位:　　　　　　　　　　年　月　日　　　　　　　　　　单位:元

资产	期末余额	负债和所有者权益	期末余额
货币资金		短期借款	
应收账款		应付账款	
其他应收款		应交税费	
持有待售资产		负债合计	
固定资产		实收资本	
无形资产		未分配利润	
长期待摊费用		所有者权益合计	
总计		总计	

业务处理过程如下:

(1)财务部报表员进入报表管理系统,执行系统菜单"格式→表尺寸"功能,打开"表尺寸"对话框;输入行数"11",列数"4";单击"确认"按钮,完成报表尺寸的设置。

(2)选中所有行和列;执行系统菜单"格式→行高"命令,打开"行高"对话框;输入行高"7";单击"确定"按钮;同理,确定列宽"35",完成报表行高和列宽的定义。

(3)选中报表需要画线的区域"A3:D11";执行系统菜单"格式→区域画线"命令,打开"区域画线"对话框;选择"网线";单击"确认"按钮,完成表格线的绘制。

(4)选择需合并的区域"A1:D1";执行系统菜单"格式→组合单元"命令,打开"组合单元"对话框;选择组合方式"整体组合"或"按行组合",该单元即合并成一个单元格;同理,定义"A2:D2"单元为组合单元,完成组合单元的定义。

（5）选中A1组合单元，在该组合单元中输入"资产负债表"；根据资料，输入其他单元的文字内容，完成报表项目的设置。

（6）选中标题所在组合单元"A1"；执行系统菜单"格式→单元属性"命令，打开"单元格属性"对话框；单击"字体图案"选项卡，设置字体"黑体"，字号"14"；单击"对齐"选项卡，设置对齐方式，水平方向和垂直方向都选"居中"；单击"确定"按钮，完成单元风格的设置。

（7）选中需要输入关键字的组合单元"A2"；执行系统菜单"数据→关键字→设置"命令，打开"设置关键字"对话框；单击"年"按钮；单击"确认"按钮；同理，设置"月""日"关键字，完成报表关键字的设置。

（8）执行系统菜单"数据→关键字→偏移"命令，打开"定义关键字偏移"对话框；在需要调整位置的关键字后面输入偏移量，年："–150"；月："–120"；日："–90"；单击"确定"按钮，完成报表关键字的位置调整。

（9）选中需要定义公式的单元"B4"，即"货币资金"的期末数；执行系统菜单"数据→编辑公式→单元公式"命令，打开"定义公式"对话框；在定义公式对话框内直接输入期末函数公式：QM（"1001"，月）+ QM（"1002"，月）；单击"确认"按钮；同理，逐一进行各项目变动单元的公式定义，完成报表单元公式的设置。

（10）执行系统菜单"文件→保存"命令，选择保存文件夹，输入报表文件名"资产负债表（简表）"，选择保存类型"*.REP"；单击"保存"按钮，完成资产负债表（简表）模板的保存。

（11）在"数据"状态下，执行系统菜单"数据→关键字→录入"命令，打开"录入关键字"对话框；输入单位名称"蓝天装备公司"；再输入年"2019"，月"09"，日"30"；单击"确认"按钮，弹出"是否重算第1页？"对话框；单击"是"按钮，系统自动根据单元公式计算9月数据，完成报表的计算。

（12）在"数据"状态下，执行系统菜单"数据→表页重算"命令，打开"是否重算第1页？"对话框；单击"是"按钮，系统自动在初始账套和会计年度范围内根据单元公式计算生成数据，完成报表的生成。

第十章 报表管理系统分析和设计

练 习 题 1

1. 目的

关联方交易抵销

2. 资料

2019年12月,蓝天装备公司财务部报表管理员设想通过系统实现合并报表编制的自动抵销。相关资料如下:

(1)本公司关联方关系的性质可能涉及母公司、子公司、共同控制、重大影响、合营企业、联营企业、关键管理人员等。

(2)本公司关联方的交易类型可能涉及购买或销售商品、购买或销售非商品资产、提供或接受劳务、担保、提供资金、租赁、代理、研究与开发项目的转移、许可协议、债务结算、关键管理人员薪酬等。

(3)本公司关联方交易的披露要素包括关联方,交易金额,未结算项目的金额、条款和条件,提供或取得担保的信息,未结算应收账款的坏账准备金额,定价政策等。

3. 要求

(1)设计关联方交易抵销的数据流程。

(2)设计关联方交易抵销的数据字典。

练 习 题 2

1. 目的

财务分析

2. 资料

2019年12月,蓝天装备公司财务部分析员设想通过系统实现财务分析的自动化。相关资料如下:

(1)在营运能力分析方面,设想实现应收账款周转率、存货周转率、流动资产周转率、总资产周转率等指标计算的自动化。

(2)在财务综合分析方面,设想实现杜邦财务分析、帕利普分析、范霍恩可持续发展分析的建模自动化。

(3)在投资评价方面,设想实现阿塔曼投资模型、切斯尔投资模型、沃斯顿价值模型的自动化。

3. 要求

(1)描述营运能力分析的处理逻辑。

(2)描述财务综合分析的处理逻辑。

(3)描述投资评价的处理逻辑。

第十一章 数据架构与商业智能

> **本章学习提示**
>
> 本章重点：企业架构分析；数据架构设计，大数据架构设计；商业智能核心技术；管理驾驶舱指标设计，管理驾驶舱内部架构设计。
> 本章难点：商业智能核心技术；管理驾驶舱指标设计，管理驾驶舱内部架构设计。

第一节 企业架构

一、企业架构内涵

（一）企业架构概念

关于企业架构，不少的学术研究机构、标准组织和大厂商，都给出了各自的定义。微软公司认为："企业架构是对一个公司的核心业务流程和 IT 能力的组织逻辑，通过一组原理、政策和技术选择来获得，以实现公司运营模型的业务标准化和集成需求。"IBM 公司认为："企业架构是记录企业内所有的信息系统、系统之间的相互关系以及系统如何完成企业使命的蓝图。"Zachman 认为："企业架构是构成组织的所有关键元素和关系的综合描述。企业架构框架（EAF）是描述企业架构方法的蓝图。"

企业架构实质上就是对企业多角度的一种描述，反映了企业的业务流程、技术的组织和安排，是对企业关键性业务和技术的整体性描述。

如果把企业当作一栋建筑，信息技术就是一些建筑材料，在建造的过程中，应该根据建筑的功能定位并且结合现有的资源进行总体的架构设计，用架构来指导建造的过程。其中对建筑的功能定位类似于企业的战略，对建筑的总体架构设计类似于企业架构。其实"架构"一词最早来源于建筑行业，它描绘了事物的本质结构和内在规律。

企业架构先从企业战略出发去梳理业务架构，然后进一步分析和规划 IT 架构，通过对企业架构的分析，将企业的业务战略、业务流程紧密结合起来，为企业描绘一个检测业务、信息、技术互动的蓝图。企业架构实质上就是企业的全景图，从战略、愿景，到业务 IT 等

第十一章 数据架构与商业智能

各个方面展示企业的结构和内部关系，从而指导企业开展信息化建设，最终实现业务和IT的融合。

（二）企业架构目标

企业架构是对企业的业务流程和IT设施的抽象，是对企业组织、职能、业务流程、IT系统、数据、网络部署等的完整的、一体化的描述。企业架构反映了企业业务的状况，并体现了业务与IT的映射关系，明确了各类IT基础设施对业务的支撑关系。归根结底，企业架构的目的是将跨企业的、零散的业务流程优化成一个集成的环境，同时帮助企业执行业务战略及IT战略规划。IT架构主要包含应用架构、数据架构和技术架构。

企业架构具有有形价值和无形价值。有形价值包括：有效利用现有的架构，缩短系统开发和部署的时间，构建灵活的系统环境；减少系统的重复建设，节约并且降低系统设计和开发的成本；有效利用现有资源，减少设计和开发人员的学习周期。无形价值包括：有效达成业务人员和IT技术人员之间的共识；加强业务人员和技术人员的沟通；保证信息的集中，增加知识的积累。

二、业务架构内涵

（一）业务架构概念

业务架构是IT架构的输入部分，广义的业务架构包括销售、财务、人力资源、客户服务等企业核心的业务功能和职责，并且将企业战略转化成企业运营的目标和形式，同时明确相关人员角色、企业资源、IT资源和服务是如何协调与部署的。可以认为由企业战略决定了业务架构的模式，同时业务架构又是企业战略实现的手段之一。

狭义的业务架构包含了企业运营活动中的业务策略、组织、关键业务流程、组织结构以及人员组织等内容。对业务架构有以下两方面的理解。

（1）业务架构是对业务规划的一种描述，主要解决业务布局与业务之间的关系，包括制定什么样的业务策略、建立什么样的机制和流程等内容。

在企业架构中，业务架构是核心内容，是企业相对稳定的部分，企业在业务架构的基础上可以建立相应的业务流程，不断满足市场需求，可以做到差异化的竞争。业务架构决定了IT架构的内容，同时IT架构又推动了业务架构的规划，它们是相互支持和促进的关系。

（2）业务架构定义了企业如何创造价值以及企业内部的协作关系。它描述了企业如何满足客户需求，如何进行市场竞争，如何达成与其他企业之间的合作关系，如何建立相应的业务运营体系和绩效考核等内容。

（二）业务架构目标

业务架构是基于企业战略的，它决定了企业各组成部分是如何运转的。同时业务架构建立了企业战略和日常运营活动中的关联关系，它是连接企业战略和具体项目实施的一座桥梁，通过业务架构的支持，达到企业战略中预先设定的战略目标。

假设企业的战略目标是将成本降低10%，要实现该目标，就需要对现有的运营机制进行改进，可以通过在线自助服务减少人力成本，或者是优化现有的业务流程，提升运营效率。一般来说，日常运作的组织、业务流程和IT运营系统都应该在业务架构的框架下运转，如果没有业务架构，就会导致运营与企业战略方向的脱节，使每个业务环节存在缺乏统一调度等问题。

三、IT架构内涵

IT架构分为应用架构、数据架构和技术架构。

（一）应用架构

1. 应用架构概念

应用架构是对实现业务能力、支撑业务发展的应用功能结构化的描述方法。

系统的应用架构可以从功能和应用两个不同的视角描述系统各个组件的构成以及组件之间的关系。功能组件模型侧重于业务功能，而应用组件模型则侧重于应用系统设计。

应用架构是业务架构和技术架构之间的"桥梁"，应用架构的功能在于为业务发展和业务战略的实现提供有力的架构支撑与保障，对业务架构提供应用支撑；描述应用系统的实现方式、交互关系、与核心业务的对应关系。

2. 应用架构目标

应用架构创建是以业务战略为出发点，形成企业的业务能力和组件化业务模型，参考业务需求，梳理未来应用功能模型，在应用架构设计原则的指导下，形成未来的应用架构，最后进行未来应用场景的验证。

例如，某金融机构应用架构设计如下。

（1）客户服务层。客户可以包括对公客户和个人客户，包括综合前端服务平台、网上银行系统、电话银行系统、自助服务、手机银行系统等内容。

（2）渠道整合层。其主要包括综合前置平台、ECIF等。

（3）业务处理层。其主要包括总账系统、核心业务系统、信贷管理等。其中总账系统主要是对整个银行财务状况的管理。核心业务系统包括总账接口、瘦核心和应用接口。总账系统通过总账接口与核心业务系统相连。瘦核心主要是银行的会计核算功能、账户管理和客户信息管理等。

3. 应用架构原则

（1）业务前瞻性。能够适应未来业务发展的要求，保证应用架构对于企业战略和业务架构的支持能力，应用架构应该具备一定的前瞻性，同时保证架构的灵活性和可扩展性。

应用架构在覆盖现有业务的基础上，能够满足未来业务发展的可扩展性，并且考虑现有的资源配置，保证架构的可实施性。

（2）应用企业化。通过应用架构的设计，解决系统多、功能分散或边界不清晰的问题，推动企业进行集中的应用建设。并且全面考虑到业务的需求，增强对外服务相关的组件设计，提升系统对外服务的能力。

（3）系统平台化。将相同的业务逻辑抽象出来，形成公共的服务组件，采用平台化的策略，形成基础平台，并且针对业务功能的差异，进行个性化的配置和开发，从而实现系统的灵活性和扩展性，支持快速产品的研发。

（4）系统整合化。将相同的业务组件抽象出来，统一建设，在此基础上，考虑系统差异化的需求。例如，数据报送规则的差异、产品加工逻辑的差异和服务对象的差异等，实现机构、用户、权限等公共组件和技术组件的整合。

（5）适度松耦合。减少组件间的相互依赖，提高系统的故障防范和隔离的能力，同时参考最佳组件、结合业务特点，合理划分应用架构的各个层次，提高组件的内聚性。

（二）数据架构

1. 数据架构概念

数据架构是指与数据相关的各种架构组件的排列顺序，其中架构组件主要实现数据的存储、交互、分布、流转和应用等功能。

数据架构的核心主要包括数据层次的划分、数据的分布、各层次的数据模型和数据的转换等。数据架构是企业架构中最重要的组成部分之一。

数据架构主要研究和解决如何管理与使用数据，主要内容包括数据从源系统经过各种处理、加工而达到目标系统的布局与流向的框架结构。

2. 数据架构目标

数据架构的目标是通过数据标准化，保证企业数据在系统之间的一致性、完整性、准确性和安全性，并充分挖掘数据的价值，有效支持企业的数据管理和经营决策分析。

数据架构可以帮助企业消除信息孤岛，建立一个共享、通用的企业级基础数据平台。

3. 数据架构原则

（1）灵活性原则。对于数据的组织及其架构的划分要充分考虑灵活性。例如，源数据采集格式需要考虑不同业务的需求，能够灵活地适应业务的变更。

（2）高效性原则。需要考虑数据校验和数据加载的高效性，如各个数据库之间的数据迁移、产品加工和产品的快速生成都需要考虑高效性。

（3）可扩展性原则。数据架构整体规划要充分考虑系统未来的可扩展性，在新技术或者新需求出现时，能够尽量减少数据架构的变更。

（4）数据共享原则。数据在系统内可以共享，相同的数据指标需要遵循唯一性，强化对公共需求的加工。

（5）数据可用性原则。对数据的采集以能够支撑业务需求为基础。

（6）数据定义标准原则。数据项必须有易理解的业务定义，使用户理解数据的意义，同时确保数据的定义遵循统一标准，而且数据标准需要满足完整性、正确性、一致性等要求。

（7）数据安全性原则。数据按照非功能性要求，定义数据的安全级别、安全管理等级，并且区分敏感数据和非敏感数据。

（三）技术架构

1. 技术架构概念

技术架构是 IT 架构中比较底层的架构，它定义了如何建立一个 IT 运行环境来支持数据架构和应用架构。

技术架构主要描述业务、数据、应用服务部署的基础设施能力，通过技术架构可以建立一个 IT 平台，涉及对技术的采用、基础设施的建立、产品的选择、系统的管理等方面。

技术架构需要考虑业务架构、数据架构和应用架构，包括一些软硬件、网络技术等方面。技术架构的设计目标就是参考成熟的技术规范，打造一个安全、可靠、灵活、易维护，并且支持业务连续性的 IT 技术架构。

2. 技术架构目标

（1）针对未来系统的技术架构，制定设计规范、实施规划、决策支持等内容。

（2）通过技术架构，提高系统的灵活性、扩展性。

（3）通过标准化、组件化和平台化技术打造灵活、可扩展的平台，这样可以快速地满足业务的变化。

3. 技术架构原则

（1）安全可靠原则。需要充分考虑系统的可用性，以保证系统运行的连续性和完整性，同时，遵循相关安全政策、标准和法规。

（2）灵活扩展原则。满足灵活加工产品的要求，业务变更或新功能开发能够在短时间内完成，能够适应业务量的变化。

（3）资产复用原则。对已有的成熟技术、规划经验等相关资产进行提炼和重用，降低开发与维护的成本。抽取公共技术组件，使架构能够满足不同业务之间差异化的需求，支持业务的可持续发展。

（4）成熟技术原则。选用主流技术，采用成熟的技术平台和开发工具，引入已验证过的开发框架，提升开发效率，平衡成熟产品技术和自主开发能力。基于成熟产品及实施案例，选择合适的技术路线。

（5）平稳过渡原则。能够支撑业务的连续性，保证未来系统的过渡和切换必须是阶段化可控的与低风险的。

（6）行业规范原则。遵循统一认证规范、容灾规范、安全规范、广域网安全规范等，加强系统设计、开发等规范管理，在已有规范的基础上形成并完善整体架构方案。

4. 技术架构规划工作思路及方法

（1）参考先进的技术架构，结合现有的 IT 环境，采用分层的方式设计目标技术架构。目标技术架构提供高度的灵活性和可扩展性。

（2）参考技术架构和已定义的业务组件需求，分层次识别未来系统关键技术组件。

（3）根据应用架构组件分组，按照业务特点和技术实现考量，划分子系统。

（4）根据技术组件的服务能力，按照 SOA 的思路划分为几个服务平台，为规划子系统提供基础的公共服务。

（5）子系统的划分是为了验证服务平台中的服务能力是否有缺失，间接验证技术是否有缺失。

（6）提供标准化服务的技术组件与子系统的结合，形成完整的目标技术架构。

（7）最后参考最佳实践，对逻辑部署和物理部署进行规划。

第二节　数　据　架　构

当"数据资产是企业核心资产"的概念深入人心之后，企业对于数据管理便有了更清晰的界定，将数据管理作为企业竞争力、持续发展、战略性规划与运用的核心。对于具有互联网思维的企业而言，数据资产的管理效果将直接影响企业的财务表现。

一、数据架构概述

（一）数据架构内容

数据架构主要包含数据定义、数据分类、数据分布、数据 CRUD 等内容。

1. 数据定义

数据定义即数据模型，是指用实体、联系、属性对企业生产运行过程中涉及的所有业务概念和逻辑规则进行统一的定义、命名，包括数据概念模型、数据逻辑模型、数据物理模型。

数据模型是数据架构规划中最重要的内容之一，良好的数据模型可以反映业务模式的本质，确保数据架构为业务需求提供全面、一致、完整的高质量数据，从架构规划以及设计层面，明确数据概念模型，制定数据逻辑模型和数据物理模型。数据模型也是业务人员、IT 人员进行沟通的一套语言。

2. 数据分类

数据分类是根据业务特征对数据进行归类和划分，用层级列表的方式展现业务的规则，数据分类的规范需要满足各种数据需求对数据组织的要求，它独立于具体的数据模型和数据分布。

3. 数据分布

数据分布包括数据的业务分布与数据的系统分布。数据分布主要分析数据在业务各个环节中的创建、引用、更新和删除，并且根据业务对数据的处理特点，规划合理的数据分布，考虑相关的数据流向，以满足相关的业务需求。

在规划设计数据分布的时候，需要关注的问题包括：明确系统不同位置之间的数据定位，以及数据的内容和数据流向；考虑海量数据在不同数据库之间的快速增量迁移；考虑数据的快速加工；能够适应数据采集的多元化；需要考虑特殊情况下的数据纠错更正。

4. 数据 CRUD

数据 CRUD 是指数据的建立（create）、读取（read）、更新（update）及删除（delete）操作。数据的 CRUD 可以明确系统的核心数据由哪些系统产生，哪些系统有权限读取这些核心数据，这些数据的更新和删除的权限属于哪些系统，数据 CRUD 是为了确保数据的安全性和一致性。

5. 数据治理

数据治理是一套包含策略、原则、组织架构、管理制度、流程以及各种相关技术工具的管理框架，在数据管理与应用层面上进行规划、监督和控制。数据治理包含数据标准管理、数据质量管理、元数据管理、数据生命周期管理等多个管控专项。

（1）数据标准管理。数据标准是统一对数据的理解和使用，为数据的业务属性、业务规则、管理属性和技术属性制定统一的规范。

通过数据标准管理，可以加强对业务的标准化工作，强化对业务的管理，完成对重点数据的统一管理。数据标准管理的原则：保证数据标准命名、编码的唯一性，维护数据标准的权威性和稳定性，保证数据标准的准确性和可执行性。

（2）数据质量管理。数据质量管理是指通过一系列技术手段或者管理手段提高数据质量的过程。数据质量管理是循环管理的过程，目的是通过提升数据的使用价值，为系统赢得经济效益。

（3）元数据管理。元数据管理是指管理数据的数据，负责记录和管理系统中所有数据的定义、规则、规范和流程。元数据管理可以清晰、直观地了解数据的来源、变化过程等信息。当数据发生变换时，用户可以借助元数据管理工具分析出这些数据变化带来的影响。

（4）数据生命周期管理。数据生命周期管理是按照数据的业务属性划分数据的几个阶段：数据的创建、数据的使用、数据的归档和数据的销毁。数据生命周期管理的目的是满足对历史数据查询的要求，减少数据冗余，提高数据的一致性，并且提升系统的性能和响应速度，降低数据存储、运维等方面的基础设施投入。

(二)数据架构规划

数据架构从数据的产生、加工、使用和管理的视角来描述业务系统,其规划主要包括以下几个方面。

(1)数据分类和数据模型化,从数据业务特性出发,规划数据主题域,并且在数据主题域的基础上对数据进一步分类;然后根据数据分类,对关键属性和核心数据关系模型化,形成高阶的数据模型。

(2)根据行业先进的数据架构,结合业务数据的加工特征,重点考虑数据架构的灵活性、可扩展性和高效性等,规划目标数据架构。

(3)根据数据分类,规划数据分类在目标架构逻辑数据库存储上的分布与流转,从而对目标数据架构进行验证。

(4)结合业务管理要求,规划系统的数据治理架构。

(三)数据架构设计

数据架构设计首先强调的是数据存储与流转,支持层次化的处理,包括对结构化数据和非结构化数据的处理能力。例如,数据架构设计的层次可以包括源数据、内容管理、数据交换、数据存储区、数据加工区和应用。数据架构设计的层次如图 11-1 所示。

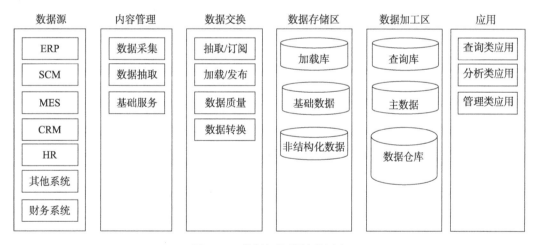

图 11-1 数据架构设计的层次

1. 数据源

企业数据源主要来源于企业资源计划(ERP)、供应链管理(SCM)、制造执行系统(MES)、客户关系管理(CRM)、人力资源管理(HR)等系统,主要以结构化数据和非结构化数据为主,定义数据采集的来源、内容、格式和采集方式。

2. 内容管理

其提供对各种非结构化数据的存储、访问和管理的能力,即非结构化数据的结构化处理，如对图像、音频、办公文档等信息的处理能力。其为半结构化和非结构化数据提供捕获、管理、存储、保护和交付等方面的功能。

例如，系统可以从其他渠道采集非结构化数据，然后再通过标注或者文本挖掘技术，建立非结构化数据的元数据，在此基础上与结构化数据整合，再存储到数据仓库中，以供分析使用。或对非结构化数据建立单独的分析应用，具体做法是先将非结构化数据存储在数据库中，然后通过建立标签和摘要等方式获取结构化的信息，再利用数据交换层加载到数据缓存区中，最后加载到数据仓库中，以供分析使用。

3. 数据交换

数据交换层承载着数据库之间的数据交换功能，交换层可以包括外部交换层和内部交换层。一般来说，数据交换层包括 ETL 过程、抽取订阅、质量检查等功能。

ETL 过程包括数据的抽取、清洗、转换和加载。在清洗过程中还包括数据的预处理校验、入库校验、数据关联校验等内容，经过去重、合并、拆分、标准化和整合等过程，将转换后的数据加载到目标库中。

抽取订阅是为了从数据源中获取原始数据，并且实现一源多目标的数据更新方式。抽取订阅可以实时或准实时、批量获取源系统的增量或全量数据。然后再根据不同的需求和业务规则将数据分发到不同的目标库中。

质量检查是数据交换层的重要工作，包括验证数据的类型、格式、长度等内容，确保经过数据质量检查后，数据能够满足业务和技术对于数据的基本质量要求。经过数据交换层的质量检查后，可以生成一系列的文件，如清洗的结果文件、记录清洗结果的报表文件和不合格文件等。

4. 数据存储区

数据存储区是对采集来的数据进行校验和存储，最后形成系统后续加工唯一可信的数据源。数据存储区包括操作数据存储（operation data store，ODS）、基础数据存储、非结构化数据存储。

ODS 分为临时缓冲区和加载区。临时缓冲区是经过格式校验的数据缓冲区，它是贴数据源的数据存储。临时缓冲区的数据和加载区数据可以进行关联校验，如果满足逻辑校验的要求，则该新增数据直接插入数据加载区，并且替换掉加载区上期的数据。

基础数据存储作为系统唯一可信的数据源，存储校验通过的数据，也存储非结构化数据结构化后的信息。基础数据存储可以实时批量地导出增量文件，以供后续加工使用。

非结构化数据存储是指存储经过处理后的非结构化数据。

5. 数据加工区

数据加工区的数据来源于基础数据存储，并将加工后的数据提供给应用层。数据加工区包括查询库、主数据和数据仓库。

查询库可以批量地将基础数据存储导出的增量文件加载到查询库中，然后再进行加工处理。

主数据是描述核心业务实体及其联系的数据，但不是交易流水类的数据，主数据具备共享价值、相对静态稳定的特点。在主数据中，包括对主体的识别和归并，也就是利用规则的识别、合并和覆盖处理，实现主体的唯一性，提高主体数据的可信度，并且使用唯一主体标志进行标识。

数据仓库主要存储全局的信息。一般把数据仓库分成基础数据、汇总加工和库内集市。其中基础数据和汇总加工主要为库内集市提供数据，对于需要大量历史数据和复杂计算的，可以使用数据仓库。基础数据存储了数据仓库最具细节性的数据，它可以来源于基础数据存储、主数据中的身份信息整合和查询类相关信息等内容。汇总加工是对基础数据的明细数据进行轻度汇总，通过对常用数据的汇总，可以降低后续 ETL 的复杂性。库内集市包括分析类集市和管理类集市，分析类集市主要采用数据挖掘、文本分析、预测分析等手段，管理类集市主要采用管理驾驶舱、固定报表、OLAP（联机分析处理）多维分析等手段。

6. 应用

应用可以包括各种查询类应用、分析类应用和管理类应用。其数据来源于数据加工区的数据，同时可以将数据查询记录返回给数据仓库作为分析数据使用。

二、大数据架构

维克托·迈尔-舍恩伯格在《大数据时代》中提出："大数据（big data）的真实价值就像漂浮在海洋中的冰川，第一眼人们往往只看到冰山一角，而绝大部分都隐藏在表面之下，数据总是从最不可能的地方被提取出来。"传统的数据分析思维要求数据准确无误，数据关系清晰。但是大数据的分析思维是接受数据的复杂性，单个数据的重要性不高，主要关注事物之间的关联性，进而研究更深层次的因果关系，找出背后的原因和趋势。

（一）大数据概念及其特点

研究机构 Gartner 认为："大数据是需要新处理模式才能具有更强的决策力、洞察发现力和流程优化能力来适应海量、高增长率和多样化的信息资产。"麦肯锡全球研究所认为："大数据是一种规模大到在获取、存储、管理、分析方面远远超出了传统数据库软件工具能力范围的数据集合，具有海量的数据规模、快速的数据流转、多样的数据类型和价值密度低四大特征。"

传统的数据仓库技术与大数据处理比较而言，它们之间最大的差别就是数据仓库更多的是对过去事物的分析，而大数据主要分析即将面对的问题，也就是预测和分析未来的事情，具有更高的价值。

大数据包括结构化数据、半结构化数据和非结构化数据三种类型。结构化数据主要存在于关系型数据库；半结构化数据包括类似于电子邮件、文字处理文件以及网上新闻等内容；非结构化数据包括社交网络、物联网、移动计算和各种传感器产生的各种信息，可以是音频、视频和图片等内容。

大数据的主要特征有以下几方面。

（1）容量（volume）。传统数据库容量一般以 GB 和 TB 为计量单位，而大数据是以 PB、EB、ZB 为计量单位。IDC 预测，全球数据圈将从 2018 年的 33ZB 增至 2025 年的 175ZB；2018 年中国数据圈占全球数据圈的 23.4%，即 7.6ZB，预测到 2025 年将增至 48.6ZB，占全球数据圈的 27.8%。

（2）种类（variety）。数据类型多种多样，包含结构化、半结构化和非结构化，如文本、日志、图片、音频、视频等。而非结构化数据越来越成为数据的主要部分，据 IDC 的调查报告显示：企业中 80% 的数据都是非结构化数据，这些数据每年都按指数增长。

（3）速度（velocity）。大数据作为感知世界的"仪表盘"，其增长速度很快，数据变化与处理的频度可以到毫秒级，如股票实时分析、实时动态传感数据、交通路况信息等，每天不停地产生着数据，同时对海量数据要进行及时分析。这种实时性强的特点也是大数据区别于传统数据仓库和商业智能技术的关键特征之一。

（4）真实（veracity）。大数据存在较多"噪声"，需要经过筛选、填充和删除的过程，确保数据的真实性和有效性。大数据意味着无限规模的数据量，而数据量的无限膨胀并不一定意味着所包含有效信息的增长，反而会导致有用信息的无限摊薄。

（5）价值（value）。价值密度低是大数据的一个典型特征。在淘金的过程，虽然大多数都是沙子，但是这些沙子中仍然存在着宝贵的黄金，需要做的就是将大多数的沙粒去除和清洗掉，将黄金提取出来。同样对于大数据来说，多数的数据是低价值的，需要通过合理的目标就可以挖掘出数据潜藏的黄金。

（二）大数据架构

在数据架构设计的层次图中，数据存储区中有非结构化数据，其处理方式是使用"网络爬虫"手段收集非结构化的数据，在 Hadoop 平台中建立非结构化信息的标签、摘要、索引、日志、内容等，然后提取结构化的元数据信息，如类别、摘要等内容，最后与基础数据中的结构化数据进行整合。大数据的数据架构规划如图 11-2 所示。

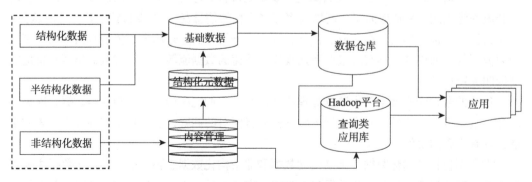

图 11-2　大数据的数据架构规划

大数据的数据架构规划可以采用 Hadoop 技术，通过与结构化数据的关联，进一步拓展对非结构化数据的处理，其中数据源包括结构化数据、半结构化数据、非结构化数据，特别是非结构化数据和半结构化数据通过网络爬虫的方式收集信息，经过内容管理平台的处理，将非结构化数据、半结构化数据进行结构化处理，其中，可以将内容管理平台处理得出的非结构化数据的元数据信息存放到基础数据存储中。

大数据的处理流程如下。

（1）大数据的采集。通过数据库接收来自客户端的数据，同时进行查询和处理。例如，Oracle、MySQL、HBase 和 MongoDB 等，这些产品有各自的特点。

（2）对数据的统计分析。对于繁杂、粗糙的、庞大的数据来说，一旦经过提炼和加工，便可能带来巨大的经济效益，可以利用分布式技术对海量数据进行查询和汇总。其特点是查询的数据量大，查询的请求多。包含的产品包括 Hadoop、Oracle Exadata，可以做离线分析和实时分析。

（3）对数据的挖掘。对查询的数据进行挖掘分析，满足高级的数据分析，但涉及的算法复杂，数据量巨大。

大数据相关的技术主要包括：云计算、物联网、分析工具、社交工具、移动计算等。

（三）大数据架构设计模式

大数据架构设计模式需要从分层、分割、分布式、集群、缓存、异步、灾备、自动化几个方面考虑。

1. 分层

大数据平台从逻辑上通常分为数据源层、数据预处理和存储层、数据计算分析层和数据消费层。这种分层设计的原则：第一，可以保证各个层之间保持较好的解耦特征，使得各层的技术组件不会因为其他组件的版本更变、迭代更新等造成自身的应用障碍。第二，在技术开发时，有利于保障各层之间独立且并行开发，这种非线性的开发模式能有效加快平台实施和进度。第三，分层的设计模式能使各集群分别部署和开发，能够实现系统的扩展性并利于维护。各层的功能具体如下。

（1）数据源层。其包括大数据平台内外部的结构化、非结构化的数据库、文本、文件等数据系统，第一方和第三方的集成数据提供商，内外部应用服务系统、内容管理系统、行为系统、监控系统、运营系统等。

（2）数据预处理和存储层。经过数据抽取、集成、加载以及出于数据质量考虑而清洗过的数据，存储在大数据平台中，包括数据集市、数据仓库、分布式数据存储、分布式文件存储等。

（3）数据计算分析层。所有相关数据计算、数据算法、机器学习、数据挖掘、实时计算、离线计算等部分都在这一层，满足上层数据消费所需要的各种实时和离线计算。

（4）数据消费层。其包括面向终端的程序、用户的产品、报表、分析、服务、接口等，以及与内外部应用系统的集成等。

2. 分割

分割是根据不同的业务主体，将整体业务进行切割并细分到多个小业务，然后通过各自的集群来实现各自的业务应用。相对于侧重于流程性的纵向分层，分割更侧重于功能性的横向分层。

这种方式能够实现业务功能的独立开发，对某个业务模式或功能模块的修改不会过多地影响到其他业务模块的功能实现；同时，分割的架构设计方式还能在各个模块发生故障时，不影响其他模块的功能实现，防止整体性和串联型故障。

3. 分布式

分布式的架构设计是大数据系统的基础，它包括控制系统、接口系统、数据系统、应用系统等不同规范的分布式。它与集群的不同之处在于：分布式系统是由一个业务分拆为多个子业务，将不同的业务分布在不同的地方，是一种工作方式。而集群系统是将几台服务器集中在一起，实现同一业务，是一种物理形态。在一个分布式系统中，多台服务器展现给用户的是一个统一的整体，就好像是一个系统。由于分布式架构相对较复杂，需要投入大量的开发和运维人员，所以在实施过程中并非越多越好。分布式系统主要分为以下几种。

（1）分布式控制系统。从大模型服务器、网络统一管理的角度出发，按功能分散、管理集中的原则构思，采用多层分级、合作自治的结构形式，结合服务器、网络、虚拟化等基础平台技术，可以对企业自身的基础 IT 设施进行统一升级改造。例如，目前主张的 OpenStack、KVM 等云计算组件都属于该类系统。

（2）分布式接口系统。其能运行在不同机器上，通过分布式接口就可以无须借助第三方软件或硬件进行数据交换和集成。所以分布式接口系统可以使企业内部不同平台、编程语言和组件模型中的不同类型系统进行数据交互与沟通。分布式接口组件包括 WebService、RESTful API 等。

（3）分布式数据系统。在传统数据库或单机版数据缓存组件不足以支撑企业不断增长的数据量的情况下，分布式数据系统可以解决该类问题。典型的分布式数据系统包括 HDFS、Hive、HBase、Flume、Kafka 等。

（4）分布式应用系统。其实分布式应用系统很早就开始实现了，如目前常用的邮件系统设计架构，一般都由多个数据中心组成，企业大量分支机构或较小的分散站点与数据中心的连接，分支机构需要建立自己的邮件服务器，来加快处理当地分支机构的邮件，承载相应的数据处理量，以提高邮件处理能力和收发速度。

4. 集群

大数据平台的基本特性之一，是解决海量数据的存储与计算的资源压力，提升服务器整体计算能力的解决方案。一台单独的计算机通过网络连接并构成一个群组，就具备了基本的集群特征。集群可以在付出较低的情况下，获得性能、可靠性、灵活性、扩展性、伸缩性等方面的较高收益。

服务器集群是由互相连接在一起的服务器群所组成的一个并行式或分布式系统。服务器集群中的服务器运行同一个计算任务。因此，从外部看，这群服务器表现为一台虚拟的服务器，对外提供统一的服务。尽管单台服务器的运算能力有限，但是，将成百上千的服务器组成服务器集群后，整个系统就具备了强大的运算能力，可以支持大数据分析的运算负荷。根据典型的集群体系结构，企业大数据平台涉及必须使用集群架构的系统如下。

（1）数据存储集群。典型的如关系型数据库集群、NoSQL 集群、Hadoop 集群等。目前一般都会使用 MySQL 集群对关系型数据进行存储，MongoDB 则是主流的 NoSQL 类数据库集群。而 Hadoop 系列集群更是大数据平台底层存储不可或缺的一部分。

（2）数据计算集群。大数据平台主流组件目前都为集群模式，如实时计算组件 Spark、离线计算组件 HiveSQL、MaP/Reduce 等。由于计算组件的部署和应用严重依赖存储组件，所以在选择时应考虑原始数据存储平台是否支持并结合计算类型。

（3）高并发集群。高并发集群是大数据平台的又一大特征。由于同一时间内产生的高并发访问所产生的单台服务器资源不足的问题，典型业务场景如海量用户同一时间请求一个网站、多个系统同时请求一个数据源等，目前成熟的高并发集群组件有 Dubbo、Nginx 等。

5. 缓存

与硬件缓存所不同的是，大数据平台中的缓存主要是针对数据查询或数据交换的，当执行高并发查询时，增加数据缓存会对查询效率有大幅提升。在此场景下，一般都会使用基于内存存储的缓存组件，如 DB2、Memcache、Redis 等，不过也会使用基于硬盘存储的 MongoDB、Kafka 等作为缓存组件。另外，企业大数据平台中的缓存是视技术场景而选择相对应的组件，缓存的主要应用场景如下。

（1）数据同步缓存。Kafka 的设计思想是通过 Hadoop 的并行加载机制来统一线上和离线的消息处理，也是为了通过集群来提供实时的消费。也就是说，在数据同步的过程中提供缓存机制，可以进行数据的第一次处理和聚合，并分发到不同数据库中。数据同步时增加缓存最大的好处是实现对数据的一次加载多次消费，减少了大量的数据加载发送所占用的数据库和硬件资源。

（2）数据计算缓存。其典型场景包括数据统计时所产生的临时文件的即时缓存。在进行数据挖掘或文本挖掘的过程中，由于需要做大量的数据解析、数据清洗和多次统计，会产生大量的中间数据。一个好的技术架构，是可以通过在某些部分提供缓存组件提高计算效率的。所以在架构设计中，基于数据计算的缓存如何搭配是整个平台运行效率的重要影响因素，一般情况下会使用基于内存的 DB2 或 Memcache 进行缓存，如果缓存数据比较大也会使用 MongoDB。

（3）数据查询缓存。数据查询缓存是在高并发读写的需求下产生的，而高并发读写也是"缓存"概念形成的主要驱动。其主要应用场景如通过用户 ID，查找出对应的姓名、年龄、生日等信息,所以又产生了"Key/Value 存储结构",如常用的 Redis、Memcache、HBase、MongoDB 等组件的存储结构都是该格式,在大型网站中一般都可以用来缓存用户信息、订单信息和商品信息。

6. 异步

在大数据平台中的多个功能模块交互的架构设计时,最重要的是要考虑模块之间的数据传递,传递数据的过程有两种:同步和异步。同步程序实现很简单,常见的情况是把所有功能模块编译在同一个调度流程内,请求指示调用,来执行下一个功能模块,这样的请求响应实现数据共享不难,但是同步结构的功能模块一般是不能独立运行的。异步结构的实现稍微复杂些,因为要求异步结构的不同功能模块作为独立进程,能够独立运行,但在模块间就存在一定的进程壁垒,这就要求进程间能够实现通信以在进程间传递数据。在架构设计中包含异步的原则,使大量消耗内存的应用程序能够正常运行,并在高并发时仍然保持较好的性能。

同步和异步是相对的,一定会在平台中搭配同时存在。例如,同时执行多个数据查询请求时,从前端发出第一个请求后由于需要花费几分钟做即时计算,该请求就处于等待状态,等待后台返回结果。此时第二个请求已经发出,该请求查询 1 条数据只需要花 1 秒就可以返回结果。所以在第一个请求处于等待状态时,通过异步架构可以使第二个请求也能正常运行返回结果。

在大数据平台实时查询的场景下,响应效率是最为关键的,因此大数据存储架构本身的设计需要满足最小延时的功能。在异步的处理方式下,数据首先会被获取,记录下来然后再用批处理进程进行分析。异步处理的大数据分析中遵守了捕获、存储加分析的流程,过程中数据由传感器、网页服务器、销售终端、移动设备等获取,然后存储到相应设备上,最后再进行分析。由于这些类型的分析都是通过传统的关系型数据库管理系统(RDBMS)进行的,数据形式都需要转换或者转型成为 RDBMS 能够使用的结构类型,如行或列的形式,并且需要和其他的数据相连续。所以会使用到 Hive 进行存储,当数据分析开始时,数据首先从 Hive 数据仓库中被抽出来,通过 HiveSQL 进行分析,产生需要的报告或者支撑前端的大数据应用。

7. 灾备

大数据平台灾备方案通常有两种:同城双活和本地备份。了解 Hadoop 的人都知道,其架构本身就自带本地备份方案,由于大多数企业的业务量和数据量有限,使用该方法是最经济实惠的。而同城双活方案在容灾备份业务中是最高级别的备份方案,可实现本地和异地同时对外提供业务服务,同时实现相互备份能力。

(1)同城双活。同城双活实现两个处在不同地域的数据中心双活模式容灾,即任何一个数据中心发生灾难时,另一个数据中心可自动接管业务。正常情况下将大数据业务分布到两个数据中心,生产和容灾中心同时对外提供服务,通过后台数据同步复制,实现两个数据中心数据的一致性。为了确保生产中心和容灾中心的数据同步不影响生产系统的性能,要求两地之间的互联网络具备较高的可靠性和足够的带宽。建议采用 FC 链路作为生产中心和容灾中心之间的互联网络。

两中心需同步数据包括源数据、HDFS、Hive、HBase 等，其中，源数据采用从生产中心向容灾中心同步方式，可通过事务日志手段实现两中心源数据同步；Hive 数据采用生产中心大数据集群与容灾中心大数据集群双向同步策略，在两中心任一中心添加、修改的数据都会同步到另一个中心；HBase 数据采用从生产中心向容灾中心同步方式，通过 HBase 的 WAL（write ahead log，预写日志系统）实现同步；HDFS 数据采用从生产中心向容灾中心同步方式，借助 Snapshot 对生产中心做快照，再借助 Distcp 按多个 Snapshot 差异信息将变化的文件同步到容灾中心。

（2）本地备份。本地大数据备份方案比较简单，主要的实现是将 HDFS、Hive、HBase 等组件的快照技术导出数据，即直接导出 HDFS 文件，包括 HBase 存放在 HDFS 的文件。值得一提的是，Hadoop 系统提供了数据压缩服务来优化磁盘的使用率，提高备份文件的传输速度。另外，Hadoop 集群中的一个文件默认存储 3 份，且分布在不同的集群节点中。

8. 自动化

大数据平台自动化越来越普遍地在企业中被采纳，因为比大数据本身更重要的是大数据平台的分析管理能力，而这一潮流正让大数据自动化运行管理系统工具大量涌现。自动化不仅涉及大数据平台后期应用，还涉及运维、数据管理、挖掘等重要环节。自动化数据管理也应该成为其中一个重要的组成部分，其自动化程度对于提高信息安全保障能力具有重要的意义。

（1）自动化运维。分布式集群的管理运维，要同时解决系统的海量节点的管控问题，以及接入点的高可用问题。建议通过采用双机软件和高可用数据库，确保集群配置等信息在软件、硬件失败条件下不影响管理员对集群的有效管理。同时，需要基于灵活的架构设计，支持多种数据类型的规范化能力，以及未来可能出现的其他类型接口需求，确保大数据平台有机融入统一的管理系统。

（2）自动化数据管理。在传统 IT 中对于数据的管理都是通过人工进行的，但在大数据的前提下，依靠人工的方式很难实现人工对于数据各个环节的管控，因此，自动化的方式成为必要选择。自动化数据管理包括元数据管理、元数据分析、数据质量管控、数据整合管理、数据标签管理、数据资源管理、数据应用管理、数据服务管理、数据多租户管理等。

（3）自动化数据挖掘。数据挖掘、机器学习、深度学习、神经网络等方法都是针对海量数据的知识提取和数据学习方法。传统的"数据智能"都是在人工选择模型、调整参数、结果校验的基础上，进行自动化的数据计算，但这离真正的"数据智能"或"人工智能"相差很远。通过对数据智能中的数据预处理、模型选择、参数调优、效果评估、部署应用等环节进行整合，同时通过建立针对模型调优的效果评估模型，以将其中关键的建模和调优部分的逻辑固化，达到自动化智能学习的不断演进。

三、大数据应用

（一）大数据与云计算

从技术上看，大数据与云计算的关系就像一枚硬币的正反面一样密不可分。大数据必然无法用单台计算机进行处理，必须采用分布式架构。它的特色在于对海量数据进行分布式数据挖掘。但它必须依托云计算的分布式处理、分布式数据库和云存储、虚拟化技术。

对于云计算来说，相当于提供一个快捷的海量数据处理的平台，它为大数据提供了访问、管理的渠道和场所。云计算本质上就是利用数据处理技术实现企业的各种业务模式。例如，企业的经营数据、银行的交易信息、互联网中的交互信息，以及物流行业中的商品及物流信息，都可以利用云计算技术进行存储、计算和访问。大数据和云计算等信息技术为非结构化数据管理提供了支撑，对于企业来说，决策者将脱离经验和直觉，更加倾向基于大数据分析作出决策。

大数据时代下的超大数据量，尤其是半结构化数据和非结构化数据，已经远远超出了传统数据库的管理能力。大数据技术可以帮助人们存储和管理大量的数据，可以从低价值、高复杂度的数据中提取有用的价值，特别是相关的产品和技术不断涌现。从本质上来说，大数据也是数据，依然离不开对数据的存储、检索和管理。

可以利用大数据技术和云计算，改善和提高各个行业的经营模式。关于大数据和云计算的处理技术，主要包括以下内容。

（1）大数据和云计算共同改变商业运营模式。大数据和云计算共同改变着企业的商业运营模式，在目前社会中，充斥着各种海量数据，如博客、微博、邮件、视频、音频、文档等非结构化数据，利用大数据和云计算技术将任务分布在资源池中，满足对大数据的计算和存储需求。

大数据和云计算的结合满足低成本硬件、软件的要求，同时能够处理各种类型的海量数据，正在悄悄改变着商业运营模式。

（2）关于大数据和云计算的存储与管理。云计算对关系型数据库产生了巨大的影响。它可以提高对海量数据的并行处理能力和实时分析能力，同时提供在线分析处理和在线事务处理的能力，也可以满足大数据环境下的业务需求。通过大数据技术和云计算的结合，除了降低建设大型数据仓库和软硬件设备的成本，也大大减轻了运营、运维和推广的压力。通过云计算和大数据技术进行海量数据的统计、分析、预测处理，可以促进传统商业智能系统的发展，快速适应商业模式的变化。

（二）大数据与商业智能

大数据分析和传统商业智能（BI）分析在内容、分析方法和各种时效性要求上都有很大不同，传统数据仓库平台已经很难支持所有的分析应用，需要开发各种标准接口，支持MPP架构、内存计算和Hadoop技术等。只有构建混合型的大数据云平台，才能够支持传统的商业智能和大数据分析。

传统商业智能分析主要是面向内部的结构化数据，依赖数据仓库，以报表查询和挖掘分析为主。大数据分析包含结构化数据、半结构化数据和非结构化的数据，一般数据量都在 TB 级以上，主要以挖掘分析、实时预测为主。

特别是主要的商业智能供应商都宣称对大数据技术的支持，或者在一些解决方案中使用了大数据技术，大数据可以作为传统数据库、数据仓库的扩展。它们是相互促进的关系，而不存在互相取代的问题。因此，为了满足未来商业智能的发展，应该将大数据技术和商业智能技术结合起来。

（三）企业大数据应用价值

1. 连接数据孤岛

将企业各个孤立的信息孤岛进行连接，实现数据信息正向和反向的查询，由原来的单一信息查阅，变为全景式的鸟瞰企业数据内容。

2. 整合信息资源

通过虚拟化技术，整合 IT 信息资源，有效地展现软硬件和网络资源的使用与计算情况，更加合理地规划和使用 IT 资源。

3. 内部效率提升

通过信息孤岛的连接，缩短了往常数据提取、存储、整合和计算的时间，根据业务需求的难易程度，通过合理分配离线和实时计算，能够大幅度提高内部效率。

4. 供应链优化

数据连接不是局限于企业内部，而是延伸到企业的上下游，为合作伙伴提供数据共享平台，有利于提升供应链上下游的协同合作，进一步提升供应链效率和效果。

5. 企业业绩增长

大数据的模型算法包含有指导和无指导两种类型，有指导的算法能够帮助企业优化现有的业务流程，从中找到业务规律，更有效地帮助业绩增长；而无指导的算法结合全景式的数据，可以帮助企业找到业务增长或创新点，更好地帮助企业拓宽业务范畴。

6. 用户体验提升

用户包含内部和外部，内部指企业自有的管理人员以及员工，而外部则包含企业面对的客户，以及供应链上下游的合作伙伴，通过大数据全景式的数据集市，为企业用户提供更加完善和流畅的服务，有助于提升整体的体验。

7. 产业服务全景化

企业除了纵向地与上下游伙伴进行数据共享，还有另一种状态，即通过横向与其他伙伴进行数据连接，从而实现全产业的全景数据化。因为大数据最重要的理念是开放、共享和协作，只有连接更多有效有价值的数据才能使企业甚至整个产业长青。

第三节 商业智能

企业已经充分认识到数据是核心资产和竞争力，同时为了提高企业的运营效率，增加企业的竞争力和领导者的决策能力，系统应该适应多渠道数据采集的能力，形成汇总功能型的视图，增强历史和趋势分析能力，因此，商业智能便逐渐应用和发展。

一、商业智能概述

（一）商业智能内涵

从全球范围来看，商业智能已经成为目前最具有发展前景的 IT 领域之一。

曾经看过这样一个例子，美国某超市有一个系统：当你采购了一车的物品准备结账时，美丽的收银员小姐扫完了你的所有物品后，计算机会显示出一些信息，然后收银员小组会友好地问你："我们有一种一次性纸杯正在促销，位于××货架上，您要购买吗？"结果你非常惊奇地说："啊，谢谢你！我刚才一直没有找到纸杯。"那么计算机系统如何知道的？秘密在于当系统知道你的购物车里面有餐巾纸、大瓶可乐和沙拉的时候，则会计算出你买一次性纸杯的可能性在80%以上。这就是商业智能的一个简单应用。

当然，商业智能的作用绝不仅限于此。从小型的超市系统到国家银行、航空、水利、电力、铁路运输等大型系统，商业智能的应用无处不在。如果对商业智能做一个简单的定义，那就是：帮助用户把一些数据转化成具有商业价值的，而且可以获取的信息和知识，同时在最恰当的时候，通过某种方式把信息传递给需要的人。从专业的角度来说，商业智能就是利用数据仓库、数据分析和挖掘技术，以抽取、转换、查询、分析和预测为主的技术手段，帮助企业完成决策分析的一套解决方案。

在上面的例子中，计算机系统把餐巾纸、大瓶可乐、沙拉等商品信息转化成具有商业价值的信息（知识），同时在恰当的时候把客户需要一次性纸杯的信息告诉收银员。商业智能的价值体现在将数据转化成信息和知识，最后转化成利润。

很多企业在经过多年的业务系统的运行之后，已经拥有了大量的经营数据，那么如何将这些宝贵的数据财富转化成信息、知识并传递给企业管理者呢？这就是商业智能需要研究和完成的工作。

商业智能对企业的重要性是不言而喻的，它可以提高企业的运营效率，增加竞争力和领导决策能力，从而获得更大的市场，提高企业的利润。同时也为企业的管理人员提供一种全新的思维方式，通过使用这些宝贵的数据资产进行挖掘和分析，发现内部潜在的规律和趋势，这样才能作出准确的判断，制订出正确的决策方案。此外，它还优化了企业内部组织结构，增强了企业资源的合理配置，使企业在竞争中处于不败之地。

（二）商业智能功能

商业智能最早出现在 20 世纪 90 年代，当时的主要功能是查询报表、数据分析、数据备份和恢复等，但随着技术的发展和应用的拓展，商业智能已经扩展出其他的功能。

（1）数据读取功能。除了读取结构化数据，还可以读取非结构化数据和半结构化数据，如各种客户的呼叫记录、影像资料、音频资料、文本、图片和各种电子邮件等。

（2）报表展示功能。例如，利用报表工具（Cognos、Bo 等）的可视化功能将数据呈现给用户，呈现的形式包括：交叉报表、饼图、柱状图、散点图、线图、直方图等；还可以通过向下钻取、数据切片和旋转以及交互式的图形分析能力，使用户能够从任何角度去观察业务。

（3）数据分析挖掘功能。通过业务之间的关联关系，去探究事物发生的概率。

（4）数据管理功能。管理功能是从多个数据源抽取、转换和加载，以及清理和集成数据的能力，包括高效的存储与维护的能力。

（5）红色预警功能。可以基于数据仓库提供预警的功能。

（6）知识发现功能。知识发现是从大量的数据中提取人们感兴趣的知识的能力，这些知识可以是隐含的、事先未知的或者潜在有用的信息，提取的知识表示为概念、规则、规律和模式等形式。

（三）商业智能的设计过程

商业智能的设计过程包括定义需求，数据仓库模型的建设，数据抽取、清洗、转换、加载，建立商业智能分析报表。

1. 定义需求

需求分析是商业智能项目重要的一步，需要描述项目背景与目的、业务范围、业务目标、业务需求和功能需求等内容，明确企业对商业智能的期望和需要分析哪些主题等方面。其中项目背景主要描述已有系统的当前现状是什么，以及不同的历史时期，它的业务需求分别是什么。这些独立的信息系统特点一般是缺乏统一的整体规划和标准，数据分散，每个业务之间不能共享信息，报表展示功能单一，各业务系统之间存在数据不一致的现象，企业决策层无法从全局的角度对业务进行综合分析。

商业智能项目最重要的目的之一是解决各个业务系统之间数据集中整合的问题，为企业管理层提供高效的数据查询和强大的报表展示功能，同时能够进行多维度的深入分析和数据挖掘，为企业未来的经营状况作出准确的预测。

业务范围是对项目团队所有人员工作范围的界定。

业务需求是描述客户对于系统实现的总体性要求，商业智能项目的特点是从不同的维度去分析各个主题，以报表的形式对业务进行阐述。功能需求可以包含：各个业务专题分析、关键性指标查询和监控、报表查询、高级分析和数据挖掘等内容。

2. 数据仓库模型的建设

模型是对现实世界的抽象。数据仓库模型是在需求分析的基础上建立起来的。数据模型的设计流程是：在系统设计、开发之前，业务人员和设计人员共同参与概念模型的设计，核心的业务概念在业务人员和设计人员之间达成一致。在系统设计开发时，业务人员和系统设计人员共同参与逻辑模型的设计。最后，设计开发人员以逻辑模型为基础进行物理模型的设计。

3. 数据抽取、清洗、转换、加载

（1）数据抽取。抽取主要负责将数据仓库需要的数据从各个业务系统中抽取出来。如果每个业务系统的数据情况各不相同，可能对每个数据源都需要建立独立的抽取流程，每个流程都需要使用接口将源数据传送给下一个环节，即清洗与转换阶段。通过数据抽取程序，可以从业务源系统中不断地将数据抽取出来，抽取周期可以设定为某个固定时间，如每天中午12点对源数据进行抽取；也可以设定为某个时间间隔，如每6个小时抽取源数据一次。

（2）数据清洗。清洗阶段是对业务源数据的清洗和确认，检查抽取的源数据质量是否达到数据仓库的规定标准。数据清洗大致有两种方式：一是不同业务系统间各自专用的清洗程序；二是不同业务系统间有满足数据仓库清洗需求的通用程序，从不同业务系统抽取的数据有可能存在数据不一致的情况，可以使用相关规则和标准检查业务源数据的质量。

（3）数据转换。转换是对源系统的数据在最后一步进行的修改，包括对源数据的聚合以及各种计算，是整个ETL过程的核心部分。

（4）数据加载。加载是将数据加载到最后的目标表中，其复杂度没有转换高，一般采用批量加载的形式。

4. 建立商业智能分析报表

商业智能分析报表通过对数据仓库的数据分析，使企业的高层领导可以多角度地查看企业的运营情况，并且按照不同的方式去探查企业内部的核心数据，从而更好地帮助企业管理人员对企业未来经营状况进行预测和判断。

二、商业智能核心技术

商业智能实质上是数据转化成信息和知识的过程。构建一个完整的商业智能系统需要以下几种核心的技术：数据仓库（data warehouse）、数据挖掘（data mining）、ETL处理技术、联机分析处理技术、可视化分析、元数据管理。

（一）数据仓库

1. 数据仓库概述

数据仓库是一个面向主题的、集成的、非易失的、反映历史变化的、随着时间的流逝

发生变化的数据集合，设计的目的是满足决策支持系统（decision-support system，DSS）的需求，支持企业管理人员的决策分析。

数据仓库中的所有数据一般按照主题进行划分，主题是对业务数据的一种抽象，是从较高层次上对信息系统中的数据进行归纳和整理。集成特性是因为不同的业务源数据具有不同的数据特点，当业务源数据进入数据仓库时，需要采用统一的编码格式进行数据加载，从而保证数据仓库中数据的唯一性。非易失性是指数据仓库通常保存数据不同历史时期的各种状态，并不对数据进行任何更新操作。历史特性是指数据保留时间戳字段，记录每个数据在不同时间点的各种状态。

数据库生产系统主要面向应用的、事务型的数据处理，一般来说，具有实时性较高、数据检索量较小、普通用户的数量较大等特点。而数据仓库系统主要面向主题的、分析型的数据处理，实时性要求不高，数据检索量较大，主要针对特殊的用户群体（一般是企业高层领导、决策分析人员等），用户的数量较少。通常情况下，事务型处理数据对性能的要求较为严格，数据是事务驱动的，主要面向应用，存储的一般都是具备即时性、细节性特点的数据，数据是可更新的。对于分析型处理数据，对性能的要求较高，数据是分析驱动的，主要面向决策分析，存储的一般都是历史、汇总性的数据，数据是不可更新的。

2. 数据集市

数据集市（data mart）是为满足特定的部门或用户的需求，按照多维的方式进行存储，包括定义维度、需要计算的指标、维度的层次等，生成面向决策分析需求的数据立方体。简单地说，数据仓库包含多个主题域，数据集市仅仅是多个主题域中的一个。

数据集市就是企业级数据仓库的一个子集，它主要面向部门级业务，并且只面向某个特定的主题。为了解决灵活性与性能之间的矛盾，数据集市就是数据仓库体系结构中增加的一种小型的部门或工作组级别的数据仓库。数据集市存储为特定用户预先计算好的数据，从而满足用户对性能的需求。数据集市可以在一定程度上缓解访问数据仓库的瓶颈。

数据集市将合并不同系统的数据源来满足业务信息需求。若能有效地得以实现，数据集市将可以快速且方便地访问简单信息以及系统的和历史的视图。一个设计良好的数据集市有如下特点。

（1）特定用户群体所需的信息，通常是一个部门或者一个特定组织的用户，且无须受制于源系统的大量需求和操作性危机。

（2）支持访问非易变（nonvolatile）的业务信息。非易变的信息是以预定的时间间隔进行更新的，并且不受 OLTP 系统进行中的更新的影响。

（3）调和来自组织里多个运行系统的信息，如账目、销售、库存和客户管理以及组织外部的行业数据。

（4）通过默认有效值、使各系统的值保持一致以及添加描述以使隐含代码有意义，从而提供净化的（cleansed）数据。

（5）为即时分析和预定义报表提供合理的查询响应时间，由于数据集市是部门级的，相对于庞大的数据仓库来讲，其查询和分析的响应时间会大大缩短。

在数据结构上，数据仓库是面向主题的、集成的数据集合；而数据集市通常定义为星形结构或雪花形结构，数据集市一般是由一张事实表和几张维表组成。

3. ODS

操作数据存储是一个面向主题的、集成的、可变的、反映当前细节的数据集合。它主要用于支持企业处理业务应用和存储面向主题的、即时性的集成数据，为企业决策者提供当前细节性的数据。ODS 通常作为数据仓库的过渡阶段，当作数据仓库的数据来源。

业务数据经过 ETL 数据抽取、转换、加载，进入 ODS 系统中，为企业提供一种全局的、集成的和反映当前实时性的视角，在支持企业决策分析需求的同时，还能够在业务系统和数据仓库之间构建一个数据缓冲带，使得数据之间的传输和转换变得相对容易。ODS 系统的架构如图 11-3 所示。

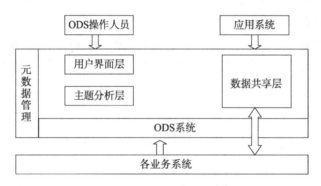

图 11-3　ODS 系统的架构

ODS 系统的主要功能就是将多个业务系统中不同的数据源进行数据集成，通过数据抽取、转换、加载，将数据放入共享的存储区中，以保证数据的一致性。ODS 具有以下特点。

（1）数据是不断更新和易丢失的，当新的业务数据进入 ODS 时，旧的数据会被新数据覆盖或者更新，一般不存储历史数据，只反映当前实时性的信息。

（2）ODS 系统一般存储的都是细节性的信息，很少有汇总的数据，即 ODS 包含粒度级别最低的数据。

（3）ODS 系统支持快速的数据更新操作，数据刷新频率很快，一般不保存过期的历史数据。

（4）ODS 系统一般存储在关系数据库中，通过将各个业务系统的数据集成起来，组成企业的全局统一性视图，实现 ODS 的数据共享功能。

（5）用户可以频繁访问 ODS 系统，因为它是基于操作型应用的。

ODS 的目的是集成企业不同来源的系统数据，以便于实时或者接近实时地产生操作报告。通常 ODS 中数据的结构和源数据结构很像，尽管在数据集成的时候，可以被清理、去规范化，还有一些数据按照企业政策来集成。这个集成是粒度最小的、一天内发生的频率最高的集成。通常 ODS 不会被设计成用来做历史数据分析或者趋势分析工作，这些是数据仓库的功能。ODS 与数据仓库的不同之处表现在以下方面。

（1）ODS 用于最低粒度的查询，而数据仓库一般保存的是综合过的、粒度较粗的数据，通常用于较复杂的、分析性的查询。

（2）ODS 通常实时性较高，通常保存的数据是实时的或者近乎实时的，因此，能较及时地返回查询请求；数据仓库一般是历史数据，通常分析的数据较多，不能做到实时返回查询，分析需要比较长时间。

（3）ODS 保存的数据视窗较小，即时间跨度不大；数据仓库保存的几乎是一个企业的所有历史数据。

（4）ODS 为当前或接近实时数据的操作和战术决策提供信息；而数据仓库为战略决策提供反馈，从而整体改进系统。

（5）ODS 抽取数据的频率可以是几分钟、几小时，数据仓库的抽取数据的频率可以是每天、每周、每月，或者每季度。

（二）数据挖掘

1. 数据挖掘的内涵

数据挖掘起源于 1989 年 8 月，出自在美国底特律举办的第 11 届国际联合人工智能学术会议中 Piatesky-Shapiro 提出的 KDD（knowledge discovery and data base，知识发现）。数据挖掘是指从海量的数据中抽取出有意义的、重要的和潜在有用的信息和知识的过程。从技术上来说，数据挖掘是一门交叉学科，融合了统计学、人工智能、模式识别、机器学习等内容。

简单地说，数据挖掘就是将对数据的简单查询提升到挖掘信息和知识的过程。数据挖掘主要用于从大量的数据中发现背后隐藏的规律和数据间的关系。采用数据挖掘技术，可以为用户提供自动化和智能的辅助决策分析，特别是在金融行业、零售业和医疗卫生领域，都有大量的应用。

在数据挖掘技术中，常用的模型包括分类模型、关联模型、顺序模型和聚簇模型。分类模型是根据商业数据的属性将数据分配到不同的组中；关联模型主要描述一组数据项目的密切度和关系；顺序模型主要用于汇总数据中的常见顺序或事件，是增加了时间属性的特殊关联模型；聚簇模型是按照某种相近程度将数据分成一些组，组中的数据相近，组之间的数据相差较大。

数据挖掘就是建立在数据仓库基础上的增值技术。数据仓库是为了支持企业决策分析的数据集合，是数据挖掘的基础。因为数据仓库的数据是完整的、集成的，所以它为数据挖掘提供了扎实的数据基础。数据仓库可以为数据挖掘提供需要的历史数据和全面的数据处理、分析等基础设施。

根据信息存储格式划分数据挖掘的对象，包括关系数据库、面向对象数据库、数据仓库、文本数据源、多媒体数据库、空间数据库、时态数据库、异质数据库以及 Internet 等。

2. 数据挖掘的技术流程

从数据本身来考虑，通常数据挖掘需要经过信息收集、数据集成、数据规约、数据清理、数据变换、数据挖掘实施过程、模式评估和知识表示等步骤。

（1）信息收集。根据确定的数据分析对象抽象出在数据分析中所需要的特征信息，然后选择合适的信息收集方法，将收集到的信息存入数据库。对于海量数据，选择一个合适的数据存储和管理的数据仓库是至关重要的。

（2）数据集成。把不同来源、格式、特点性质的数据在逻辑上或物理上有机地集中，从而为企业提供全面的数据共享。

（3）数据规约。执行多数的数据挖掘算法即使在少量数据上也需要很长的时间，而做商业运营数据挖掘时往往数据量非常大。数据规约技术可以用来得到数据集的规约表示，它小得多，但仍然接近于保持原数据的完整性，并且规约后执行数据挖掘结果与规约前执行结果相同或几乎相同。

（4）数据清理。在数据库中的数据有一些是不完整的（有些感兴趣的属性缺少属性值），含噪声的（包含错误的属性值），并且是不一致的（同样的信息不同的表示方式），因此需要进行数据清理，将完整、正确、一致的数据信息存入数据仓库中。

（5）数据转换。通过平滑聚集、数据概化、规范化等方式将数据转换成适用于数据挖掘的形式。对于有些实数型数据，通过概念分层和数据的离散化来转换数据也是重要的一步。

（6）数据挖掘过程。根据数据仓库中的数据信息，选择合适的分析工具，应用统计方法、事例推理、决策树、规则推理、模糊集、神经网络、遗传算法等方法处理信息，得出有用的分析信息。

（7）模式评估。从商业角度，由行业专家来验证数据挖掘结果的正确性。

（8）知识表示。将数据挖掘所得到的分析信息以可视化的方式呈现给用户，或作为新的知识存放在知识库中，供其他应用程序使用。

数据挖掘过程是一个反复循环的过程，每一个步骤如果没有达到预期目标，都需要回到前面的步骤，重新调整并执行。不是每件数据挖掘的工作都需要这里列出的每一步。例如，在某个工作中不存在多个数据源的时候，数据集成的步骤便可以省略。

数据规约、数据清理、数据转换又合称数据预处理。在数据挖掘中，至少60%的费用可能要花在信息收集阶段，而至少60%以上的精力和时间是花在数据预处理。

3. 数据挖掘的技术方法

（1）神经网络。神经网络由于本身良好的鲁棒性、自组织自适应性、并行处理、分布存储和高度容错等特性非常适合解决数据挖掘的问题，用于分类、预测和模式识别的前馈式神经网络模型；以 Hopfield 的离散模型和连续模型为代表的，分别用于联想记忆和优化计算的反馈式神经网络模型；以 Art 模型、Koholon 模型为代表的，用于聚类的自组织映射方法。神经网络方法的缺点是"黑箱"性，人们难以理解网络的学习和决策过程。

（2）遗传算法。遗传算法是一种基于生物自然选择与遗传机理的随机搜索算法。遗传算法具有的隐含并行性、易于和其他模型结合等特性，使得它在数据挖掘中被加以应用。

Sunil 已成功地开发了一个基于遗传算法的数据挖掘工具，利用该工具对两个飞机失事的真实数据库进行数据挖掘实验，结果表明遗传算法是进行数据挖掘的有效方法之一。遗传算法的应用还体现在与神经网络、粗集等技术的结合上。如利用遗传算法优化神经网络结构，在不增加错误率的前提下，删除多余的连接和隐层单元；用遗传算法和 BP 算法结合训练神经网络，然后从网络提取规则等。但遗传算法的算法较复杂，收敛于局部极小的较早收敛问题尚未解决。

（3）决策树。决策树是一种常用于预测模型的算法，它通过将大量数据有目的的分类，从中找到一些有价值的、潜在的信息。其优点是描述简单，分类速度快，特别适合大规模的数据处理。最有影响和最早的决策树方法是由 Quinlan 提出的著名的基于信息熵的 id3 算法。其主要问题是：id3 是非递增学习算法；id3 决策树是单变量决策树，复杂概念的表达困难；同性间的相互关系强调不够；抗噪性差。针对上述问题，出现了许多较好的改进算法，如 Schlimmer 和 Fisher 设计了 id4 递增式学习算法。

（4）粗集。粗集理论是一种研究不精确、不确定知识的数学工具。粗集方法有几个优点：不需要给出额外信息；简化输入信息的表达空间；算法简单，易于操作。粗集处理的对象是类似二维关系表的信息表，但粗集的数学基础是集合论，难以直接处理连续的属性，而现实信息表中连续属性是普遍存在的。因此，连续属性的离散化是制约粗集理论实用化的难点。

（5）覆盖正例排斥反例。它是利用覆盖所有正例、排斥所有反例的思想来寻找规则。首先在正例集合中任选一个种子，到反例集合中逐个比较。与字段取值构成的选择子相容则舍去，相反则保留。按此思想循环所有正例种子，将得到正例的规则（选择子的合取式）。比较典型的算法有 michalski 的 aq11 方法、洪家荣改进的 aq15 方法以及他的 ae5 方法。

（6）统计分析。在数据库字段项之间存在两种关系：函数关系（能用函数公式表示的确定性关系）和相关关系（不能用函数公式表示，但仍是相关确定性关系），对它们的分析可采用统计学方法，即利用统计学原理对数据库中的信息进行分析。可进行常用统计（求大量数据中的最大值、最小值、总和、平均值等）、回归分析（用回归方程来表示变量间的数量关系）、相关分析（用相关系数来度量变量间的相关程度）、差异分析（从样本统计量的值得出差异来确定总体参数之间是否存在差异）等。

（7）模糊集。模糊集即利用模糊集合理论对实际问题进行模糊评判、模糊决策、模糊模式识别和模糊聚类分析。系统的复杂性越高，模糊性越强，一般模糊集合理论是用隶属度来刻画模糊事物的亦此亦彼性的。

（三）ETL 处理技术

ETL 是用户从数据源抽取出所需的数据，经过数据清洗，最终按照预先定义好的数据仓库模型，将数据加载到数据仓库中去。

ETL 是构建数据仓库系统的关键环节,因为数据仓库主要存储面向主题的、集成的、稳定的并且随时间不断变化的数据集合,所以数据在进入仓库之前,需要经过清洗、转化的过程,保证数据仓库的数据是准确的。ETL 是解决数据集成整合的方案,简单而言,就是倒数据的工具。

1. 数据抽取

数据抽取就是从源系统中获取业务数据的过程。数据的抽取需要充分满足商业智能系统的决策分析需要,为了保证不影响系统的性能,数据抽取时需要考虑很多因素,包括抽取方式、抽取时间和抽取周期等内容。

例如,抽取方式包括增量抽取、全量抽取。抽取时间应该尽量在系统使用的低谷时段,如夜间。抽取的周期是根据业务的需求制定的,如按小时抽取,或者按天、月、季度、年等抽取。在数据抽取之前,需要确定业务系统的数据情况,了解数据量的大小,以及业务系统中每张表的数据结构、字段含义、表之间的关系等信息,当收集完这些信息后,才能进行数据抽取的设计开发等工作。数据抽取有下面几种情况。

(1) 如果业务操作型数据库和数据仓库之间的数据库管理系统完全相同,那么需要建立相应的连接关系就可以使用 ETL 工具直接访问,或者调用相应的 SQL 语句或存储过程。

(2) 如果数据仓库系统和业务操作型数据库的数据库管理系统不相同,那么比较简单的方式是使用 ETL 工具导出文本文件或者 Excel 文件,然后再进行统一的数据抽取。

(3) 如果需要抽取的数据量非常庞大,此时就必须考虑增量抽取。通常用标记位或者时间戳的形式,每次抽取前首先判断是否是抽取标记位或者是当前最近的时间,然后再将数据源的数据抽取出来。

2. 数据清洗

一般情况下,数据仓库分为 ODS、DW 两部分,从业务系统到 ODS 的过程叫清洗。在一般情况下,数据清洗的目的就是选择出有缺陷的数据,然后再将它们正确化和规范化,从而达到用户要求的数据质量标准。其中数据"缺陷"可能包括以下几种情况:数值重复、数据缺失、数据错误、数据范围混淆、存在"脏"数据和数据不一致等。数据清洗的流程包括以下几个方面。

(1) 定义业务数据源。标识出满足需求的数据源,并且决定什么时候进行数据清洗。

(2) 分析业务数据源。分析数据源的数据是否符合业务的规则和定义,是否存在非正常的数据结构。

(3) 将数据标准化。定义标准化格式的数据,并且加以转换。

(4) 通过业务规则修正错误数据。定义是否为正确数据的标准,确定如何处理错误数据的方法。

(5) 合并数据。将属于同一实体的多个数据进行合并,合并时应该有去重的功能。

(6) 总结数据错误类型。通过总结数据出错的类型,提高清洗程序的完整性和正确性,从而降低数据出现问题的可能性。

3. 数据转换

数据转换是指从业务系统中抽取出源数据，然后根据数据仓库模型的需求，进行一系列数据转换的过程。

数据转换可以根据编码表制定的业务规则进行数据的转换，保证数据仓库系统内部数据的一致性。例如，性别在客户关系表中用 1 和 0 分别代表男和女，而在单位员工表中可能使用 M 和 F 区分男和女，需要对不同业务表中相同类型的业务含义进行统一和规范。

在转换过程中，对粒度的分析也是工作的重要组成部分，因为存放到数据仓库中的数据对粒度的要求可能不相同，用户需要将低粒度的数据汇总形成决策分析型的数据，同时完成各种数据指标的计算，这都需要经过 ETL 转换过程。

ETL 转换过程可能包括以下几个方面。

（1）如果在转换过程中捕获到某些字段存在空值，那么在进行加载时需要将空值替换成某一数据或者直接进行加载，不做任何转换。

（2）根据业务数据源中各个字段的数据类型，进行数据格式的规范和统一，如统一将数值型转化成字符型。

（3）根据业务需求进行字段的拆分或者合并。

（4）根据业务需求对缺失数据进行替换。

（5）根据业务规则对数据进行过滤。

（6）根据编码表制定的业务规范进行数据的转换，实现数据仓库系统内部数据的一致性。

4. 数据加载

数据的加载过程就是将已经转换完成的数据存放到目标数据库的过程。这是 ETL 过程中的最后一步，需要保证加载工具必须具有高效的性能去完成数据加载，同时还需要考虑数据加载的周期和策略。数据加载策略包括时间戳的加载方式、全表对比的加载方式、通过读取日志表进行加载的方式、全表删除后再进行加载的方式。

（1）时间戳的加载方式是通过对源系统的表添加时间戳字段，将系统当前时间和时间戳的值进行对比，决定哪些业务数据需要被抽取，可以实现数据的递增加载，是比较常见的一种加载方式。

（2）全表对比加载方式是在数据加载前，将每条数据都与目标表的所有记录进行全表对比，根据关键值是否相同，判断数据是更新还是插入。当数据量比较大的时候，有耗时长、效率低的缺点。通常也对全表对比进行改进，采用版本号、标记字段等缓慢变化维的形式进行增量的抽取。

（3）通过读取日志表进行加载的方式是当源数据表发生变化时，不断更新日志表的信息，将日志表的信息作为数据加载的一个依据。日志表维护相对麻烦，会存在一定风险。

（4）全表删除后再进行加载的方式是在数据加载前，先删除目标表的所有数据，然后去加载全部的数据，但是不能实现数据的递增加载，效率较低，实现方式却相对简单。

ETL 设计需要遵循业务数据处理的要求，根据问题的多样性和不确定性，在设计过程中需要遵循以下原则。

（1）在 ETL 设计之前。需要根据业务的需求确定所要分析的主题和数据结构。根据数据仓库的模型，考虑在 ETL 设计中是否增加预留字段和属性。

（2）确定数据的粒度。可以通过粗粒度减少数据的总量，也可以根据细粒度追溯到最底层的数据，探寻原因。粒度的大小是业务需求和分析的主题所确定的。

（3）确定 ETL 抽取的周期和时间。根据用户的需求，在设计 ETL 之前就应该确定抽取的时间、抽取的周期。

（4）将增量抽取的方式作为 ETL 设计的重点，减少数据抽取的压力和抽取的时间。

（5）通常数据的抽取和清洗可以分成许多步骤，根据不同的条件采用不同的处理逻辑。

（6）对异常情况的处理。网络的中断、数据流动过程中各种未知的错误，都需要通过相应的措施去解决，以保证数据的正确性。

（7）对 ETL 的运行管理和监控措施。可以使用 ETL 工具中的管理监控组件对 ETL 进行设置，当 ETL 出现异常时可以进行人工干预，或者通过程序自动调度功能，对每一步的错误异常都调用相应的处理程序自动去解决，以保证数据的质量。

（四）联机分析处理技术

联机分析处理技术使用户能够从多种角度对从原始数据中转化出来的、能够真正为用户所理解的，并真实反映维特性的信息进行快速、一致、交互的存取，从而获得对数据的更深入了解的一类软件技术。OLAP 的目标是满足决策支持或多维环境特定的查询和报表需求，因此，OLAP 也可以说是多维数据分析工具的集合。

1. OLAP 的内涵

OLAP 是基于多维的和历史数据的，是针对企业管理人员从多角度对数据进行分析。例如，当分析企业利润指标时，可综合时间维度、地区维度、产品类别维度、客户类别维度等多种因素来衡量利润的值是多少，最后通过报表进行展示。OLAP 的最大特点就是通过多维模型，用户可以动态地从多个角度分析数据，增加了分析的灵活性和时效性，大大提高了企业管理效率，这是 OLAP 发展的根本原因之一。

OLAP 逻辑概念包括以下方面。

（1）维度（dimension）。维度是人们观察数据的特定角度，是考虑问题时的一类属性，属性集合构成一个维度，如时间维、地区维、产品维等。

（2）维度层次（level）。根据描述维度细节程度的不同，划分数据在逻辑上的等级关系，用来描述维度的各个方面。例如，时间维度包括年、季度、月、日等层次，地区维度包括国家、省、市、县等。

（3）维度成员（member）。维度成员即维度的取值，即维度中的各个数据元素的取值。例如，地区维度中具体的成员有英国、法国、德国等。

（4）度量（Measure）。度量即多维数据的取值，如销售额、利润等。

OLAP 的典型操作包括以下几种。

（1）钻取。钻取即通过变换维度的层次，改变粒度的大小。它包括向下钻取（drill-down）和向上钻取（drill-up）/上卷（roll up）。向下钻取是将细节数据向上追溯到最高层次的汇总数据，或者减少维数；而向上钻取则相反，是将最高层次的汇总数据深入最低层次的细节数据，或者增加新维。

（2）切片（slice）和切块（dice）。切片或切块是在一个或多个维度上选取固定的值，分析其他维度上的度量数据，如果其他维度剩余的维只有两个，则是切片；如果有三个或以上，则是切块。

（3）旋转（pivot）。旋转是通过变换维度的方向，重新安排维的位置，如行列互换。

2. OLAP 的技术方法

数据仓库与 OLAP 的关系是互补的，OLAP 系统一般以数据仓库作为基础，即从数据仓库中抽取详细数据的一个子集并经过必要的聚集存储到 OLAP 存储器中供前端分析工具读取。OLAP 的实现方法包括以下内容。

（1）ROLAP（relational OLAP）。ROLAP 表示基于关系型数据库的 OLAP 实现，其技术依赖于关系型数据库，以关系型数据库为核心，以关系型结构对多维数据进行数据存储和展现。通常 ROLAP 将多维数据分成事实表和维表，事实表存储的都是指标数据和维表的关键字段值，维表多数存储纬度的层次、维度的成员值等信息。

事实表以存储的产品 ID、产品类型 ID、地址 ID 和时间 ID 作为连接维表的关键字段，以销售量作为指标数据。维表包括产品维表、时间维表、产品类型维表、地理位置维表。维表和事实表通过主外关键字关联在一起，形成星型模式。对于层次复杂的维，可以使用多个表来描述，这种对星型模式的扩展称为雪花模式。

（2）MOLAP（multidimensional OLAP）。MOLAP 表示基于多维数据的 OLAP 实现，其技术手段主要有"切片"和"切块"。MOLAP 将 OLAP 分析所用到的多维数据物理上存储为多维数组的形式，形成"立方体"的结构。维的属性值被映射成多维数组的下标值或下标的范围，而总结数据作为多维数组的值存储在数组的单元中。

（3）HOLAP（HYbrid OLAP）。由于 MOLAP 和 ROLAP 有着各自的优点和缺点，且它们的结构迥然不同，这给分析人员设计 OLAP 结构提出了难题。为此提出了混合型 OLAP，HOLAP 能把 MOLAP 和 ROLAP 两种结构的优点结合起来。但 HOLAP 结构不应该是 MOLAP 与 ROLAP 结构的简单组合，而是这两种结构技术优点的有机结合，能满足用户各种复杂的分析请求。

3. OLAP 的技术流程

OLAP 系统的实施过程一般包括以下几个步骤。

（1）数据源经过 ETL 过程加载到 ODS 数据缓冲区中，目的是将所有的业务数据集成起来。

（2）从 ODS 数据缓冲区中将数据抽取到 ODS 统一信息视图区，目的是使用户能够通过 ODS 统一信息视图区获得与某个主题域相关的实时数据。

（3）将数据从 ODS 统一视图区抽取到数据仓库中。

（4）数据集市里的数据在仓库中经过转换、汇总计算获取，直接支撑 OLAP 多维分析。

（5）最后 OLAP 系统支持多维数据分析。

（五）可视化分析

"一图胜千言"，虽然图形可以传达大量信息，但是图形一定要干净、清晰，同时传达出重要的信息。很多企业领导或者分析人员看到复杂的图形时，可能会非常苦恼。

数据可视化分析是指数据用各种图像处理技术，将数据转化成各种图表的方法和手段。例如，数据可以用饼图、散点图、直方图和柱状图等方式进行展示。它们是数据可视化的基础。但是面对复杂的数据集，如财务报表、用户行为数据，可以用立体、多维或者动态实时的方式进行展示。数据可视化本身可以看作一门艺术。

复杂的数据可视化包括数据的采集、数据分析和挖掘等一系列的过程，然后由技术人员以立体、多维或者实时动态的方式将数据展示出来。

数据可视化的目的是观察和跟踪各种数据，生成实时的、可读性强的图表；分析数据，生成交互式的图表；发现数据之间的潜在关系，生成多维图表，以及多角度的分析数据，帮助用户深刻地理解数据含义和变化。

（六）元数据管理

元数据（meta date）是关于数据的数据，或者叫作用来描述数据的数据，可以把元数据简单地理解成最小的数据单位。元数据可以为数据说明其元素或属性（名称、大小、数据类型等），或其结构（长度、字段、数据列），或其相关数据（位于何处、如何联系、拥有者）。

1. 元数据的内涵

在商业智能领域中，元数据定义为：在数据仓库系统的建立、维护、管理和使用过程中，用以描述实际数据的信息。在商业智能系统的建设过程中，元数据占有非常重要的地位，它不仅定义了数据仓库的许多对象，如表结构、所有的字段列等属性，还包括对数据仓库内部数据流动和业务规则的描述。

元数据的分类主要包括业务元数据、技术元数据和管理元数据。

（1）业务元数据可以分成业务规则、业务指标、业务描述和业务术语四个部分共同完成对业务信息的表述。

（2）技术元数据包含关于商业智能系统技术层面的信息，描述了数据源接口、ETL 映射关系、数据仓库和数据集市等系统的特征。

（3）管理元数据主要是指商业智能系统日常建设过程中涉及开发、运维管理各方面的基本信息，在此基础上对系统需求开发和日常运维管理提供支持。

2. 元数据的功能

元数据在商业智能项目中占有非常重要的地位，是数据仓库系统的灵魂和核心。数据仓库系统在建设的过程中产生的数据源定义、转换规则的定义、目标库的定义都存储在元数据库中。元数据还支持以下几种功能。

（1）描述数据仓库系统存在哪些数据。

（2）描述哪些数据是在数据仓库系统中产生的。

（3）描述哪些数据将要抽取到数据仓库系统中。

（4）评估数据质量的好坏。

（5）记录数据抽取工作的执行情况。

元数据为企业建设数据仓库提供了详细的记录，并且保证了数据的一致性和准确性。因此，元数据对于数据仓库系统的开发和管理是非常重要的，具有决定性的意义。

3. 元数据的作用

（1）帮助用户理解数据仓库系统的数据。在使用数据仓库时，元数据可以帮助用户理解数据仓库中包含的所有内容。例如，用户在进行数据分析时，需要查看元数据的内容，因为元数据包含了从数据源到数据仓库中的映射关系，数据从源到目标的过程中，经历了清洗、转换、汇总、计算、过滤等变化，元数据能及时地跟踪这些数据变化，包括数据结构发生的变化，而用户利用元数据去理解数据仓库系统中发生变化的这些数据，这是元数据的一个重要功能。一般情况下，普通用户不熟悉数据仓库的技术，而元数据可以帮助这些用户理解数据仓库中的数据含义和如何使用这些数据，是用户和数据仓库之间沟通的桥梁。

（2）用于数据仓库系统的集成。数据仓库是面向主题的、集成的。在数据仓库的实施过程中，通过元数据的管理，按照统一的数据模型，将数据集成到数据仓库中，同时将数据源与数据仓库的映射关系和转换规则存储在元数据库中，这也是元数据的重要功能之一。

（3）保证数据的质量。元数据管理可以使数据仓库设计人员和开发人员对数据流程与转换规则的定义有一个清晰的认识，方便对数据质量的控制，也能迅速地发现哪些地方存在问题。相对于最终用户来说，元数据也会帮助用户理解数据的整体流程，包括数据抽取、清洗、转换、加载规则等，可以对数据质量有一个正确的评价。

（4）提高数据仓库系统的灵活性。在数据仓库系统中，元数据定义了物理表的结构、列属性、业务规则，包括数据抽取的规则、决策分析等内容，在整个商业智能项目开发过程中占有重要的地位。

随着企业的发展变化，利用元数据可以将整体的工作流、数据流管理起来，适应企业需求的变化和扩展，有效提高数据仓库的扩展性和灵活性。

三、商业智能的企业应用

商业智能系统从企业的日常数据中提取基于事实的信息，辅助企业作出更好的商业决策，提高企业运营效率和决策分析的能力，可以帮助企业完成风险分析、欺诈监测、财务分析等。商业智能系统是一个决策支持系统，它是在数据仓库的基础上，利用各种挖掘工具获得信息和知识。商业智能的典型应用包括经营分析、绩效管理、战略决策支持、风险管理、客户关系管理和产品管理和创新等。

（1）经营分析。对于企业的经营分析可以包括指标分析和财务分析等内容。指标分析是针对业务流程相关指标的分析。例如，销售率、利润率和库存量等。财务分析是针对财务数据中的费用支出、利润等指标的分析。

（2）绩效管理。企业管理人员利用商业智能工具衡量员工的工作绩效情况。

（3）战略决策支持。通过对各类数据的高度概括和分析，辅助企业高层进行战略决策。

（4）风险管理。利用商业智能技术，降低企业的风险。例如，通过发现客户的异常情况，快速采取措施，提高企业的抗风险能力。

（5）客户关系管理。利用商业智能技术，分析客户的购买习惯和喜好，改进服务和产品的质量，提高客户的忠诚度。

（6）产品创新和管理。利用商业智能技术，通过对历史数据的分析，加强对产品的改进能力和管理能力，同时提高产品的创新能力和推广能力。

从根本上来说，传统商业智能擅长于对历史数据的同期对比、产品分析、企业的绩效管理和统计报表分析等内容。未来商业智能将突出业务流程的整合，更专注于企业的风险管理、提供各种实时报表和实时服务、实现实时或者准实时的精准营销、完成对业务的监控功能等。

第四节　管理驾驶舱

管理驾驶舱作为一种管理报表可视化解决方案，能够让企业管理人员像在飞机或汽车驾驶舱里面对仪表盘一样，直观地监测企业运营情况，并对异常关键指标预警和挖掘分析。管理驾驶舱所具有的直观性、可配置性、方便性、全面性和多维性，能极大地辅助企业管理者了解相关决策信息，抓住主要问题和问题的主要方面，对潜在问题提早预警，从而使企业更好地实现经营和管理目标。

一、管理驾驶舱概念

管理驾驶舱（management cockpit，MC）的概念和理论是由比利时资深的神经外科专家 Patrick M. Georges 在 1989 年提出的。MC 是基于 ERP 的高层决策支持系统，充分融合了人脑科学、管理科学和信息科学的精华，通过详尽的指标体系，实时反映企业的运营状态，将采集的数据形象化、直观化、具体化。MC 以人为产品的核心，从管理者的决策环境、企业管理综合指标的定义以及信息的表述，围绕着激发人的智能、有利于思维连贯和有效思维判断为目的，将企业管理决策提升到一个新的高度。MC 实际上是一个为高层管理人员提供的"一站式"（one-step）决策支持的管理信息系统。

管理驾驶舱是指企业做决策时，所需要的数据以及预警的措施，就像飞机或汽车的仪表盘，随时显示关键业务的数据指标以及执行情况。管理驾驶舱是一组动态的关键绩效指标（key performance indicator，KPI），包含了平衡计分卡（balanced score card，BSC）模型中的各项指标，这些指标通常直接指向公司的目标和阶段性问题。

企业战略规划的有效运作依赖于对战略规划的分解和细化。通过一系列量化指标使企业高层管理人员能及时、准确地把握和调整企业的发展方向。管理驾驶舱通过各种常见的图表（速度表、音量柱、预警雷达、雷达球）形象标示企业运行的 KPI，直观地监测企业运营情况，并可以对异常关键指标预警和挖掘分析。

二、管理驾驶舱功能

（一）企业级信息管理

结合战略实施，使用开放的技术，获取可信赖、完整、及时的信息。把复杂的信息以动态、直观的图表呈现出来，在较短的时间内，就可以为企业量身定制客户化的信息系统，确保企业所沉淀积累的信息最大限度转化成价值。管理驾驶舱系统是帮助企业实现数据向信息、知识、策略转化的过程，具有完整的系统体系架构。

（二）提升业务价值

帮助企业逐步建立以企业价值为核心、以现金管理为主线、以业绩管理为导向的绩效管理指标分析体系，将综合统计系统提升成专业的绩效管理系统，全面整合营销、财务、人力资源等数据，构建灵活、有效的决策层信息驾驶舱，实现灵活智能的业务分析，推动和支持全面绩效管理的逐步实现。

（三）丰富的展现形式

提供丰富的展现方式，既包括固定格式报表、分析报表和各种常见图表等，也有动态展现的、交互式分析的 flash 形式的图表，界面美观，视觉效果好。

（四）灵活的配置机制

提供基于角色的授权方式、灵活的权限配置。依据权限为管理人员定制不同的仪表盘，并过滤出自己需要的数据信息，提高系统实施的灵活度和效率。

（五）开放式体系结构

开放式的体系架构，易于实现全方位、多角度的管理效果。

三、管理驾驶舱构成

（一）墙面显示系统

当企业高层管理人员步入管理驾驶舱，所有与企业营运绩效相关的 KPI 都将以图形方式显示在四周的墙壁上。管理驾驶舱把各项指标按重要性程度显示在不同颜色的墙上。

（1）正面的墙（blank wall）。呈现企业的 KPI、关键成功要素（CSF）和发展趋势。

（2）右边的墙（red wall）。呈现外部市场、客户和竞争对手等信息。

（3）左边的墙（blue wall）。呈现供应市场、企业内部运营（生产、库存、商场等）、质量体系资讯、员工的表现。

（4）后面的墙（white wall）。呈现战略项目的实施状况，包含会议的重大决定以及其他墙出现问题的改进措施。

所有指标在每面墙上被分为 6 组，每组由 6 个指标图构成，因此整个墙面系统可显示 144 个指标。在管理上，不可能用一个指标来反映一个管理指标。如企业的获利情况，单纯依赖销售收入，或依据利润来判断是不够的，可能需要销售收入和利润的两维综合，反映出企业的获利处于最佳状态、一般状态还是危险状态。因此，在管理驾驶舱中，每个管理指标都会由 6 个有逻辑关系的视图来描述。

（二）驾驶台

如同飞机或汽车的驾驶台，管理驾驶舱的驾驶台也是企业信息的核心所在，管理驾驶舱通过驾驶台对企业的业务信息进行收集处理。它由 6 个 PC 显示终端和两把椅子构成，管理人员可通过驾驶台查询企业的实时信息，并可进行决策推演。

（三）内部设计

管理驾驶舱是企业的会议室，但它与传统的会议室不同，它完全按照人体工程学原理进行设计，最大限度地考虑了人在该环境中的信息接收能力。其目标是建立一个能进行有效沟通、提高管理层会议效率的环境。为达到这一目标，KPI 以及其他一些非常重要的信息都以图表形式显示。管理驾驶舱使高层管理人员能把注意力集中在关键点上。这种像驾驶舱一样的设备面板和显示器布局，使高层管理人员能及时判断公司的组织结构是否需要改变，同时，也能快速了解企业内部结构存在的问题。

四、管理驾驶舱特点

（一）直观性

进入驾驶舱页面就像进入飞机或汽车驾驶舱一样，展现在面前的将是各种各样的图形界面，如压力表盘等，与飞机或汽车驾驶舱不同的是这些图形所反映出来的不再是飞机或

第十一章 数据架构与商业智能

汽车性能及油量的情况，而是企业中各种经济指标的具体数据，如成本、产值等，这样管理人员就能够更直观、全面地了解到企业中所有指标的具体情况，从而方便快速地作出下一步决策。

（二）可配置性

管理驾驶舱可以灵活配置，根据用户习惯，选择合适的图形来显示想要了解的具体指标，管理驾驶舱实现了一个图形可以反映多种指标，一种指标可以由多个图形显示的交叉实现模式，使配置更加灵活。

（三）方便性

在管理驾驶舱进行完配置后，用户可以把这些配置进行保存，要想查看这种配置下的各种指标显示情况，只需进行一步操作就可以实现，真正实现了让用户的操作更加方便的设计思想。

（四）全面性

管理驾驶舱充分考虑到了人们对图形的最佳接受数目，在第一层最多可配置6个图形，并且在每一个图形的基础上都可以形成相同指标、不同条件、不同图形的第二层显示，确保了用户能够更全面地对公司中的各个指标进行掌握。

（五）多维性

管理驾驶舱真正实现了多用户、不同权限的不同操作，每个有权限的用户都能够配置适合自己的图形，从而能够让各个管理层都能够查看到自己所关心的经济指标，从技术上达到了多用户、多权限、多图形、多指标的多维操作的目的。

五、管理驾驶舱设计

一般来说，设计一个简单适用的驾驶舱系统，需要关注企业管理指标体系、内部架构、外部架构三个方面的内容。

（一）管理驾驶舱的指标体系

管理指标是驾驶舱展示主体，最好能覆盖企业过去和将来、内部和外部的管理信息，以便让管理人员能够根据这些指标判断企业状况优劣，及时调整经营战术。一般来说，管理驾驶舱要包括一组企业动态的KPI指标，可选取BSC模型中的KPI、关键性财务指标、流动性监控指标、风险性监控指标等，这些指标要形成体系，与企业的远景战略和阶段性目标直接相关。平衡计分卡模型如图11-4所示。

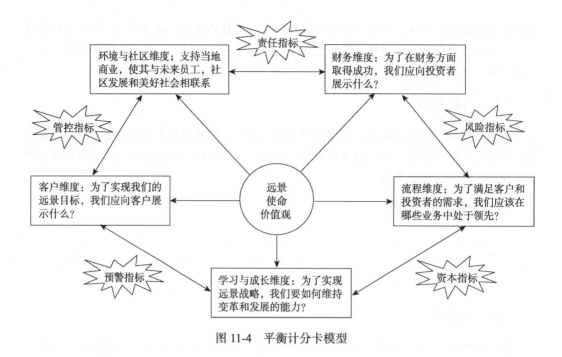

图 11-4 平衡计分卡模型

(二) 管理驾驶舱的内部架构

管理驾驶舱的内部结构主要是基于数据仓库建立分析引擎和图形引擎。用户在图形界面把需求传给分析服务器,分析服务器是整个管理驾驶舱的核心,负责把用户的查询需求传送给查询构造器;查询构造器根据用户的查询需求生成查询语句,并把这个查询语句交给查询执行器;查询执行器在数据仓库或数据集市中执行查询,并把查询的结果交给分析服务器;分析服务器再把这个结构传送给图形构造器,最后图形构造器以适当的形式呈现给用户。管理驾驶舱的内部架构如图 11-5 所示。

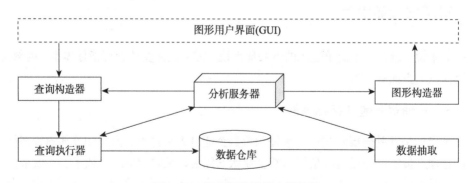

图 11-5 管理驾驶舱的内部架构

(三) 管理驾驶舱的外部架构

管理驾驶舱是监控数据的展示器,要充分考虑如何最大限度地利用和拓展人的智能,一般监控指标最高以 6 幅一组呈现在决策者面前,以方便使用者观察。管理驾驶舱的底层是业务经营和财务管理产生的源数据,这些源数据通过决策引擎抽取、清洗、转换和加载到数据仓库中来,再在管理驾驶舱服务器上进行在线分析、数据挖掘和报表生成,最终合成一个决策支持体系。管理驾驶舱的外部架构如图 11-6 所示。

图 11-6 管理驾驶舱的外部架构

管理驾驶舱是以用户为主体,简洁高效,能更好地发挥人的管理职能,体现了新一代信息产品定制化共享的核心思想。同时,一个企业建立管理驾驶舱的过程,本身就是一个按综合评估体系建立企业战略管理模型的过程,从这点看,将大量的管理报表中的数字信息,转化为简洁直观的"仪表盘"图形信息,也是一个管理信息化、精细化、现代化的过程,意义是十分深远的。

自 测 题

参 考 文 献

[1] 杨定泉. 会计信息系统[M]. 北京：清华大学出版社，2013.

[2] 杨定泉. 会计信息系统[M]. 北京：中国农业大学出版社，2012.

[3] 杨周南，赵纳晖，陈翔. 会计信息系统[M]. 大连：东北财经大学出版社，2014.

[4] 张瑞君，蒋砚章，殷建红. 会计信息系统[M]. 北京：中国人民大学出版社，2019.

[5] 王新玲，汪刚. 会计信息系统实验教程[M]. 北京：清华大学出版社，2019.

[6] 艾文国，孙洁，张华. 会计信息系统[M]. 北京：高等教育出版社，2015.

[7] 王海林. 管理会计信息化[M]. 北京：高等教育出版社，2018.

[8] 徐晓鹏，何玉玲，王唐. 会计信息系统[M]. 北京：高等教育出版社，2017.

[9] 赫特. 会计信息系统：基本概念和当前问题[M]. 大连：东北财经大学出版社，2009.

[10] 陈国良. 大学计算机[M]. 北京：高等教育出版社，2014.

[11] 张新. 管理信息系统[M]. 北京：经济科学出版社，2014.

[12] 周继雄，张洪. 管理信息系统[M]. 上海：上海财经大学出版社，2012.

[13] 王飞. 数据架构与商业智能[M]. 北京：机械工业出版社，2015.

[14] 高凯，岳重阳，江跃华. 大数据搜索与挖掘[M]. 北京：清华大学出版社，2019.

[15] 简祯富，许嘉裕. 大数据分析与数据挖掘[M]. 北京：清华大学出版社，2016.

教师服务

感谢您选用清华大学出版社的教材！为了更好地服务教学，我们为授课教师提供本书的教学辅助资源，以及本学科重点教材信息。请您扫码获取。

教辅获取

本书教辅资源，授课教师扫码获取

样书赠送

会计学类重点教材，教师扫码获取样书

 清华大学出版社

E-mail: tupfuwu@163.com
电话: 010-83470332 / 83470142
地址: 北京市海淀区双清路学研大厦 B 座 509

网址: https://www.tup.com.cn/
传真: 8610-83470107
邮编: 100084